ハプスブルク・スペイン
黒い伝説

帝国はなぜ憎まれるか

La légende noire de l'Espagne

Joseph Pérez

ジョゼフ・ペレス

小林一宏＝訳

筑摩書房

ハプスブルク・スペイン　黒い伝説◆目次

はじめに　9

第1章　黒い伝説前史　19
アラゴン連合王国の誕生／アラゴンのイタリア進出／イタリア人の反撥

第2章　スペインとハプスブルク朝　33
ハプスブルク朝スペインの誕生／ハプスブルク朝のねらい／ポルトガルとの連合／プロテスタントとオスマントルコとの攻防／イングランドとスペイン／スペインの役割／スペイン陸軍／スペイン海軍／インディアスの金銀の流入／スペイン文化の拡散／覇権の代償

第3章　黒い伝説　67
カルロス1世の二つの顔／フランドル戦争／アルバ公／非難の応酬／オラニェ公の『弁明の書』／カルロス王子の死／事件の真相／異端審問所／スペインのプロテスタント／『殉教者伝』／異端審問所の実態／アメリカ先住民の大量虐殺／『ブレビシマ』／先住民人口

の激減を巡って／アングロサクソン世界とラテン世界／優位に立つプロテスタント諸国／帝国主義の台頭／近代資本主義とカトリシズム

第4章　スペイン人とその歴史　179
コムネーロスの乱から啓蒙期まで／スペインの衰退／18世紀の開明派／自由主義と保守主義／学術論争／スペインの衰退は本当か／スペインの再興／ラテンかスペインか／自由主義左派と共和派／ナショナルカトリシズム／二つのスペイン？

第5章　結び　253

訳註　259

訳者あとがき　277

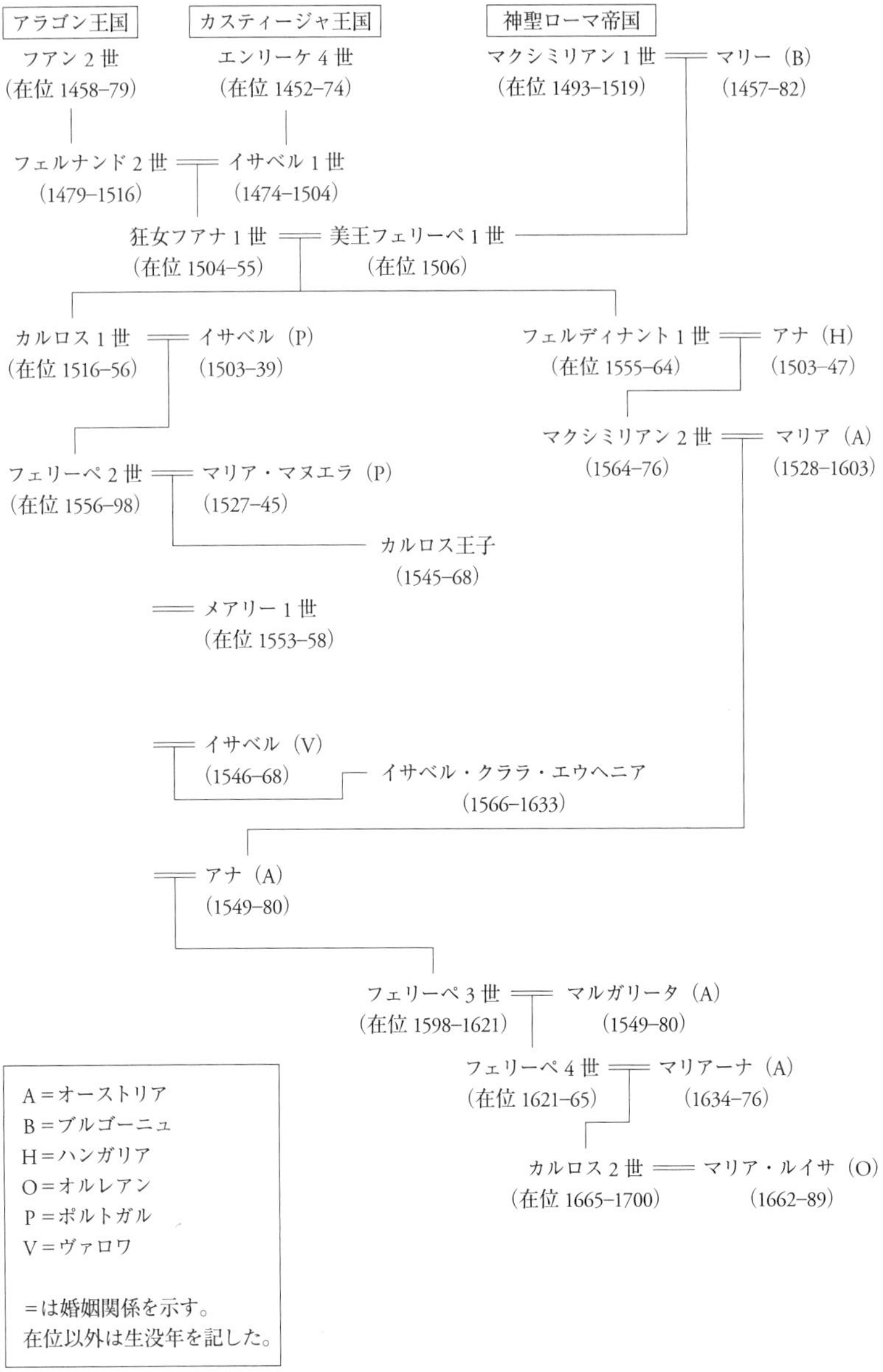

アラゴン王国
カスティージャ王国
神聖ローマ帝国
フアン2世（在位1458–79）
エンリーケ4世（在位1452–74）
マクシミリアン1世（在位1493–1519）
マリー（B）（1457–82）
フェルナンド2世（1479–1516）
イサベル1世（1474–1504）
狂女フアナ1世（在位1504–55）
美王フェリーペ1世（在位1506）
カルロス1世（在位1516–56）
イサベル（P）（1503–39）
フェルディナント1世（在位1555–64）
アナ（H）（1503–47）
マクシミリアン2世（1564–76）
マリア（A）（1528–1603）
フェリーペ2世（在位1556–98）
マリア・マヌエラ（P）（1527–45）
カルロス王子（1545–68）
メアリー1世（在位1553–58）
イサベル（V）（1546–68）
イサベル・クララ・エウヘニア（1566–1633）
アナ（A）（1549–80）
フェリーペ3世（在位1598–1621）
マルガリータ（A）（1549–80）
フェリーペ4世（在位1621–65）
マリアーナ（A）（1634–76）
カルロス2世（在位1665–1700）
マリア・ルイサ（O）（1662–89）
A＝オーストリア
B＝ブルゴーニュ
H＝ハンガリア
O＝オルレアン
P＝ポルトガル
V＝ヴァロワ
＝は婚姻関係を示す。
在位以外は生没年を記した。

スペイン王室系図

カトリック両王時代のスペイン(1469〜1516)

カルロス1世時代のヨーロッパ(1516〜1556)

ハプスブルク・スペイン　黒い伝説

帝国はなぜ憎まれるか

LA LÉGENDE NOIRE DE L'ESPAGNE
by
Joseph Pérez

cover image:
Tiziano, "Philip II offering Don Fernando to Victory,"
Madrid, Prado Museum.

はじめに

「黒い伝説」（leyenda negra）という言葉が生まれたのは20世紀の初頭だった。1869年の創刊から1921年の廃刊までベラスケスとセルバンテスの特別号を編むなど専らスペインの往時の栄光と名声に繋がる自画自讃を目指してきた週刊誌『スペイン・アメリカ画報』が1913年にスペインの誹謗者を糾弾する懸賞論文を募集した。1939年までは国務省と呼ばれた外務省の官僚フリアン・フデリーアス（1877〜1918）が『黒い伝説と歴史の真実 La leyenda negra y la verdad histórica』と題する論文で応募、受賞した。彼は十六もの言語を話す旅行好きな通訳として国務省に入省、しばらく後にフランシスコ・シルベーラ内閣が青少年犯罪・物乞い・売春などの情報収集と問題の解決策を作成するために設立した社会改革研究所に移った。なお、フデリーアスとこの点についての詳細はルイス・エスパニョール・ボウチェの『黒い伝説。フリアン・フデリーアス（1877〜1918）の生涯と作品』（2007）を参照されたい。

フデリーアスの論文は１９１４年の１月から２月にかけて連続五回に分けて前述の週刊誌に掲載された。その後、同じ年に訂正と補足がなされ、題名を『黒い伝説』と短縮、一冊の本として刊行された。次いで、カリフォルニアに定住した建築技師ファン・カルロス・セブリアンによって米国内でのスペインの悪評への反論として１９１７年に再版され、その折に新たに「スペインの事業」が冒頭の第一章として書き加えられ、フデリーアスが本書は別の本になったと言うほど大幅な修正がなされた。いま筆者の手許にあるのは最新版『黒い伝説。国外におけるスペイン観についての研究 La leyenda negra. Estudios acerca del concepto de España en el extranjero』（２００３）である。

フデリーアスは執筆の動機を次のように語った。

「黒い伝説とはほとんどあらゆる国の出版物によって造り出された根も葉もない雲をつかむような内容の話である。そこに描かれているのは個人と社会とを問わず常にグロテスクなスペインであり、我国の文化と芸術が生んだ誇るに足る幾多の優れた所産は悉《ことごと》く否定もしくは少なくとも意図的に無視されている。スペインは万事が誇張と誤解で歪められた非難と中傷の標的とされ、挙句の果てに寛容・文化・進歩の点でスペインはヨーロッパ諸国の中にあって間違いなく嘆かわしい例外の国であると繰り返し名指し解説され、そして新聞を介して広く巷に喧伝された。要するに、黒い伝説によってスペインは異端審問の国、蒙昧と狂信が罷《まか》り通る昔も今も文明国の名に値しない国、暴力と圧制の姿勢を崩さず、進歩と革新に敵対する国に仕立て上げられてきた。言い換えれば、16世紀のプロテスタント革命[1]をきっかけに広まり始め、以来、今日まで特に我国が危機に見舞われる度に、ここぞとばかりに利用され続けてきた伝説である。」

また同書の序文でスペインは多くの外国人から他の国々とは違うと見られているとして、こうも言っている。「我々は、そして我国は彼等にとっては幻想の国でなければならず、その魅力もまたこの一点に尽きる。我国は万事が他の国とは異なった基準で測られ、解説される。要するに、スペインはスペインだけなのである。」

黒い伝説という呼び名はあっと言う間に広まった。先《ま》ずスペインによるアメリカの征服を攻撃するのに使われ、次いでその使用は他のあらゆる面に広がった。ところで、ある人物や出来事を過度に讃えて理想化する黄金伝説ないしはバラ色伝説には往々にして逆の面を取り上げた黒い伝説が続く。例えば、ナポレオン1世[3]（在位1804〜15）然り、フランスの第二帝政（1852〜70）然り、ユダヤ人迫害を巡る教皇ピウス12世（在位1939〜58）然りである。具体的にはジャン・テュラールの「反ナポレオン論。皇帝の黒い伝説」（1964）やジャン・デ・カールのフランス倫理政治アカデミーでの発表「歴史家と第二帝政の黒い伝説」（2005）などである。フデリーアスもあるいは本書をスペインの「黄金の世紀」（Siglo de Oro）を含む黄金伝説に相対するものとして書いたと思えなくもない。

ただスペインの場合の特異な点はフデリーアスが造った黒い伝説という呼称が忽《たちま》ち広まり定着してしまったことにある。だが、内容そのものは決して目新しくはなかった。彼の著作が世に出る半世紀前に少なくとも二人の優れた人物がしっかりとした論拠に基づいて同じ考えを述べているのである。一人はラファエル・アルタミーラ（1866〜1951）で、彼はアメリカでスペイン人が為した諸々を正確に把握しようと三十年余りにわたって研究を重ねた歴史家である。その彼に続いて多くの者が同じ研究に携わったが、ある者はアルタミーラへの言及を忘れ、またある者は自らの仕事をあたかも自分の業績であるかのように誇示した。アルタミーラは論集『アメリカにおけるスペインの足跡』（1924）の中でフデリーアスは知識人としての誠実さを欠いていると次のように苦言を呈した。

「いつものことながら、人々はあまり本を読まず、読んでも多くは簡単に忘れてしまうのをいいことに、後からきた者が自らは手を汚すことなく黒い伝説とか似たような気の利いた文句をなに喰わぬ顔で小旗よろしく掲げて地中海の発見者を気取るが、実はそこは古くから名もない小舟が頻繁に行き来してきた海なのである。」

確かにフデリーアス以前に少なくともエミリア・パルド・バサン（1852〜1921）とビセンテ・ブラスコ・イバーニェス（1867〜1928）という二人の作家がそれぞれ1899年と1909年にパリとブエノスアイレスでの講演で黒い伝説という表現を使っている。

フデリーアスがアルタミーラに言及しなかったのとは逆に、すでに歴史家として名を成していたアルタミーラは小説家で外交官だったフアン・バレーラ（1824〜1905）を自らの先駆者と認めた。事実、随筆『今日のスペイン観について』（1868）の中でバレーラは、アフリカはピレネーに始まると信じて疑わない平均的なヨーロッパ人は、スペインを訪れる際に、ここではなにがあってもおかしくはないと予《あらかじ》め心に決めているとして、次のように書いた。

「アフリカはピレネーに始まるという決まり文句はヨーロッパ中で信じられている。我々の過去と現在についての人々の無知はおよそ信じ難いほどである。国外にしばらく滞在したことのあるスペイン人ならば、彼等からなにを訊かれ、また彼等がスペインについてなにを言っているかを知っていよう。この私もスペインではライオン狩りをするのかと訊かれ、茶などは見たことも飲んだこともないだろうからとご丁寧な説明を受けたことがある。またある立派な御仁からスペイン人の服装、つまりあのマハ(4)が身に付けている服装は公式の場や他の儀式には着ない方がよいとか、ボレロ、ファンダンゴ、カチューチャといった踊りは止めるようにと、親切なご忠告を頂いたこともある。スペインではほとんどの女性がタバコを吸い、またその多くが腰に短刀を忍ばせているというのがヨーロッパでの評判だが、そのようなことはないとこちらがいくら言い聞かせても半分は無駄に終わる。」

バレーラのこの言葉によれば、スペインは他の国々とは違うということだが、フランコ政権時代(1937〜75)に情報観光大臣を務めたマヌエル・フラーガ・イリバルネは1960年代にまさにこれを逆手に取って「一味違うスペイン」(Spain is different)というキャッチフレーズで観光スペインを売り込んだ。しかしながら、黒い伝説の中味は絵に描いたような異国情緒だけではなく、そこにはバレーラが指摘するように悪意、さらにはスペインへの憎悪も入ってくる。彼は言う。

「今日、外国人が抱いているスペイン観は最悪である。それだけではない。彼等が嬉々として我々を貶《おとし》める時の打ち込みようと熱意には時として憎悪が見て取れる。誰もが揃って今日のスペインを非難し、多くがかつてのスペインの栄光に水を差し、矮小化し、泥を塗る。加えて彼等のこうした感情に加担しているのが我々自身で、自分達のことに無知である。また私が見るに、我国の歴史が過小評価されるのにはもうひとつ根深い原因がある。なにごとに寄らず人間は現在あまり価値がないか、あるいはないと思われるものは、過去においても価値がなかったと考えがちであり、逆に現在偉大であれば、それの始まりと今日までの歩みがどれほど取るに足らず見るに値しなくても、美化して高く評価しがちである。例えば、後の大英帝国の繁栄がなければ、誰があのどうということもない1688年の革命を名誉革命（Glorious Revolution）などと呼ぶだろうか。私はシェイクスピアの並外れた価値を認めるに吝《やぶさ》かではないが、もし彼がイギリス人ではなく、ポーランド人かルーマニア人、あるいはスウェーデン人だったら、あの荒唐無稽さや残虐非道さにも拘わらずこれほどまでに有名になり、遂にはホメロスやダンテに並び評されるに至っただろうか。」

20世紀の中頃までスペインの中流階級に読まれたモデスト・ラフエンテ（1806〜66）の『スペイン全史』の編集をラフエンテの死後、他の二人と共に引き継いだバレーラは、当時最も教養があり、才能に恵まれた人物のひとりだった。彼は周囲の状況に精通し、外国人の脳裏にあるスペイン観から多くの偏見と無知、そしてかつて世界に広く権勢を誇ったスペインへの憎悪に似たものを読み取っていた。スペインの後に続いた勝利者の中にはいまや歴史を書くのは自分達だとばかりスペインに容赦しない者がいた。繁栄し活力に満ちたスペインは他国の羨望を掻き立てると同時に警戒された。一口で言えば、精彩と生気ではバレーラに一歩譲るフデリーアスが後に大きく取り上げるテーマをバレーラは一足先んじてもっと広い目で指摘していたのである。

フデリーアスは作品を次の五部に分けた。

第一部　政治・社会・科学・文学・芸術の各分野でスペインが果たしたヨーロッパ文明への貢献

第二部　外国人、とりわけスペインの地方色に憧れる旅行者の誤り・偏見・中傷とこれに対するスペイン人の反撥

第三部　16世紀後半、特にフェリーペ2世（在位1556〜98）を標的にして生まれた黒い伝説

第四部　黒い伝説がスペインに及ぼした影響と多くのスペイン人が外国人の言葉を鵜呑みにして自国に疑念の目を向け、挙句の果てに抱く自国への嫌悪感

第五部　スペインは不寛容と狂信の国であるという最も頻繁に繰り返される非難

そして最後にフデリーアスは次のように言う。

「この不寛容と狂信はスペインだけが例外ではなく、16世紀のヨーロッパはどこでも同じだった。今日、自由・文化・進歩の模範を自認するイギリス、フランス、ドイツはあたかも精神的に進歩すれば物質的な進歩・富・国力は必然的についてくるかのように、スペインも自分達に見習い、ヨーロッパ化するようにと誘いを掛けてくるが、現実はそれほど単純ではない。」

ある国が周囲から認められないだけでなく、不当に非難断罪されるのは決して珍しくはない。スペイン人の中にはこうしたスペイン観の陰には悪意と偏見と無知が潜んでいると怒る人がいるが、こうした見方自体もしばしば検討に値する。確かに黒い伝説という言葉が使われる前後を問わず、スペインに対する攻撃には次の三つの要素が指摘される。

第一に、攻撃の起点はスペイン帝国、もっと精確に言えばいまや本家をスペインへ移した16〜17世紀のハプスブルク朝の覇権主義への反撥だった。これは他者の成功には付き物の反撥である。スペインはその歴史のある時点でヨーロッパのみならず世界を支配する地位に就いた。周囲はスペインの勢い・繁栄・成功に目を見張り、同時にその隆盛の余波を恐れた。周辺諸国は己の独立に危うさを覚え、同盟に加わるなどの外交手段だけでは安心できず、スペインの威信を傷つけることを狙った宣伝活動に打って出た。これはなにもこの時に始まったことではない。覇権の座を狙う国はいずれも周囲から拒絶・羨望・嫌味・憎悪を招く。これの犠牲となったのがかつてはハプスブルク朝スペインであり、今日では米国である。つまり、黒い伝説の一面は大国化の副産物である。大国は羨望される一方で憎悪の的となる。

次いで、スペインの覇権が周囲に与えた不安は政治面に止まらず、思想にも及んだ。スペインとの戦いは政治の独立と同時に思想の自由を守る戦いだった。やがて覇権を失って自国に引き籠ったスペインは、いまや息も絶え絶えのキリスト教ヨーロッパという文明になおも固執して、ウェストファリア条約（1648）以降に生まれつつあった新しい世界を拒否するかに見えた。するとそれまでの敵意は嫌悪に一変し、この嫌悪は政治的な脅威が去った後も消えなかった。加えて、この時点で黒い伝説は南ヨーロッパと北ヨーロッパとの対立という様相を帯びてくる。そしてイギリスを含む北のプロテスタント・ヨーロッパは南のカトリック・ヨーロッパ、分けてもこれを代表するスペインに対していまや自らが優位に立ったとの確信を抱いた。

そして最後は、専らスペインを標的とする黒い伝説で、これは一部のスペイン人が前述の二点を鵜呑みにしたことから生れた劣等感と挫折感である。すなわち、スペインは科学革命・技術革新・産業革命・思想の世俗化など、近代の到来を決定付ける変化のいずれにも名を連ねず、その結果、周囲からの侮蔑・断罪・搾取に晒された。これに対処するにはスペインは従来の文化の伝統の一部を放棄し、とりわけカルロス1世[5]（在位1517～56）の即位後の在り方とは手を切り、外国を範としてヨーロッパでの地位を回復しなければいけないとされた。多くのスペイン人、それもしばしば優れた人物の幾人かは、スペインの不幸の元凶はその歴史、分けても異端審問所[6]の創設（1478）、アメリカの発見（1492）とこれに続く植民、ユダヤ教徒の追放（1492）、イスラム教徒の子孫の追放[7]（1609）、プロテスタントへの迫害などにあるとし、スペインは自ら進んで不寛容・狂信・蒙昧の国と化した感がある以上、ヨーロッパでの地位の回復のためにはこうした過去を見極めて、これと訣別しなければいけないと主張した。

本書は改めてこれらの問題を取り上げ、批判と検討を試みるものである。スペインが過去数世紀にわたって指弾糾明され、厳しい批判に晒されてきたのは間違いのないところである。スペインはなぜこのような特殊な形で周囲から見られてきたのか。スペインとその本質になにか他の国の怒りを買うところがあるのか。それともスペイン史のある時期の政策が、理由の有無に拘わらず、他国に脅威を与えたために反撥を招いたのか。言い換えると、どうしてスペインは思想あるいは人種の面から差別に晒されたのか。あるいはまた一時は世界一の地位を占めながらやがて自らの大望や抱負の一部を放棄せざるを得なくなり、最後は誤解という苦汁を飲まされた挙句に二等国に堕した国の見本とされたのか。果たしてスペインを狙い打ちにする陰謀でもあったのか。他から誹謗されているというスペイン人の思い込みには根拠があるのか。スペイン人は自らの歴史を恥じなければならないのか。

第1章

黒い伝説前史

カトリック両王。アラゴン王フェルナンド2世とカスティージャ女王イサベル1世。(左) ウィーン美術史美術館　(右) マドリード、プラド美術館

アラゴン連合王国の誕生

16世紀、スペインは世界支配の野望を抱いているとして周囲からの非難の的となった。野望が事実か憶測かも判然としないままに、脅威に駆られた周辺諸国は嘲笑と皮肉をスペインに浴びせた。カルロス1世とフェリーペ2世の時代のスペインと言えば、それはカスティージャを指した。カスティージャは15世紀以来、スペインの中で最も人口が多く繁栄した地域だった。しかし、後のカトリック両王[1]の結婚[2]（1469）によるカスティージャとアラゴン両国の連合[3]が成立する以前のイベリアで最も勢いがあったのはカタルーニャだった。従って、スペインにまつわる悪評は中世末期、カタルーニャがイタリア南部に拠点を築いて地中海に乗り出した時にまで遡る。スウェーデンの歴史家ズヴェルケル・アルノルドソンは『黒い伝説。その起源を巡って』（1960）で、この時点での黒い伝説の初期段階を明らかにした。後に非難の標的がカタルーニャからカスティージャに移った後に引き継がれて展開されるテーマはすでにこの段階で決まっていた。フランスの歴史家ピエール・ヴィラールは著書『近代スペインの中のカタルーニャ』（1962）の中でこの交代を「カタルーニャの凋落、カスティージャの台頭」と呼んだ。

12世紀初頭、ピレネー山脈の南側のほぼ中央に位置するハカ[4]を中心とする小国だったアラゴンは間もなくサラゴーサまで支配圏を広げ、次いでバルセローナ伯国との連合を結成した。バルセローナ伯ラモン・ベレンゲール4世とアラゴンの王女ペトロニーラとの間に生まれたアルフォンソ2世は両親の遺産を継承（1162）、その後、アラゴン王国とカタルーニャの諸伯国はペドロ4世の下で最終的に連合王国を形成した（1344）。これがアラゴン連合王国（Corona de Aragón）と呼ばれる複合体である。この後にバレアール諸島、バレンシア、さらにシチリア、サルデーニャ、ナポリが加わったが、いずれもそれぞれが独自の制度と自治を残す中で国王が全体を結び付ける唯一の絆だった。

この連合国家の中で最も活力に溢れ果敢だったのはカタルーニャだった。バルセローナの商業ブルジョワジーの眼は同市ばかりか周辺地域の外までを視野に入れていた。当時、バルセローナの人口はおよそ四万で、この中で栄誉市民（ciradans honrats）と呼ばれる二十家族が市の支配層を成した。彼等は貴族ではなく、金融業者・船主・織物商・農園主などだった。バルセローナは単に港町や商業都市であるだけではなく、職人が人口の八十パーセントを占める産業都市でもあった。経済の繁栄に鼓舞されて自信を持ったカタルーニャ人は拡大路線に踏み出した。彼等はエブロ川とガロンヌ川からプロヴァンスに至る地域から成る国造りを構想した。[5] だが、アルビジョア十字軍[6]（1208〜44）が起こると、義兄で封臣でもあるトゥルーズ伯レーモン6世の支援に駆け付けたアラゴン王ペドロ2世がミュレーの戦い（1213年9月12日）で戦死、これによって建国の夢は潰えた。以後、ラングドックとプロヴァンスはフランス王の版図に組み込まれた。

アラゴンのイタリア進出

ピレネーの南側に押し戻されたカタルーニャ人は眼を東に転じた。ローマ教皇インノケンティウス3世（在位1198〜1216）からシチリア王に任ぜられたフランスの聖王ルイ9世の息子シャルル・ダンジューに不満を募らせたシチリア人が暴動を起こしてフランス人を虐殺する事件が起きた（1282年3月31日）。後に「シチリアの晩鐘」（Vespri siciliani）の名で知られる事件である。シチリアの貴族から支援を請われたアラゴン王ペドロ3世はロヘール・デ・フロールが率いる傭兵部隊（almogávares）[7]の支援を得てシチリアを征服した。その後、同王の遺言でシチリアは他の領土から切り離されて同王の次男ハイメに引き継がれ、1409年まで独立王国を成したが、翌年アラゴン王マルティン1世によって最終的にアラゴン王国に編入された。またこれより先にアラゴン王ハイメ2世は教皇ボニファティウス8世からサルデーニャを授与され、これを二年かけて征服した（1322〜24）。

1302年、前述の傭兵部隊を率いるロヘール・デ・フロールはオスマン・トルコの脅威に晒されるビザンティン帝国パラエオロゴス朝の皇帝アンドロニクス2世の要請に応えて彼地に赴いたが、その働きと術策から皇帝の息子ミカエルの妬みと不信を買って謀殺されてしまった。残った傭兵部隊はその後1311年にアテネ公国を占領、次いでテサロニケの南にネオパトリア公国を建てた。この二国は自治国ながらカタルーニャ領と見做され、その国旗と紋章にはカタルーニャの守護聖人である聖ジョルディ[8]が描かれ、カタルーニャ語が公用語とされた。1379年、二国は一旦はアラゴン王ペドロ4世の支配下に置かれたが、同王はこれを守り切れないと見て放棄した。それでもその後の歴代のアラゴン王、そしてこれを継いだスペイン・ハプスブルク朝の王は17世紀末まで公式文書の中でアテネ公とネオパトリア公を名乗り続けた。

カタルーニャの発展はこの後も続き、アルフォンソ5世はナポリ王国を征服（1443）、ここを地中海支配の根拠地とした。ナポリを自らの私的所領と見なした同王は皇太子である弟のファン2世にではなく、自分の庶子フェランテにこれを継がせた。そしてフェランテが死ぬと、フランス王シャルル8世、次いでルイ12世がナポリ王国の支配権はアンジュー家にあると主張した。するとカトリック王フェルナンド2世[9]（在位1474〜1516）はナポリの継承権は先のアルフォンソ5世に最も近い子孫である自分にあると反駁した。両者の対立は戦争に発展し、大司令官（Gran Capitán）の異名で知られるゴンサーロ・フェルナンデス・デ・コルドバの指揮の下、スペイン軍は一連の見事な勝利を収めてフランス軍を駆逐した。こうしてナポリ王国は以後、二世紀にわたってアラゴンの支配下に置かれた。

アラゴン領となったナポリ、シチリア、サルデーニャにカルロス1世はさらにミラノ公国を加えた（1521）。ミラノはフランシュ・コンテとフランドルとドイツ内の神聖ローマ帝国領を結ぶ交通の要所だった。元々は帝国領だったミラノをカルロス1世はフランチェスコ・スフォルツァに与えたが（1530）、五年後に彼が死ぬと再び帝国領としてミラノはカルロス1世の手に戻り、その後はスペイン王位継承戦争後のラシュタット条約（1714）までスペインの支配下に留まった。これらイタリア内の領土を巡って、カルロス1世はヴェネツィア共和国などイタリアの諸勢力、分けてもローマ教皇庁と対立した。メディチ家出身の教皇クレメンス7世（在位1523〜34）はカルロス1世の勝利に終わったパヴィーアの戦い（1525）の翌年、フランス王フランソワ1世（在位1515〜47）とカルロス1世との勢力均衡を目指してコニャック同盟[10]を結成した。この同盟は表向きはキリスト教世界を荒廃させる戦争の終結を謳いつつも、その狙いはカルロス1世の支配からイタリアを解放することにあった。クレメンス7世が改めて教皇庁の領有権を主張すると、カルロス1世は「グラナダの覚書」(Memorial de Granada)(1526年9月17日)の中で教皇の発言は、余が枢機卿達を煽動して反乱を画策したとか、余の周囲の者が教皇をローマから追放する可能性を摸索しているとか、およそキリスト教徒の口から発せられた言葉とは思えないと反論した。こうして両者の対立は決定的となり、すぐに戦端が開かれた。

1527年の春、イタリア北部に集結した皇帝軍はゆっくりと南下を始めた。指揮を執るのはフランス王と袂を分かったシャルル・ド・ブルボンで、兵士達は傭兵だった。この時、傭兵に払う金がなかった同指揮官は代わりにローマでの略奪を約束した。5月5日、部隊はローマの門前に到着、翌6日には後に「ローマの略奪」(Sacco di Roma)の名で知られる事件が始まった。当の指揮官は初日に戦死、これによって統率を失った部隊は略奪の限りを尽くした。民家と教会が襲われ、聖遺物は汚され、兵士達は聖ヨハネ、聖ペトロ、聖パウロなどの頭蓋骨をボール代わりにして興じ、修道女を凌辱し、高位聖職者を嘲った。ローマ市民は金銀財宝など金目の物を略奪され、彫像・タペストリー・絵画が兵士達の間で商品よろしく交換された。ようやく軍規が戻った後、部隊が山のような略奪品と共にローマから立ち去ったのは翌1528年2月16日だった。

逸早くローマから逃げ出したクレメンス7世はこの年の10月までローマに戻らなかった。やがて教皇との和睦を模索したカルロス1世は部分的ながら目的を達成した。二人は1529年6月にボローニャで会見し、翌年2月22日にカルロス1世は教皇からロンバルディア王の鉄の王冠を授与された。これによってそれまでは単にローマ人の王だったカルロス1世は正式に皇帝となった。騒ぎの再燃を警戒してカルロス1世はこの年はローマに近寄らなかった。そして1536年、チュニス遠征で勝利を収めてローマに凱旋した時、クレメンス7世の後を継いだパウルス3世（在位1534〜49）からようやく謁見を受けた。それでも両者の関係が緊張から解放されなかった点は指摘しておきたい。カルロス1世は教会改革について意見を交わせるような教皇にはついぞ出会うことがなかった。そして一方の教皇側にとっては、カルロス1世の過度な権勢は絶えず懸念の種だった。

イタリア人の反撥

アラゴン王国がイタリアで最も大きな影響力を振るったのは単に領土を持っていたからだけではなかった。二人のアラゴン人、正確にはバレンシア人が教皇に選ばれたのである。カリクストゥス3世（在位1455〜58）とアレクサンデル6世（在位1492〜1503）である。叔父と甥の関係にあった両人はバレンシア王国の町ガンディーアのボルハ家の出身だった[11]。そしていずれも親戚や同郷人を気前よく司教や枢機卿に取り立てては教会内の役職に就けた。二人の個人的な愛顧は出身地にまで及び、中世末期のバレンシアは停滞したアラゴン王国の中にあって他所を尻目に人口・経済・文化などのあらゆる面で繁栄を誇った。当時のバレンシアはイベリアで最も重要かつ豊かな町だった。

このように13世紀末からアラゴン連合王国、そしてこれを引き継いだスペインはイタリアの広い範囲をその支配下に置いた。この状態は途切れることなく18世紀初めまで続き、この間の権力の濫用・重税・専横・傲慢などは後を絶たず、当然ながら周囲の敵意を招かずには済まされなかった。反アラゴン感情の最初の標的はボルハ一族だった。かのマキアヴェッリに称讃された以外は歴代の文人から悪の烙印を押された彼等はルネサンスの華やかさとしばしばこれと結び付けられる不名誉の化身とされた。アレクサンデル6世は金《かね》で教皇の座を買ったとされ、いつなにを仕出かすか分からないセーサルと美貌のルクレシアという二人の庶子を溺愛し、ヴァティカンを自分の信奉者で埋め尽くし、聖職とその禄《ろく》を金《かね》で売り、周りに娼婦を侍らせて飲めや歌えの大騒ぎを催すなど、退廃の日々を送ったとされる。そして彼の在任中は暗殺・近親相姦・呪詛《じゅそ》・毒殺がローマの日常を賑わしたと言う。この種の悪評には捏造《ねつぞう》や中傷の類も珍しくはないが、あながち根拠を欠くわけでもない。庶子がいたのはアレクサンデル6世だけではなく、これに恥も外聞もなく莫大な財産を与えたのも彼に限らない。また彼が娘のルクレシアを溺愛したからと言って、これで二人の間に近親相姦があったとする理由にはならない。詰まるところ、アレクサンデル6世に対する誹謗中傷の全部がそのまま事実だったとは限らず、また彼だけがルネサンス期の他の教皇と違っていたわけでもない。

近年、ミケール・バリョーリの『ボルハ家』（1994）やジョアン・フランセスク・ミーラの『ボルハ家。一族と神話』（2000）は彼等の名誉回復を意図しないまでも幾つかの点で公正な判断を下している。アレクサンデル6世を含めてその後のユリウス2世とレオ10世はいずれも文芸の擁護者だったが、同時に快楽の追求には余念がなく、その地位を利用して金《かね》を受け取り、また縁者と支持者に便宜を図ることに躊躇《ためら》うことを知らなかった。1510年から翌年にかけて憤激したルターが「バビロニアの娼婦」と呼んだのはアレクサンデル6世のローマではなく、ユリウス2世のローマだった。では、ボルハ一族が糾弾されるのはなぜか。理由は、ユリウス2世のデッラ・ロヴェレ家やレオ10世のメディチ家その他にとって、ボルハ家は余所《よそ》者だったからである。ボルハ家はイタリア人でないばかりか、一世紀も前からイタリアの南部を支配するアラゴン人だった。そのようなボルハ一族の出世・財力・権勢はイタリア人にとって到底我慢ならなかったのである。

16世紀に入ると、ミラノ公国がスペイン領となり、ジェノヴァ共和国もスペインの同盟国となってイタリアでのスペインの地位は安定し、強化された。この一方で、前述の「ローマの略奪」は大方のイタリア人を決定的にスペインの敵に廻した。この事件は往時の蛮族の襲来以来、キリスト教世界の中心ローマが絶えて経験したことのない災いだった。指揮官がフランス人であったことも、傭兵がドイツ人を中心にヨーロッパ中からやってきた者で、しかもその大半がルター派だったことも問題にされず、イタリア人から見れば蛮族のように振る舞ってローマを略奪したのはすべてスペイン人だった。こうしてイタリア人の間に反スペイン感情は一気に高まった。これより前の1525年にスペイン軍がパヴィーアの戦いで勝利を収めた時には、万事がスペインに有利に運ぶのを苦々しく思ったイタリア人は「神はいまやスペイン人となられた」（Dio s'è fatto spagnuolo）と言って嘆いた。そしてすっかり気落ちした彼等は真偽のほどにお構いなくスペイン人の欠点をあげつらって憂さを晴らした。スペイン人は兵士どころか、数を頼んで強がるだけの法螺《ほら》吹きに過ぎず、彼等が自慢気に語る戦場での武勇伝や滑稽なだけの名誉心を嘲笑う冗談が生まれたのはこの頃だった。スペイン人はさながら、遥か遠いローマ時代の喜劇作家プラウトゥスの作品に出てくる栄光の兵士（miles gloriosus）よろしく、口では勇猛振りを自慢しながらいざ危険が迫るや臆病者の正体を曝《さら》け出すイタリア生まれの喜劇に登場する隊長であり、かの伝説のマタモーロス(12)の武勇とてイタリアの詩人ルドヴィーコ・アリオストの『狂乱のオルランド』の登場人物ロドモンテのそれにほとんど肩を並べる程度のものに過ぎないとされた。コルネイユの『滑稽な幻想』は口の利き方も知らない臆病者のスペイン人像が文学の世界で流行したことを物語っている。そもそも16世紀前半のイタリアではスペイン人はおよそ恐れる必要もない臆病者以外の何者でもなかった。戦場では連戦連勝のスペイン人はひたすら嗤《わら》いの種にされた。野望に取りつかれたあの大嘘つきどもはこちらが貴人並みの礼を尽くさないと腹を立てるが、その実はしばしば食うにも事欠く有様なのだといった具合である。例えば、「その方は儂《わし》を知らぬのか。名誉ある人間にそのような口を利いてはならぬ。――はて、あなた様はどなた様でしょうか。――儂はベナベンテ伯爵様の銀貨磨きの長よ」といった類の話である。

もっと深刻なのはイベリアにおける人種の混淆《こんこう》への言いがかりだった。数世紀に及んだキリスト教徒とユダヤ教徒とイスラム教徒の共存は誰もが知る事実だった。確かにイベリアの住民の信仰と習慣にはこれを窺わせるところがあった。15世紀にイベリアを訪れたヨーロッパ人はユダヤ教徒とイスラム教徒の多さを目の当たりにし、キリスト教徒の習慣や音楽その他にオリエントの臭いを嗅ぎ取った。喉の奥から出る音の単語の多さや服装・余興・馬の乗り方・調理方法など、どれもがヨーロッパ人には不快なものばかりだった。かのエラスムスはユダヤ教徒・トルコ人・上辺だけの改宗者[13]からこのような影響を受けているイベリアに果たして多くのキリスト教徒がいるのかと怪しんだ。[14]『世界誌』(1544)の著者セバスティアン・ミュンスター[15]はこれに類した発言の多くに触れ、ルターはその『食卓談議』(1537〜38)の中でスペイン人を不信心のユダヤ教徒、洗礼を受けただけのイスラム教徒と呼んだ。イタリアでは1492年の追放令でスペインを追われたユダヤ教徒の一部が移り住んだこともあって、スペインに対するこの種の中傷はさらにその数を増した。こうしたことからスペイン人の多くはユダヤ教徒であり、そうでない者もユダヤ教とイスラム教の影響を受けているという見方にはさらなる証拠は必要なかった。

周知の「スペイン人の小さな罪」(peccatiglio di Spagna)という言葉を巡っては次のような逸話がある。

復活祭を控えた頃、聖体拝領の前に、あるスペイン人が告解の場で自分は三位一体の玄義《げんぎ》(16)をあまり信じてはいないと事もなげに告解し、しかしこれはさほど重要なことではないと思っていると言ったという。このことからユダヤ教徒やイスラム教徒と同じくどうやらスペイン人は三位一体の玄義に疑いを抱いているらしいとの噂が立った。そう言えば、カルヴァンによってジュネーヴで生きながら火炙りにされたミゲル・セルベート(17)もアラゴン人で三位一体を信じていなかった。そもそも彼が三位一体を否定したのはアラゴン人だったからではないのかと人々は疑った。

イタリア人から見たスペイン人は到底まともなキリスト教徒ではなかった。1506年にスペインを訪れたヴェネツィア共和国大使ヴィンチェンツォ・クィリーニはカトリック両王が異端審問所を必要と判断したのはこうした状況のためだったのだろうと述べた。また1511年から14年にかけてフィレンツェ大使としてスペインに滞在したフランチェスコ・グイッチャルディーニも同じ意見で、ユダヤ教徒と異端者に溢れたスペインは異端審問所がなければカトリック国ではなくなるのに長い時間は要しなかっただろうと書いた。こうした思いは教皇達も同じだった。スペイン人を常日頃から腹立たしく思っていたパウルス4世（在位1555～59）はスペイン人を「異端の輩、神に呪われた背教者、ユダヤ教徒とイスラム教徒の申し子、この世の滓《かす》」と呼び、このような卑劣な裏切り者に抑え込まれて仕えなければならないイタリアの不運を嘆き悲しんだと伝えられる。パウルス4世はカルロス1世を異端者と呼び、破門で脅すことも辞さなかった。彼に言わせれば、カルロス1世はあの「ローマの略奪」の責任者であり、アウクスブルク(18)でドイツをプロテスタントの手に渡した張本人、そして最後はイタリアを不当に占拠する蛮族だった。ナポリの貴族カラーファ家出身の彼は多くの同郷人と同じく文明の中心である故郷が、自分の眼で見る限り、万事において遥かに劣ったスペイン人に征服され、ユダヤ教徒とイスラム教徒との長い共存によって不信と無知の輩と化した彼等に支配されていることに到底我慢がならなかった。

アラゴン人、延《ひ》いてはスペイン人についてのこうした主張は功を奏し、やがてイタリアを越えて広まっていった。アメリカの発見者クリストバル・コロンの息子フェルナンド・コロンは遺言書の中でこう書いている。「私はスペインから離れている時はどこであれスペイン人と見られないようにと、いつもイタリア語で話した。そのおかげで私はスペイン人と分かれば殺されかねなかった多くの危険から幸いにも身を守ることができた。」

アメリカの征服者のひとりで年代記を書いたゴンサーロ・ヒメネス・デ・ケサーダ[19]の次の言葉には、このスペイン憎しの宣伝効果のほどが窺われる。「以上、述べたすべての国々、世界中のあらゆる国のどこにあっても、イタリア人は私が先に述べたスペインに対する特別な憎悪を抱いている。」そしてこの憎悪の原因は「地球のほぼ全域を制したスペイン人の権勢欲である」とした。これと同じ時期に『トルコへの旅』を書いた無名の著者も次のように同じ印象を語っている。「我々スペイン人は誰からも憎まれているが、これの最大の原因は我々の尊大な言動にある。」

しかし、以上のような反スペイン感情の爆発の多くは大袈裟であり、不当でもある。先述のヒメネス・デ・ケサーダはこうした非難中傷の中で最も辛辣なものへの反論として『反ホビオ論 El Antijovio』[20]と題する一書を著した。これは明らかにイタリアの歴史家パオロ・ジョヴィオへの反論である。イタリア文化を愛し、イタリアを代表する詩人の作品の数々をスペイン語に訳すなど、自身がエラスムスの人文主義よりもイタリア・ルネサンスの人文主義に与したフェルナンド・デ・エレーラは「イタリア学派に属する我々を無知な野蛮人扱いするのは不当である」と憤激した。

実際、野蛮人扱いされたアラゴン人の中にはイタリア・ルネサンスに惹かれ、イタリアに範を仰ぐ者がいた。すでに触れたアラゴン王アルフォンソ5世はナポリをフィレンツェのメディチ家のサロンに匹敵する学問と芸術の中心に変えた。彼は書物を愛してこれの収集に努め、学者を擁護して14世紀末に始まったアラゴン人文主義の活動を支援した。この活動の発端を作ったのは、ラテン語あるいはそれ以上にギリシア語に造詣の深かったロードス島騎士団長フアン・フェルナンデス・デ・エレディアと、かつてフアン1世の時代にオヴィディウス、ヴェルギリウス、キケロばかりか、ボッカッチオ、ペトラルカ、ダンテなどもスペイン語に訳したベルナート・メッチェだった。またスペイン文化の幾つかの面が逆にイタリア人の関心と感嘆を呼んだ。この時代のスペイン文学の傑作のひとつであるフアン・デ・バルデースの『スペイン語談議』（1535）では、スペイン文化に関心を寄せる数名の貴人がナポリのある邸内に会して、著者バルデースにスペイン語の単語の綴りや読み方について尋ねる様子が描かれている。これはナポリのエリートがスペイン文化に惹かれていた証しに他ならない。ベネデット・クローチェの『ルネサンス期イタリアにおけるスペイン』（1917）やジュゼッペ・ガラッソの『マサニエッロ後のスペイン統治下のナポリ。政治・文化・社会』（1972）など、今日のイタリアの歴史家は率先してイタリアにおけるスペインの存在を本質的な面で認めて評価している。

第2章

スペインとハプスブルク朝

『カルロス5世の騎馬像』ティツィアーノ、
マドリード、プラド美術館

ハプスブルク朝スペインの誕生

中世の最後の二世紀間にアラゴン連合王国はイタリアに進出し、カトリック両王期のスペインもカトリック王フェルナンド5世[1]の下でこの路線を踏襲した。そして1516年にハプスブルク朝がスペインの王座に就くと、イタリアだけでなく全ヨーロッパがスペインのさらなる拡張の勢いに脅威を覚えた。ハプスブルク朝には偶然とその結婚政策[2]が幸いした。偶然のひとつはカトリック両王の後継者フアン王子（1478〜97）の死だった。他に男子がいなかったために長女のフアナ（1479〜1555）が王位後継者となった。彼女の夫はハプスブルク朝の皇帝マクシミリアン1世（在位1493〜1519）とブルゴーニュ公女マリーとの間に生まれ、美王（le Beau）と通称されるフィリップだった。カトリック女王イサベル1世（在位1474〜1504）が死ぬと、このフィリップがカスティージャの王位を継いでフェリーペ1世（在位1504〜06）となったが[3]、すぐに死んでしまった。そこで妻フアナがカスティージャ女王フアナ1世[4]（在位1504〜55）となったものの、精神に異常があったために父親のフェルナンドが代行を務めた[5]。そしてこのフェルナンドが死ぬと、先のフェリーペ1世とフアナとの長子カルロス[6]（1500〜58）が次の四王家の所領を継いでカルロス1世（在位1517〜56）となった。

1. 父方の祖父マクシミリアンの所領：オーストリアのハプスブルク領
2. 父方の祖母マリーの所領：フランシュ・コンテ、ネーデルラント、フランドル、アルトワ
3. 母方の祖父フェルナンドの所領：アラゴン、カタルーニャ、バレンシア、バレアール諸島、シチリア、サルデーニャ、ナポリ
4. 母方の祖母イサベルの所領：カスティージャ、ガリシア、アストゥリアス、バスコ、ナバーラ、アンティージャ諸島[7]

カルロス1世の支配圏はこのように広大だったが、彼にはまだひとつ欠けるものがあった。父方の祖父マクシミリアン1世が持っていた神聖ローマ帝国の皇帝の座である。だが、これも間もなく手に入れて彼は皇帝カルロス5世[8]となった（1519）。なぜ彼は帝位にこだわったのか。当時の神聖ローマ帝国は私領・君主領・法的根拠を欠いた事実上の自由都市など、さまざまな政治体制を具えた集合体で帝国の体を成していなかった。カルロス1世の関心はこのような所領そのものにあったわけではない。ヴィクトル・ユゴーが「神の二つの分身」と呼んだ教皇と皇帝がそれぞれ宗教上の権威とシャルルマーニュを経てローマ皇帝に遡る権威とを以って臨んだ往時のキリスト教ヨーロッパはいまやこれの脱け殻のような存在だった。カルロス1世が目指したのは、その由来から諸侯の上に立つ威信と精神的な権威を帯びるこの帝位だった。祖父マクシミリアン1世は帝位をハプスブルク家の手から離すまいと腐心したが、孫のカルロス1世もまた同じように帝位に固執した。こうして見れば、彼を皇帝に選出した選挙（1519年6月28日）はハプスブルク家の勝利だった。

1930年代、ドイツのペーテー・ラッソウ（1889～1961）やカール・ブランディ（1868～

1946）をはじめとする幾人かの歴史家はイタリア出身の大宰相メルクリーノ・ディ・ガッティナーラの影響からカルロス1世は全ヨーロッパの支配を目指したと主張した。かのダンテの思想に傾倒し、かつて中世末期に教皇と皇帝が対立した時の皇帝党（ギベリン党）の流れを引くガッティナーラは強大な権力を持つ帝国の復興を夢見ていた。カルロス1世の政治目標が全ヨーロッパの支配にあったとする先の二人の歴史家は自説の論拠としてガッティナーラの次の言葉を挙げた。「陛下、陛下はいまや神の恩寵によりキリスト教世界のあらゆる王侯の上に立つ者となられました。陛下の権勢は陛下の祖先であるシャルルマーニュだけがこれまでに手にしたものであります。陛下が進まれるべきはキリスト教世界を唯一の権威の下にひとつにする道であります。」

これに対してスペインの歴史家ラモン・メネンデス・ピダール（1869〜1968）はスペイン人、とりわけカトリック王フェルナンドの影響が大きかったことを立証した。そして同王の考えを「キリスト教徒の間には平和、異教徒とは戦争」(paz entre los cristianos y guerra a los infieles）という一句に要約して、カルロス1世の脳裏にあった帝国とは、キリスト教世界という掛け替えのない価値を代表する自分が皇帝の権威によってキリスト教徒同士の争いの阻止に向けて諸王の行動を調整することにあったとした。(9) 的を射ているのは恐らくこの解釈である。と言うのも、カルロス1世はすでに1520年の時点で、自らの政策はオスマン・トルコの伸張という外憂とルターの抗議運動に端を発した教会の分裂という内患に脅かされているキリスト教世界を守り抜くことであるとしているからである。

カルロス1世は退位（1555〜56）に際して自らの所領の中から次の所領を息子フェリーペ2世

に託した。

1．カスティージャ、インディアス[10]
2．アラゴン連合王国と南イタリアの諸領
3．ブルゴーニュ公国

カルロス1世としては帝位及びドイツとオーストリアのハプスブルク家の所領もすべてフェリーペ2世に継がせたいところだったが、ドイツ側の身内の反対によって断念せざるを得なかった[11]。それでも元々は帝国領だったミラノ公国をフェリーペ2世に継がせることができた。その後、1580年にはポルトガルとその広大な海外領がフェリーペ2世の支配下に入った。この強大さに怖れをなした当時のある人が「スペインが動くと、地球が震える」（Cuando España se mueve, la Tierra tiembla）と言ったのも無理からぬことだった。

ところで、アンリ・オゼールの周知の著書『スペインの優位時代1559〜1660 La prépondérance espagnole 1559〜1660』（1948）以来、カルロス1世の即位からウェストファリア条約までの時代（1516〜1648）をこの書名のように呼ぶのが一般化しているが、この呼び名には当時の人は抵抗を覚えただろうし、筆者も同じである。当時の呼び名は世界王朝（monarquía universal）で、人々はこれをスペイン帝国（imperialismo español）と理解した。だが、カルロス1世もフェリーペ2世も果たしてスペインの国益を追求したであろうか。当時のスペインは単なる地理上の呼称でしかなかった。この二人にとっても彼等の後継者にとっても、自分達の支配下にあるのは、序列順に言えば、王国（reino）または領国（señorío）、連合王国（corona）、王朝（monarquía）などと呼び慣らわされる政治単位で、いずれも大幅な自治を許されていた。カスティージャもトレード、グラナダ、レオン、ムルシア、ガリシア、ナバーラなどの諸王国とバスコ、カナリア諸島、インディアスの副王領[12]（virreinato）から成り、アラゴン連合王国もまた本来のアラゴン王国とバレンシア王国、カタルーニャの諸伯国（condado）、バレアール諸島、シチリア、サルデーニャ、ナポリ王国から成るといった具合だった。そしてこの王朝はカスティージャとアラゴンの二つの連合王国、フランドル、フランシュ・コンテ、ミラノ公国から成り、これにさらに１５８０年から１６４０年まではポルトガルとその海外領が加わった。

このような集合体の長は一体どのように呼べばいいのだろうか。スペイン王国がいまだ存在しないこの時点でスペイン王と呼ぶのは当たらない。しかもこの頃にはすでにその支配はイベリアの外にまで広がっていた。確かにカルロス１世は皇帝と呼ばれたが、これはこれで誤解を招く惧れはまったくなかった。しかし、フェリーペ２世以降はと言えば、先にアレクサンデル６世が１４９４年[13]にイサベルとフェルナンドの両王に授与したカトリック王（rey católico）に戻った。この呼称には法的な誤りもなければ、また周囲の感情を害する惧れもなかった。従って、カトリック王が治める国はイスパニア王朝（Monarquía Hispánica）ではなく、カトリック王朝（Monarquía Católica）と呼ぶのが妥当ということになろう。ただし、これも便宜上の呼び名であって、字句通りに受け止める必要はない。というのは、この呼称は実際の政策になんら宗教的な意味を付与するものではなかったし、また一般に用いられる限り、そのような誤解の惧れもなかったからである。その後、間もなくカスティージャとアラゴンの連合体はポルトガルとの対比から「スペイン」（España）と呼ばれるようになり、特に17世紀の中頃にポルトガルが独立を回復すると「スペイン」が定着し、広まっていった。

ハプスブルク朝のねらい

さて、皇帝となったカルロス1世とその後を継いだ歴代のカトリック王が追求したのはスペインの国益ではなくハプスブルク家の利益だった。このことを最初に見抜いたのは1520年から翌年にかけて反乱を起こしたコムネーロ（comunero）の名で知られるスペイン人達だった。[14] 彼等はカルロス1世がカスティージャ王国の利益をハプスブルク家のそれのために犠牲にしていると抗議した。彼等の抗議はその後の歴史の展開を見れば正しかった。すなわち、カスティージャはそれまでとは異なる目的のために国庫が使われる政策の犠牲となっていったのである。ずっと時代が下ってこのことを強調したのは後にスペイン第二共和制を率いたマヌエル・アサーニャ（1880〜1940）で、彼は次のように語った。

「スペインの国力も資源も悉くハプスブルク家のために費やされた。かつてスペインの名の下に行なわれた政策の中味を見ると、それはヨーロッパとスペインの二つから成るが、政治面ではこのヨーロッパとスペインは同じではなかった。そしてヨーロッパは専ら王権に終始した。例えば、軍隊は王権のもので、スペインのものではなかった。スペインを見極めようとするならば、王家・国際カトリシズム・ハプスブルク朝の覇権主義などから切り離す必要がある。カルロス1世からあの気の毒なカルロス2世[15]（在位1665〜1700）までのハプスブルク朝のヨーロッパの中でのスペインの存在は見た目よりも遥かに小さかった。宣伝によって自尊心を擽《くすぐ》られるままにスペイン人は負う必要のない重荷を負ってきた。初めはスペイン人は人材と資力を以ってその重荷に耐え、その後は心情を以ってすでに息絶えた大義をなおも支え、守り続けた。」

カルロス1世に始まる新たな政治が主にどのような性格を帯びていたかは、これの実行に携わった人物群を見れば如実に分かる。カルロス1世の治世を通して要職を占めた人物の中には無論フランシスコ・デ・ロス・コーボス、タベーラ枢機卿、第三代アルバ公爵などのスペイン人がいた。だが、同時に死ぬまで大宰相を務めた先述のガッティナーラはピエモンテ出身のイタリア人で、アントワーヌ・ペルノ・グランヴェルはフランシュ・コンテの生まれだった。フェリーペ2世の治世になるとスペイン人の数は増えていったが、それでもグランヴェルは残ったし、他にもスペイン以外の出身者がいた。例えば、サン・カンタンの戦い[16]（1557）や翌年のグラヴリーヌの戦いで勝利したスペイン軍を指揮したのはフランドル人エグモント伯爵で、その副官はサヴォア出身のエマニュエル・フィリベールだった。ネーデルラントの総督を務め、マーストリヒト、トゥルネ、ブレダ、ブリュージュ、ガン、中でもアンヴェールの合戦（1585）で勝利した時のスペイン軍の指揮官もイタリア人アレッサンドロ・ファルネーゼだった。彼はアンリ・ド・ナヴァールこと、後のフランス王アンリ4世に敵対するカトリック同盟（Sainte Ligue）のフランス勢を支援し、1590年には敵軍に包囲されたパリを、次いで翌年にはルーアンを解放した。17世紀に入ってもこの状況は続いた。ベラスケスの作品『槍 Las lanzas』でいまにその名を知られるブレダ開城（1625年6月2日）の主役を演じたアントニオ・スピノラはジェノヴァ人だった。

このようにハプスブルク朝の政治はスペインの国益ではなく、ハプスブルク家の利益に沿って次の三点に基づいていた。第一点は、マドリードとウィーンに分かれたハプスブルク家の連帯で、これは双方の間に繰り返された結婚と責任の共有という形で示された。1549年、後の皇帝マクシミリアン2世はフェリーペ2世の妹で、自分には従妹に当たるマリーアとの結婚のためにスペインへ赴き、また伯父カルロス1世と従兄フェリーペ2世がスペインを留守にする間の政治を任された。1564年、フェリーペ2世は甥で後の皇帝ルドルフ2世と弟のエルンストをスペインに迎えた。1561年、王位継承者のカルロス王子（1545〜68）が病床に臥せると、フェリーペ2世は一時、この二人の内のどちらかを後継者にすることを考えた。1569年、フェリーペ2世は従弟のマクシミリアン2世の娘アナを四度目の王妃に迎えた。1594年、先述のエルンストはフランドルの総督に任命され、翌年に彼が死ぬとトレード大司教の候補に挙がっていた弟のアルベルトが直ちにこれを放棄して後を継いだ。さらに彼は1581年から93年までポルトガル副王[17]を務め、98年にはフェリーペ2世が特に目を掛けていた王女イサベル・クララ・エウヘニアと結婚した。同盟のための結婚はごく普通に見られたが、マドリードとウィーンとの間に繰り返された結婚はその域を超え、そして政治もまた本来の意味から一族の問題へと化していった。

第二点は、カルロス1世は自分は決して領土の拡張を望んでおらず、祖先から受け継いだ領土を守り、例えばブルゴーニュのように他国に奪われた領土の支配権を主張するだけであると繰り返し発言した。そして遺言書の中でもブルゴーニュが先祖伝来の領地であることを忘れないようにと書いた。フェリーペ2世の主張もこれと変わらなかった。自分がフランドルを放棄しないのは、ここがハプスブルク家の領地であるからで、またポルトガルの併合はセバスティアン1世（在位1557

〜78)が直系の後継者を残さずに死んだ以上、法の観点から自分が王位を継ぐのが最善の道だからだとした。このような場合、マドリードは常にウィーンの支持を期待できたし、17世紀の三十年戦争(1618〜48)の時は逆にウィーンがマドリードの支援を受けた。

最後の第三点は、祖先から引き継いだ領土を守り続けるにはスペイン領と帝国領とを結ぶのに必要な交通路の確保だった。スペインとイタリアを結ぶ海路はジェノヴァ共和国との同盟によって確保されたが、イタリアとスペイン領のフランシュ・コンテ、フランドル、ドイツ内の帝国領とオーストリアとを結ぶにはミラノ公国とアルプスの幾つかの要所、取り分けヴァルテリーナ渓谷の確保が不可欠だった。以上、三点は長期に及んだ八十年戦争(1566〜1648)、ポルトガルとの連合(1580〜1640)、ユグノー戦争下のフランスへの内政干渉(1562〜98)、イングランド遠征(1588)、三十年戦争への関与など、ハプスブルク朝スペインの対外政策を理解するうえでのカギとなる。

ポルトガルとの連合

フェリーペ2世にとっては父カルロス1世から相続したフランドルの領有権は異論を挿む余地のない、絶対に放棄できないものだった。だが、これは確かに法の上では正論にしても、政治の視点に立てば、フェリーペ2世はすでに生まれつつあった国民感情という新しい力に考えが及ばなかったという点で誤っていた。

一方、ポルトガルの併合についてフェリーペ2世が論拠としたのはポルトガル出身の母イサベルを介しての王位継承権だった。モロッコへの無謀な遠征で行方不明となったセバスティアン1世には後継者がなく、叔父で枢機卿のエンリーケはすでに老齢で、暫定的に王位に就いてエンリーケ1世となったものの、後継者問題は早晩避けられなかった。そこでフェリーペ2世は次の三点に論拠を絞って後継者として名乗りを上げた。

1．先王に直系の後継者がいない時は、最も近い親族に継承権がある
2．男子は女子に、年長者は年少者に優先する
3．自分は母親イサベルを介してマヌエル1世の直系の孫である

態度を決めかねたポルトガルの法学者達は武力衝突を回避するためにローマ教皇の裁可を仰いだ。裁可を求められた教皇グレゴリウス13世(18)（在位1572～85）はフェリーペ2世の主張には納得しなかったが、その一方でポルトガルとスペインとの統合には賛成だった。一方、フェリーペ2世はと言えば、王位継承の裁可を教皇に委ねることは教皇に王の即位と廃位の権限を与えることに繋がる前例になるとしてこれを拒否した。窮地に立ったエンリーケ1世は議会を召集し、これを構成する三身分にそれぞれ代表を八名選出させ、さらにこの内から選ばれた十一名が判定人として王位継承者を決めることにした。だが、同王はこれの結果を見ることなく世を去った（1580年1月31日）。

フェリーペ2世は王位継承を断念する考えは毛頭なく、アルバ公にポルトガルへの進撃を命じた。トマールに召集された議会は事態を受け容れてフェリーペ2世をポルトガル王フェリーペ1世として承認した（1581年4月16日）。当時、ポルトガルの支配はブラジルからマカオ、セウタ(19)からモザンビーケ、ホルムズからマラッカに広がっていた。フェリーペ2世はリスボンに入城、それまでの

制度全般を尊重する旨を宣誓した（1581年7月27日）。これによってポルトガルは併合されたのではなく、自治は守られ、制度は従来のままにカスティージャとアラゴンに続いてカトリック王朝の第三番目の構成国となった。

だが、ここでこうした言葉に惑わされてはならない。アルバ公指揮下の軍隊はまさしくポルトガルを武力で制圧したのであり、ポルトガル人はこのことを長く忘れなかった。この闘いは法による闘いではなく、政治力に訴えた闘いだった。ポルトガルは何世紀も前から隣国カスティージャの野心を警戒してきた。これに先立つ1544年、第三代テンディージャ伯ルイス・ウルタード・デ・メンドーサはグランヴェルに「ポルトガル人はカスティージャ人と一緒になることを容易には受け容れないだろう。そうするくらいなら彼等はイスラム教徒になる方を選ぶかも知れない」と述べている。[20]だが、力がこの関門を突破した。しばらくしてスペインのイエズス会士で歴史家のファン・デ・マリアーナはパスカルを想わせる口調でこう解説した。「物事を決するのは常に法律家の言葉よりも武力である。分けても、法が充分な明確さを欠く時はそうなる。一般には強い者が正しいとされる。」

間もなくフェリーペ2世は、妹でウィーンに嫁いで皇妃となったマリーアの息子で、フェリーペ2世には甥に当たるアルベルト大公を先に述べたようにポルトガル副王に任命した（在任1581〜93）。だが、これで一件落着ということになったのだろうか。確かにポルトガル社会の上層部の一部はフェリーペ2世を支持したが、民衆はそうではなかった。連合は法という抽象的な原理と王朝の思惑との所産だった。フランドルの場合と同じく、フェリーペ2世はここでも生まれつつあった愛国心にも似た民衆の心理を見誤った。ポルトガルとフランドルの世論、そしてカスティージャの世論も含めて意に介さなかった彼は民衆の感情という力を甘く見た。それは長い間抑えが効いたが、やがて状況が変化してくると表面化して1640年にポルトガルの独立回復の原点となった。

プロテスタントとオスマン・トルコとの攻防

カルロス1世の即位（1516）からウェストファリア条約（1648）までのハプスブルク朝の外交政策ではカトリシズムの防衛よりも政治的な思惑が先行した。確かにカルロス1世はルターの反乱によって危機に晒されたヨーロッパの宗教統一の再興とオスマン・トルコの脅威からキリスト教世界を守り抜くことを目指すとした。しかし、彼の政策が掲げるこの二つの大きな目標の中味はと言えば、それはプロテスタンティズムとオスマン・トルコの伸張という脅威からハプスブルク家の所領を守るという極めて月並みな目標に他ならなかった。このことは彼が帝位（1555）、次いでスペインの王位（1556）から退いた後も変わらなかった。ハプスブルク朝の歴代の王はカトリック防衛を謳いつつも、それはもうひとつ別の目標を追求する外交政策から人目を逸らすために宗教を装った方便に過ぎなかった。だからこそ、周囲に向けてはカトリック防衛の先兵を自認するスペインでさえもいざとなればフランスのプロテスタント勢と俄かに同盟を結んだのである。

オリバーレス伯公ことガスパール・デ・グスマン（1587〜1645）と言えばフェリーペ4世（在位1621〜65）の寵臣[21]として政治の実権を握り、1631年にカトリシズムを守り抜くためとあればいかなる犠牲も厭わないと公言した人物だが、その彼にしてもフランスの力を削《そ》ぐためとなれば躊躇うことなくプロテスタントのロアン公爵とラングドックのユグノーを支援した。また1625年、ユグノーの拠点ラ・ロシェルへのイングランドの支援が失敗に終わった後も、次いで1629

年にも同じ行動に出た。このいずれの場合でも、オリバーレスはカトリックの君主は正義の戦いであれば異端者を支援できるとする神学者を見つけ出してこうした異例な結託を正当化した。彼のこのような姿勢はイングランドのチャールズ1世との攻守同盟を摸索した時もまったく同じだったし、ハプスブルク朝を中心とした連合の結成を構想した際に、信仰上の相違を棚上げにしてドイツ諸侯全員に向けて参加の呼び掛けを行なった時も変わらなかった。

この時代の紛争には確かに宗教論争が絡んだが、政治が宗教に従ったのではなく、宗教が政治を正当化する役割を演じたのである。当時の人々もこの点を見誤らなかった。ヨーロッパ人の一部がカルロス1世に不信を抱き、やがてこれが敵意に変わったのは彼が皇帝としての精神的な権威を以って諸侯に臨もうとしたからではなく、その手に多くの権力を握ったからだった。特にフランスは北と東と南の三方からカルロス1世に包囲されてしまった。カルロス1世が望み通りに現実の権力を掌握して帝国を統一すれば、それはフランスの滅亡に繋がりかねなかった。フランソワ1世がいささかの躊躇いもなくプロテスタント諸侯のみならずオスマン・トルコとまで同盟を結んだのもこの理由からだった。そこにはフランスの存亡が掛っており、フランソワ1世は事態が宗教を超えると判断したのである。

対立はカルロス1世の死後も続いた。ハプスブルク打倒を目指す歴代のフランス王はドイツ諸侯、フランドルの反徒、イングランドの国教徒といったプロテスタント勢との同盟を改めて求めた。同じ思いを抱く勢力はローマ教皇を含めて他にもいた。王位継承を巡るフランスの内戦を終わらせたヴェルヴァン条約（1598）があのようにフランスに有利な内容となった理由は、フランスに加担した教皇クレメンス8世（在位1592〜1605）の仲裁にあった。キリスト教徒の牧者である前にイタリアの君主だった同教皇は、フランス支持に廻ることでローマに重く伸し掛かるスペインの保護という笠を振り払おうとしたのである。17世紀の三十年戦争にはドイツを舞台にしたカトリックとプロテスタントの戦いという印象が強いが、その実体は宗教ではなく政治紛争だった。つまり、かつてカルロス1世が目指したのと同じ形でドイツをカトリック側に引き戻してこれを支配しようとするハプスブルク朝に対して、フランスもまたかつてのフランソワ1世と同じように反撥したのである。1624年でもドイツとイタリアを容易に結ぶスイスのヴァルテリーナ渓谷の占領がドイツとスペインとの往来の阻止を意味する点では変わりはなかった。

フェリーペ2世にとってフランスが国内の宗教対立による分裂のために積極的な外交政策に乗り出せないでいる状況は望むところだった。そこでユグノーに対抗するカトリック同盟を支持し、これによってユグノーのフランドルの反徒への支援を断とうとした。アンリ3世の弟アンジュー公フランソワが後継者のないままに死に、プロテスタント陣営の指導者アンリ・ド・ナヴァールが正式な王位継承者となってドイツのプロテスタント諸侯の支持を取り付けると、これに対抗してカトリック同盟はそれまでよりも少しスペインに接近した。この結果、フェリーペ2世にとってはフランスが最優先の関心事となった。フランスではサリ法[22]によって女性には王位継承権がなかったにも拘わらず、フェリーペ2世は先に触れた娘のイサベル・クララ・エウヘニアがアンリ2世の孫に当たることを論拠にフランス女王に推すことを考えた。

イングランドとスペイン

フェリーペ2世とイングランド女王エリザベス1世（在位1558〜1603）との関係もまたヨーロ

ッパにおけるカトリック陣営の総司令官とプロテスタントに与する同女王という視点から必ずしも通常予想されるものではなかった。フェリーペ2世にとってはイングランドとの同盟はフランドルの確保には不可欠だった。そのためにはイングランドをフランスから引き離しておく必要があり、このためにはスコットランド女王メアリー・ステュアート（在位1542〜67）を見限らざるを得なかった。確かに彼女はカトリックであったが、フランス王権と密接な関係にあった。つまり、フランスの大貴族ギーズ公の孫であり、一度は後のフランス王フランソワ2世の王妃でもあった。正直なところ、フェリーペ2世としてはイングランドがフランスと同盟関係にあるよりは、プロテスタントである方が望ましかった。フェリーペ2世はカトリックと対抗宗教革命[23]のためとあればいかなる犠牲も厭わなかった人物とされるが、こうして見るとこの見方には速やかな修正が求められよう。事実、同王は四半世紀以上もの間、イングランドには慎重に対応した。エリザベス1世が英国国教会の再興に踏み切った際にも、フェリーペ2世はなんら反応しなかったばかりか、彼女を破門しないよう教皇庁に働き掛けている。こう見ると、フェリーペ2世は長期にわたって異端を支持したという事実を認めざるを得ない。そして最後にはイングランド遠征に踏み切ったとはいえ、これも本質的には政治と戦略上の理由からだった。

　フェリーペ2世がイングランドとフランスとの同盟を警戒すれば、エリザベス1世もまたヨーロッパの北辺での均衡を保つことに腐心した。そして情勢は悉くスペインにとって不利に推移した。エリザベス1世はフランドルの反乱を支援し、スペインとインディアスの港を襲う海賊[24]の士気を煽った。フェリーペ2世がポルトガル王となった1580年の後に、それまで燻《くすぶ》っていた戦火が遂に火を噴いた。広大な領土を支配下に収めたフェリーペ2世がさらにフランスに内政干渉して支配圏の拡大を図ろうとしていると見たエリザベス１世は直ちに対抗措置が必要と判断、１５８５年の秋、フランドルの反乱勢力と同盟を結んだ。米国の歴史家モルトビーは著書『アルバ公。スペインとヨーロッパの一世紀１５０７〜１５８２』の中で次のように書いている。

「ウィンストン・チャーチルは１９３６年にこう書いた。《四百年もの間、イギリス外交の目標はその時々のヨーロッパで最も強力かつ攻撃的で支配欲旺盛な国に反対し、とりわけフランドルがその手に落ちるのを回避することにあった。》ここで注目したいのはイギリスの外交がヨーロッパでの覇権を目指すのがどこの国であるかには言及していない点である。つまり、それがスペイン、フランス、ドイツ帝国あるいはヒトラー政権であるかは問題ではなく、もっとも力のある潜在的な暴君は誰なのかが問題なのである。」

イングランドとフランドルとの同盟を前にしてフェリーペ２世にはフランドルを平定し、インディアス航路の安全を確保するにはイングランドを討つ以外に選択の余地は残されていなかった。この二点こそが惨めな失敗に終わった１５８８年の軍事遠征の目的だった。国王付きのある秘書官は、同艦隊の目的はフランドルを支配下に引き戻すよりも、むしろインディアス航路の安全確保にあると書いた。また時の国政評議会も１５８８年１月20日の審議で、遠征はインディアスからの物資の確保とインディアスの沿岸部の防衛、そしてフランドル情勢の平定のために唯一の手段であると記した。これが１５８８年にスペインがイングランド遠征の名で編成し、失敗に終わった艦隊の目的だった。艦隊はその規模の大きさから歴史家の間では無敵艦隊の呼び名の方で知られる。

アルベール・マレ（1864〜1915）とジュール・イサーク（1877〜1963）の二人によるフランス史の教科書『歴史3°』（1959）の177〜178頁には当時の状況が次のように見事に要約されている。

「フェリーペ2世は自国では慎重なカトリックの覇者で押し通したが、イングランド及びフランスと相対する時は必ずしもそうではなかった。彼はエリザベス1世が英国国教会を再興した後も、また1570年に教皇ピウス5世（在位1566〜72）によって破門された彼女がフランドルの反徒を支援し続け、さらに海賊にスペイン船を襲わせても断交しなかった。フェリーペ2世は、フランスの影響を招く惧れのあるカトリックのメアリー・ステュアートよりロンドンにいる異端のエリザベスの方が好ましいと見たのである。彼が武力制圧に踏み切ったのはメアリー・ステュアートが処刑された後だった。

フランスについてもフェリーペ2世は同じような思惑を巡らせた末に失敗した。フランス王妃カトリーヌ・ド・メディシスを相手とした政策でフェリーペ2世はフランスにおけるカトリックの勝利だけのために動いたわけではないことは、彼女の息子アランソン公フランソワ[26]の死後にはっきりした。フェリーペ2世はカトリック同盟と手を結び、フランスに派兵して娘のイサベル・クララ・エウヘニアの王位継承権を主張した。ところがアンリ4世がカトリックに改宗したことでこの計画は失敗に終った。この時のフェリーペ2世の怒りは想像するに難くない。この後もフェリーペ2世とフランス王との戦いは続いたが、いまやそれはカトリック君主同士の戦いだった。こうしてフェリーペ2世は自分の争いが完全に政治紛争であることを曝け出した。」

17世紀、ハプスブルク朝がその所領からプロテスタントを排除しようとした一連の動きも同じ理由によるものだった。彼等は臣下に自分達の信仰を強要する権限があると考えた。こうしてボヘミアではプロテスタンティズムは禁止され、同時にドイツ語が行政言語としてチェコ語に取って代わった。カトリック信仰に附随するドイツ語化の狙いは権力者達の力の強化にあった。16世紀の宗教戦争におけると同じく、三十年戦争でも戦う双方が互いに同盟者を求めた。ウィーンのハプスブルク家はスペインのハプスブルク家と同盟し、プロテスタントはルター派のデンマークとスウェーデン、それからカトリック国でありながらハプスブルク朝への不信感を断ち切れないフランスと手を組んだ。このことから皇帝フェルディナント2世（在位1619〜37）はドイツの体制を変えて帝位をハプスブルク家の世襲としようと考えた。

スペインの役割

このように1516年から1648年までのヨーロッパを支配したのはスペインではなく、ハプスブルク朝だった。しかし、その中で最も国力があったのはスペイン、いや、正確に言えばカスティージャとこれと一体化したインディアスだった。カスティージャはハプスブルク朝の財政を支える根幹であり、その価値観は全体を支配した。当然のことながらスペインは主導権を握り、スペインの目指すところがハプスブルク朝の政策の原点となった。16世紀の前半は確かにこれで問題はなかった。カルロス1世がハプスブルク家の宗主であり、加えて皇帝でもある彼はキリスト教ヨーロッパの第一人者でもあったからである。だが、彼が退位すると事情が一変した。帝位を継いだのはフェリーペ2世ではなく、カルロス1世の弟、つまりフェリーペ2世の叔父フェルディナント1世だった。帝位はこの後、途切れることなくフェルディナントの子孫が継承した。[27] この間、ウィーンの方は次第に自立を主張するようになり、マドリードとの関係に緊張が生じた。ウィーンはフェリーペ2世との連携は維持しつつも、マドリードが決める政策の補完勢力となることを潔しとしなかった。ウィーンには帝位を握る自分達がハプスブルク朝の宗家であるとの自負があり、これがフェリーペ2世の自尊心を傷付けた。彼にしてみれば、自分はキリスト教ヨーロッパの長であり、カトリック教会の唯一にして真の擁護者だった。1569年、フェリーペ2世はフェリア公にウィーンは神聖ローマ帝国と名前こそ立派だが、実力を欠いていると書き送っている。そしてフェリーペ2世はこの不満を驚くような形で表した。

例えば、1570年に姪のアナとの結婚の時、新婦の母で自分の妹であるマリーアが新婦に同行してマドリードにくることに反対した。理由はマリーアが皇妃であることから、外交儀礼上の序列ではカスティージャとアラゴンの王に過ぎない自分に先行するからだった。フェリーペ2世がこの愛する妹と再会するのはそれから十二年後の1582年、マリーアが未亡人になって序列で兄の前に立つ理由が消えてからだった。

同じようなことは他国との関係にも見られた。皇帝だった父カルロス1世と違って、フェリーペ2世は精神的な権威と名声を持ち合わせていなかった。カルロス1世はローマ教皇の俗界における代理人であり、これを以ってキリスト教ヨーロッパの諸侯の上に立つ存在だった。対するフェリーペ2世はこのような根拠を欠き、それどころか世界制覇、言い換えれば、他国を侵略する野心を抱いているとしてヨーロッパの諸侯からの非難に晒された。国際儀礼上、カルロス1世とその使節は当然ながら序列の第一位を占め、敢えてこれに異を唱える者はいなかっただろう。だが、フェリーペ2世はこの特権を主張できず、儀式の場などではフランス王がフェリーペ2世の前に立つ名誉を主張した。フェリーペ2世期のスペインにはその軍事力と文化力を以ってしてもヨーロッパでは首位に立つことは叶わなかった。帝位を失ったために序列争いに敗れたのである。カトリック王フェリーペ2世の序列は皇帝とフランス王に次ぐ第三位だった。フランス王には中世の早い時期から「篤信王」(Roi Très Chrétien)と呼ばれる伝統があった[28]。この事を自らの格下げと受けとめたフェリーペ2世は黙っていられず、大使達にあらゆる機会を捉えて第一位を勝ち取るようにと命じた。そして1564年、この序列争いは戦争を招きかねないまでに過熱した。フランスとスペインは互いに自分に有利な裁可を引き出そうと、断交も辞せずとの態度でローマ教皇に迫った。教皇ピウス4世[29](在位1559~65)はしばらくの間、公の場から姿を消して裁可の要求をやり過ごそうとした。だが、いつまでも引き籠っていることもできず、最後は「現状のままに」[30](statu quo)とする旨を明らかにした。つまり、フランスを先行とすることである。フェリーペ2世は大使を召還したが、最後は教皇の裁可を受け容れた。1563年と翌64年、そして83年の三度、フェリーペ2世がインディアス皇帝を名乗ることを考えているとの噂が流れたが、これはヨーロッパでの敗北を乗り越えるためだったのだろうか。確かにポルトガル王となった時に彼が鋳造させた硬貨の表側には自らの肖像と「イスパニアと新世界の王フェリーペ2世」(PHILIP II HISP ET NOVI ORBIS REX)の銘が、そして裏側には地球儀と「地球だけでは足りない」(NON SUFFICIT ORBIS)の銘が彫られていた。

スペイン陸軍

この時代、スペインの強みはなによりもその軍事力にあった。すでに触れた大司令官ことフェルナンデス・デ・コルドバはグラナダ征服戦（1482～92）で完成された戦法の威力をナポリ王国の征服（1503）、次いでチェリニョーラとガリッラーノの戦いで遺憾なく発揮した。編成は兵士百名から成る連隊（capitanía）と十二から十六連隊から成る大連隊（coronelía）で、1530年代にテルシオス（tercios）と呼ばれる形で完成された。

兵士は装備の違いによって二種類に分かれた。ひとつは長さ二メートルほどの矛槍と剣と短剣で武装した。矛槍の一方の先端には尖った矢尻が付き、もう一方には鋭い刃が付いていた。これは長さが六メートルを超す長槍よりも扱い易かった。もうひとつは火縄銃とマスケット銃を武器とした。火縄銃は長さ一メートル、重さ約七キロで、二十二から二十四グラムの銃弾を百メートル飛ばした。マスケット銃は長さ一メートル六十センチ、重さ約十キロで、火縄銃よりも重い銃弾をもっと遠くまで飛ばした。護身用の装備は鉄兜（morrión）と軽い甲冑（coselete）、これに銃弾を通さないとされる円楯（rodela）が時折加わった。

テルシオスの独創的なところは敵の歩兵部隊の攻勢を阻もうとする重騎兵と、弓隊の撃退を任務とする長槍兵とを同一の戦術で巧みに組み合わせる点にあった。火縄銃兵とマスケット銃兵は状況次第で連射も狙い撃ちもできた。戦場でのテルシオスは一隊を成すか、あるいは幾つかの隊に分かれた。長槍兵は中央部で一団となって正方形を作った。ジャック・ボシュエが恐るべき歩兵部隊と呼んだものである。弓兵は両翼に展開することで敵の歩兵を攻めることができ、長槍兵は火縄銃兵が敵の騎兵隊に攻撃された時の退避場所となった。こうしてテルシオスは一世紀以上にわたって無敗の名を馳せた。だが、この神話もフランドル人の老将ポール・ベルナール・ド・フォンテーヌ、別称フエンテス伯がロクロワの会戦（1643年5月19日）で若干21歳のアンギャン公の前に敗れた時に崩れた。

スペイン海軍

歴史家達はスペイン陸軍テルシオスの無敵振りは認めても、海軍となると言葉を濁す。彼等はアングロサクソンの言い分を信用する余り、ともすれば無敵艦隊の一件を過大評価して1588年以降はイングランドが制海権を握ったと考えがちである。ハリウッド生まれの海賊映画でスペインの商船の甲板に飛び移るダグラス・フェアバンクス、エロル・フリン、バート・ランカスターといった若くてハンサムな男達の勇敢な活躍にすっかり馴染んだ一般社会の目には、あれがそのままイングランドの栄光に結びついているが、現実はもっと複雑である。

そもそも無敵艦隊の目的はフェリーペ2世の命令でアレッサンドロ・ファルネーゼがフランドルに集結させた部隊をイングランドへ輸送することだった。だが、フランドルの沿岸一帯は反乱側に抑えられていて、艦隊は水深が充分な港を確保できなかった。こうした状況を前に総司令官の第七代メディーナ・シドニア公はブリテン島の北を廻ってスペインへ帰還する決断を下した。この帰路でイングランド海軍と幾度かの小競り合いを繰り返した後、艦隊は特にアイルランド沖で多くの船を失うなど困難に遭遇した。

無敵艦隊の失敗(31)は確かにスペインに心理的な打撃を与えた。しかし、これはスペイン海軍の終焉を意味しなかった。1588年前、スペイン海軍はヨーロッパで第二位の地位にあり、オランダ海軍を凌がないまでもほぼ同等で、ドイツ海軍の二倍、イングランドとフランスそれぞれの海軍の三倍の規模だった。そして1588年の後も以前の戦力を回復した。

確かにジョン・ホーキンズ（1532〜95）、フランシス・ドレイク（1543?〜96）、ウォルター・ローリー（1554?〜1618）といったイングランドの海賊がラ・コルーニャ、タホ川の河口、カディスなど、イベリアの沿岸を襲って甚大な被害をもたらした。だが、彼等の働きがいかに華やかであっても、本質的なところを忘れてはならない。フェリーペ2世の存命中、スペインの制海権に変化はなかった。

今日の計算では、1555年から98年までの間に大西洋を往復したスペイン船は三千隻を超えるとされ、この内で行方不明となったのはおよそ二百隻、そしてこの二百隻の内で海賊に奪われたと見られるのは僅かに四十隻である。しかもこれらの多くは船団からはずれた船だった。言い換えれば、遭難船は五パーセント、そして海賊の餌食となったのは一パーセント少々ということである。こうしてスペインは船団方式[32]を採る限り、大西洋航路の安全を確保できる状態にあった。フェリーペ2世の時代に船団そのものが敵の手に落ちたことは一度もなく、こうした災難が起きたのはフェリーペ4世（在位1621〜65）の時代になってからたったの一度だけだった。このように無敵艦隊後もスペインの優位には陸でも海でも以前との違いはなかった。

インディアスの金銀の流入

ハプスブルク朝の中にあってカスティージャは他を圧する存在だった。少なくとも16世紀の末までカスティージャは経済発展で首位を占めた。1520年5月、帝位継承のために一時スペインを留守にすることになったカルロス1世はラ・コルーニャに召集した議会で自分はカスティージャをして帝国の礎とする意向であると宣言した。これはあながちカスティージャ人の心を操るためではなかった。事実、カルロス1世の政策を実行する手段を保証できるのはカスティージャをおいて他になかった。人口が六百万か七百万に達していなかった小国カスティージャがカルロス1世の帝国政治の中で決定的な役割を演じ得たのは、インディアスからもたらされる莫大な資源があってのことだった。セビージャに荷揚げされる度に増えていく周知の金銀である。

1535年までは二百万マラベディー(33)(maravedí)に達しなかった金銀は1536年から40年までには四百万、1566年から70年までには千六百万、1581年から86年までには二千九百万、そして1596年から1600年にかけては三千五百万に上った。1530年までは金が全体の九十七パーセントを占めたが、1531年から40年にかけての間に銀が八十七パーセントと大きく金を上廻るようになった。この背景には1542年に偶然発見されたペルーのポトシーを皮切りに、この四年後にはメキシコのグアナフアト、サカテカス、パチューカ、タスコ、サン・ルイス・ポトシーなどの途方もない銀鉱脈の相次ぐ発見があった。

インディアスの銀産出の驚異的な増加なくしてはスペインの世界戦略は理解できないだろう。1535年にメキシコとサント・ドミンゴに鋳造所の設立が決まり、恐らくその二年後には銀貨の鋳造が始まった。銀貨の量は時を追って増え、17世紀の中頃には流通する銀貨のおよそ半分はメキシコ製だった。インディアスの金銀によってハプスブルク朝スペインはその外交政策を実行できたばかりか、全世界の信用を手にした。理由は、セビージャ、マドリード、セゴビア、あるいはメキシコで鋳造された銀貨がヨーロッパのみならず、アメリカ、アフリカ、アジアでの国際取引の支払い手段として通用したからである。スペインが及ぼした影響はこの通貨と切り離しては考えられない。

銀二十三グラムを含んだ硬貨はレアル・デ・ア・オーチョ、ペソ・フエルテ、あるいは単にペソまたはペソ・ドゥーロなどのさまざまな名で呼ばれたが、最後はピアストラ（piastra）に落ち着いて急速に広まった。スペインのピアストラが19世紀まで世界経済に果たした役割は軽く見ることはできない。ピアストラの鋳造は1825年に終わったが、その後も米国では1857年まで、カナダでは1860年まで合法的に流通し、さらに中国・インド・ペルシアの沿岸都市では1930年代にもかなりの量が流通した。

このようにピアストラは確かに今日のドルに匹敵する通貨だったが、双方の間には根本的な違いがあった。つまり、今日のドルには米国経済という強力な後楯があるが、ピアストラにはそのような後楯はなかった。長期にわたる覇権の維持が経済の支えなくしてはあり得る筈はなく、スペインの衰退の原因は恐らくこの点にあった。やがてドルがピアストラに取って代わるが、その際にドルはピアストラの絵柄などその特徴を引き継いだ。ヘラクレスの二本の柱[34]とこれに巻き付けられた帯、そしてこの帯に書かれたカルロス1世の銘「もっと先へ[35]」（Plus Ultra）である。後に帯はSに変えられ、ヘラクレスの柱も先ず単なる棒となり、その後に恐らく簡単にするためだったろうが、一本だけになった。

スペイン文化の拡散

軍事力・領土の拡張・外交力・強い通貨の後にはスペイン文化の拡散が続いた。いみじくも人文学者アントニオ・デ・ネブリーハ（１４４１〜１５２２）はその『カスティージャ語文法』[36]（１４９２）に付したイサベル女王への献辞の中で「いつの世にも言語は帝国の伴侶でありました」（Siempre la lengua fue compañera del imperio）と書いたが、これはまさに至言だった。この文言は周知のようにイタリアの人文学者ロレンツォ・ヴァッラの『ラテン語の優雅さについて』の第一巻の序言から採られたものである。またフランスのイエズス会士ドミニク・ブウールも著書『アリストとユジェーヌの対話』の中で「言語は君主の幸運と名声に付き従う。カルロス1世の偉業を目にしたイタリアの名士達は挙げてスペイン語を学んだ」と書いた。17世紀、カスティージャはほとんど独力でハプスブルク帝国という重荷を負いつつ文化の面でも最高の地位に昇り詰めた。そしてその結果は驚くべきもので、かのヴォルテールも『諸国民の風習・精神』（１７５６）の中で次のように感嘆を隠さなかった。「スペイン人は明らかに諸国民を凌駕した。彼等の言葉はパリ、ウィーン、ミラノ、トリーノで話され、その服装・思考・文言はイタリアの学者を圧倒し、カルロス1世からフェリーペ3世（在位１５９８〜１６２１）の治世の初めまでスペインは他の国々にはなかった畏敬の念で見られた。」

後に「黄金の世紀」と呼ばれるこの隆盛は１５８０年から１６８０年までとされるが、スペインの影響が広まる前提が作られたのはフェリーペ2世の治世だった。例えば、フランスの歴史家フェルナン・ブロデル（１９０２〜８５）は、この時代の大国スペインにいくら悪態をついても、「フランスは広大な領土と国力を具えたスペインの影響と……フランス文化よりも洗練されたスペイン文化から逃れることはできなかった」と言う。こうしたスペインの影響はとりわけルイ13世の時代に顕著だった。白布・朱色布・香水から手袋・長靴・短靴などの皮革製品に至るまで、現在はパリが産地と考えるのが普通になっている品物は悉くスペインからフランスへ輸出された。もう少し時代が進むとヴェルサイユの宮廷儀礼も同じくマドリードのそれに範を求めた。フェリーペ2世の臣下で暗殺事件に絡む容疑で後にフランスに政治亡命したアントニオ・ペレスはこのことをよく心得ていたので、手袋やその他の贅沢品をスペインから取り寄せては自分を庇ってくれるパリのお歴々にばら撒いた。

言語と文学でも同じことが起こった。この分野でスペインは相次ぐ変化の一時代を風靡した。ピエール・ブラントームはカスティージャ語に心酔するあまり je parle を je hable に、je cherche を je busque に言い換えたりした。彼に続いて、ちょうど今日のフランス語に数多くの英単語が入ってきているように、当時はスペイン語の単語がフランス語に入ってきた。これは文化の影響の如何ともし難い流れである。やがて少し形を変えてフランス語として定着した例に bizarre、camarade、casque、escamoter、fanfaron などがある。外国人を対象にしたカスティージャ語の教則本もあった。1596年に『スペイン語を理解し、書き、話すための完璧な方法』と銘打った本がフランスで刊行されたが、これの著者ニコラ・シャルパンティエなる男はスペインに肩入れした陰謀に加担した廉でパリで滅多打ちにされた。同じ頃、ファン・デ・ルーナ、アンブロシオ・デ・サラサール、セザル・ウダンという三人の男が名を馳せた。ファン・デ・ルーナには『スペイン語の読み・発音・書き方・話し方を学ぶための要約文法』（1616）、『家族の対話集』（1619）、詩集『名詩の花束』（1620）と、さらにスペイン語の正しい発音・書き方・読み方をまとめた速習スペイン語とでもいうような本が今日知られている。次のサラサールはスペイン南東部のムルシアの出身で、カトリック同盟に参加した後、スペインの歴史・地理・名士群・産物・行政・交通網を紹介する一書を1612年に著した。その後、ルーアンに落ち着いた彼はここで教師となって『世の鏡』(1614)と題するスペイン語の文法と発音の手引書のフランス語版とスペイン語版を作った。彼はまたルイ13世のスペイン語教師も務めた。ウダンはこれら二人とは違ってフランス人で、1597年に『スペイン語文法』を著し、次いで1605年にはスペイン語の格言を集めてフランス語に訳した。だが、彼の最大の話題作は『二カ国語辞典』(1607)で、この西仏・仏西辞典は今日のスペイン研究者の使用にも耐える出来栄えである。ウダンはスペイン語を教えるだけでは満足せず、セルバンテスの『模範小説集』、次いで『ラ・ガラテア』(1611)、そして最後に1614年に『ドン・キホーテ・デ・ラ・マンチャ』の第一部を原作が世に出てから十年も待たずして訳出した。17世紀の初めにセルバンテスは最後の作品『ペルシーレスとシヒスムンダの苦難』の中で「フランス人は男も女もカスティージャ語を学ぶのに余念がない」と書いた。無論これは言い過ぎだが、それにしても二国間の文化交流史の中でフランスがスペインのあらゆるものに熱中した異例な時期を見事に言い当てている。

スペイン文学のフランス文学への影響はこれよりも一足早く始まったフランソワ1世がマドリードで初めて訳されたのは、パヴィーアの戦い(1525)で捕虜となったフランスソワ1世がマドリードで捕囚の身となった後だった。同王はスペイン語で書かれていたかどうかは分からないが、自分に贈られた何点かの小説が気に入った。その後、随筆・小説・演劇の三種類の文学作品、そして少し間を置いて歴史がフランス世論の関心を惹いた。随筆を代表したのはペーロ・メヒーア、分けてもアントニオ・デ・ゲバーラだった。ゲバーラの『家族書簡集』(1539/1541)、『マルコ・アウレリオの黄金の書』(1528)、『君主達の時計』(1539)、『側近達の警句と廷臣達の教え』(1539)は1531年から40年にかけてフランス語に訳されて大いに読まれた。モンテーニュはこの二人に負うところが多く、さらに一世紀後のラ・フォンテーヌの寓話「ダニューブ川の農夫」（1679）にもフランスでのゲバーラの人気のほどが窺われる。

次いで小説ではディエゴ・デ・サン・ペドロの『愛の牢獄』（1492）のような心理小説から国土回復戦争の最終段階となったグラナダ戦争を舞台にイスラム教徒とキリスト教徒のどちらが勇敢で騎士道精神豊かに気高く振る舞ったかを描いた騎士道物語まであらゆるものが読まれた。後にシャトーブリアンはこれを想い出して『最後のアヴァンセラージュの武勇』（1826）を執筆した。小説の中で特にフランス人の心を捉えたのは牧童小説と騎士道小説という二つのジャンルだった。牧童小説のモデルは1578年にフランス語に訳されたモンテマジョールの『ディアナ』（1559）とセルバンテスの『ラ・ガラテア』（1584）だった。一方、騎士道小説ではエルブレ・デ・エサールによる最初のフランス語訳が1540年に出た『アマディース・デ・ガウラ』（1508）とこれの続編や模倣作品が数世代にわたって読者を魅了した。遍歴の騎士達の勇敢かつ優雅な武勇と牧童達の冒険は常連達が集まるランブイエ邸での文学サロンの格好な理由となった。

オノレ・デュルフェからマダム・ド・ラ・ファイエットに至るフランス文学の気取った文体や心理小説の基本的な特徴はスペイン文学の影響を知らずしては理解できるものではない。またこれほどではなかったが、フェルナンド・デ・ロハスの作とされる『ラ・セレスティーナ』（1499）、悪漢小説、セルバンテスその他の写実主義はシャルル・ソレル、次いでアラン・ルネ・ルザージュに影響を与えた。最後に演劇ではローペ・デ・ベーガ、ギジェン・デ・カストロ、ティルソ・デ・モリーナことガブリエル・テジェス、カルデロン・デ・ラ・バルカなどの作品の主題や場面は、剽窃とは言わないまでもルイ13世時代のフランスの劇作家の手に成る翻案を生んだ。こうした例はアルディ、ロトルー、ボワロベール、スカロン、トマ・コルネイユ[37]などの作品の中に容易に見出せるだろう。例えば、モリエールの『ドン・ジュアン』(1665)やコルネイユの『ル・シッド』(1636)の場合を考えてみよう。コルネイユはスペイン演劇から実に深い影響を受けた作家で、武勇をはじめ小説の主題を充分に吸収し、これをフランス人の感性に合うように変えた。彼はギジェン・デ・カストロやロマンセーロ[38]を読むためにルーアンでスペイン語を学んだ節がある。

さらに17世紀フランスの宗教界もまたスペインに負うところが大きい。枢機卿ピエール・ド・ベリュールは改革カルメル会をフランスに導入し、その指示によって六名の修道女がフランスへやってきた。この内のアナ・デ・ヘスースとアナ・デ・サン・バルトロメはテレーサ・デ・アビラの直弟子だった。二人はパリのサン・ジャック通りにフランスで最初のカルメル会の修道院を創設した。1622年にはファン・ジェペス・アルバレス、通称サン・ファン・デ・ラ・クルースの『霊歌』(1584)がフランス語に訳された。パスカルの『パンセ』(1670)の数カ所にはテレーサ・デ・アビラ、サン・ファン・デ・ラ・クルース、ルイス・デ・レオンなどからの直接的な影響が窺える。イエズス会士で作家のバルタサール・グラシアンの宮廷物の流行も手伝って、フランスにおけるスペインの影響はしばらく続き、彼の処女作『英雄』(1637)は1645年にフランス語に訳されたが、古典主義はあまり影響を受けなかった。この後は外交と同じく文化のモデルでもフランスがスペインに取って代わっていった。以上、見てきたように、スペイン文化の隆盛は単に軍事力に支えられていただけではない高度な文明の証しだった。17世紀のフランスにおけるこうしたスペインの影響についてはジャン・フレデリク・ショーブの『スペイン化されたフランス。フランス絶対主義の根源』(2003)に詳しい。

スペインは自らの勝利と誰の目にも明らかな富を誇った。物価は高いにも拘わらず、高い報酬に惹かれてフランス人をはじめ多くの移民がスペインに押し寄せた。こうした状況を前にスペイン人は自らを神によって新しく選ばれた民だと考えた。そして思想家の中には旧約聖書のダニエル書の予言を神の摂理と解釈する者がいた。すなわち、太陽が東から西へと移動するように、アッシリア人からペルシア人、次いでマケドニア人へ、そして最後はローマ人の手に渡った世界帝国の栄誉を、神は世界の西の果てにあって、その彼方にはなにも存在しないスペインのために取って置かれたのだと彼等は読んだ。17世紀初頭、この解釈を取り上げたイタリアのドミニコ会士トンマーゾ・カンパネッラはこれを時局に照らして、スペインは異端のプロテスタントとイスラム教徒のトルコという脅威に晒されたカトリックの信仰を世界に広める使命を神から託されているとした。しかし、リシュリューがラ・ロシェルを１６２８年に落としてユグノーに止めを刺すと、カンパネッラは１６３６年頃にはスペインに落胆して世界制覇を達成するのはフランスだとした。

覇権の代償

このように見てくると、我々は17世紀にカンパネッラが描いたスペインを長とする世界帝国と21世紀の覇権国米国との類似点に注目せずにはいられないのではないだろうか。黒い伝説を初めて本格的に論破した米国の歴史家モルトビーは双方を比較した『イングランドにおける黒い伝説。反スペイン感情の誕生』（１９７１）の中で次のように言う。

「20世紀の米国が置かれた立場は16世紀のスペインのそれと少なからず類似する。双方とも本質的に保守の理想を守るために強大な力を振りかざすことで友邦からも敵国からも等しく羨望と憎悪の的とされた。……スペインと同じく米国もその力を存分に発揮し、そしてまたスペインと同じく極端なまでに自己批判を行なった。」

往時のスペインがそうであったように、現代の米国は人々の知性と想像力を魅了して止まない。物質と文化の両面における米国の発展に人々は感嘆し、その文学と芸術は世界に広まり、英語は世界中で通じる。しかし、その一方で、自分達が精神面でも優位にあるとの思いから、あたかも世界の在り方を決める任務は自分達だけにあるかのように己の意志を押し付けようとしているとして他から怒りを招いている。ルーマニア出身の歴史家シオラネスクが『仮面と顔。スペイン・バロックからフランス古典主義へ』（1983）の中でいみじくも書いているように、20世紀と同じく16世紀においても、最も憎まれた国は同時に他からの羨望と感嘆の的だった。かつてと同じく今日も覇権を目指せば、他から反撥を呼ぶ。黒い伝説はこうした意図とこれが引き起こした怨念の産物である。

第3章

黒い伝説

『フェリーペ2世』ティツィアーノ、
マドリード、プラド美術館

カルロス1世の二つの顔

覇権主義への攻撃手段として生み出された黒い伝説はまずハプスブルク朝、次いで経済力を基盤とする国力を具えたスペインを標的とした。この観点に立てば、最初の標的はかなりの領土と権限を掌中に収めたカルロス1世であって然るべきだった。ところが実際にはカルロス1世に向けられる周囲の眼はさほど厳しくはなかった。イングランド王ヘンリー8世はカルロス1世に一目置いていたし、生涯の敵だったフランス王フランソワ1世にしても彼を極悪人とまでは見なかった。また実際のカルロス1世はゲルマン人の君主ではなかったにも拘わらず、ドイツのルター派は対立しながらも彼に礼を失することはなかった。そして最後は歴代のローマ教皇だが、イタリア人である彼等はカルロス1世に最も厳しい個人攻撃を浴びせ、幾度か破門さえも考えた。彼等から見れば、カルロス1世は幾世紀も前からイタリアを牛耳っているあのアラゴン人の後を継いだ蛮族だった。

実は黒い伝説の生みの親であるフランドル人とその指導者ウィレム・ファン・オラニェ（1533～84）にはカルロス1世に対しては強く出られないところがあった。理由は、恐らくもともと彼等にとってカルロス1世は身近な存在であり、自分達の庇護者でもあったからで、彼等はカルロス1世に心服し、尊敬していた。このためもあってか、最も激しい攻撃の矢は息子のフェリーペ2世に向けられた。不思議なことに多くの歴史家がこの点で騙されている。

すなわち、カルロス1世は新しい考えに好意的だったがフェリーペ2世は妥協を知らなかったとか、父親は広い視野の持ち主だったが息子は頑迷だったと彼等は言う。だが、これはまったくの誤りである。カルロス1世はルターの反乱には心底憤りを覚えたキリスト教徒だった。彼が師事したのはユトレヒト大学長で後のローマ教皇ハドリアヌス6世（在位1522〜23）だった。カルロス1世はこの師からローマ・カトリックの教義と伝統の遵守を徹底的に教え込まれた。実際、カルロス1世は毎日ミサを欠かさず、祭日によっては聖職者が行なう夕べの祈りやその他の聖務日課に加わるなど、その熱心な信仰は疑うべくもなかった。神学上の微妙なところまでは理解が及ばなかったものの、教義を巡る問題に無関心ではなく、ルター派に譲歩するどころか、まったくその正反対だった。1521年4月19日、ヴォルムスでの帝国議会で用意された演説はカルロス1世がまず自分の母語であるフランス語で読み上げ、次いでドイツ語訳が読み上げられた。アンリ・ラペイルの引用によれば、この演説の中でカルロス1世は信仰の根拠を聖書のみとして千年以上にわたって守られ、聖とされてきた教会の伝統を一掃するような考えを退けて次のように言った。

「皆も知るように、余の祖先である高貴なゲルマン人に君臨した歴代の皇帝、スペインのカトリック両王、ハプスブルク公とブルゴーニュ公は皆悉く生涯を通してローマ教会の忠実な僕としてカトリックの信仰とその聖なる伝統、そして神に仕えるための法令と慣習の擁護者を任じてきた。……よって、余はコンスタンツ公会議(1)（1414〜18）での決定事項のすべてに忠実であろうと心に決めている。いま一介の修道士が勝手にキリスト教世界全体の言葉に異を唱えるという誤りを犯している。もし彼の言う通りであるならば、教会は千年あるいはそれ以上にわたって間違っていたことになろう。余は我が領国・財産・友人・この身と命と魂のすべてを捧げる覚悟である。いまこの時代に我々の怠慢からキリスト教を侮辱する異端と思しき者が人々の心を侵すことを許せば、それは貴公一同と余の恥となろう。昨日、余はルターの演説を聴いたが、なぜもっと早くに手を打たなかったかと心底悔やまれる。二度と彼に耳を傾けることはなかろう。彼は通行許可証は使うがよい。ただし、今日より余はあの者を明らかな異端の徒と見なす。貴公一同も善きキリスト教徒として各々の義務を果たされたい。」

カルロス1世のこうした明確な言葉は彼が異端と異端者の討伐は皇帝である自分の義務と受け止めていたことを窺わせる。しかし、実際には少なくとも神聖ローマ帝国に関する限り、彼は比較的控え目というか寛容とも言える態度に終始した観がある。実のところ、皇帝としての彼の権威は実質に乏しく多分に理論上のものであり、プロテスタントに対して妥協を余儀なくされた。そもそも対話政策の意味するところは既成事実の前に屈するより先に一応誠実な形で共通の場を見出そうとすることに他ならない。すでに結婚した聖職者の聖務続行とパンと葡萄酒の二つの外観による聖体拝領を採用した地域にはこれの継続を認めたアウクスブルクの暫定協約[2]（Interim）（1548）はまさしくこれだった。ただし、これらは一般の信者の動揺と偏見を考慮したうえでの一時的な配慮だった。その名称から明らかなように、この協約の有効期間はやがて公会議が開催されて教会の一致が回復されるまでとされた。続くアウクスブルクの宗教和議[3]（1555）もまた同じだった。だが、こうした暫定的な措置の筈だったものが結果としては最終的なものになった。理由はようやく開催されたトリエント公会議[4]（1545〜63）への出席をプロテスタント側が拒否したからである。

実際のカルロス1世はいわゆるリベラルな人間からはほど遠い人物だった。なんらの拘束もなく政治権力が絶対であれば、彼は譲歩しなかった。事実、彼はフランドルの統治を託されていた妹マリーア・デ・ウングリーアに宛てて、現在ドイツで見逃されるか、あるいは緩やかに認められていることはフランドルにあっては断じて許されてはならないと書き送っている。信仰の統一だけでなく、社会の平和と国家の安全を危険に陥れる異端はフランドルでは1520年には大逆罪とされた。騒乱を引き起こすような活動には厳しい処置が採られた。1529年10月14日付けの法令では異端者を対象に死刑・財産の没収・著述作品の禁書目録への登載などが定められた。これより先の1525年6月10日の法令は再洗礼派を対象とし、次いで1541年12月14日と17日の法令は異端者を浮浪者・殺人犯・放火犯と見做し、1550年4月19日の布告は司祭が発行するカトリック信者証明の提示を全住民に命じた。ルター、エコランパディウス、ツヴィングリ、カルヴァンなどの著作の印刷・販売・所持が禁止され、集まってこれらの作品について話し、または解説することもご法度となった。また異端者と思しき者に手を貸したり家に泊めることも非とされた。そしてこれらの違反者には極刑が待っていた。男は斬首、女は生き埋め、再犯者は生きたまま焚刑《ふんけい》となった。カルロス1世の治世で犠牲者は四千人から八千人、その後は一万人に上ったと見られる。死刑判決は頻繁に出されたが、被告が判決の場にいたのは三分の一を超えるか超えないほどだったと思われる。ベルギーの歴史家アンリ・ピレンヌは次のように書いている。

「宗教紛争を血腥い迫害に変えた張本人はまさしくカルロス1世だった。彼はそれまでのヨーロッパでは知られなかった容赦のない法令で異端撲滅を図った。ドイツではできなかったことをフランドルでは思う存分にやってのけた。彼はその治世を通して正気を失ったかのように愚かなまでに残酷の限りを尽くした。」

カルロス1世はその権限になんの歯止めのないところでは同じ姿勢で望んだ。シチリアとサルデーニャには異端審問所を導入し、フランドルとナポリとミラノにも導入しようとしたが、ここでは果たせなかった。ナポリの場合、カルロス1世が副王ペドロ・デ・トレードにスペインのそれに倣って異端審問所の設立を指示すると（1546）、ナポリの世論が強く反撥して大騒ぎとなり、遂には教皇が介入してナポリの宗教問題は現地の裁判所の管轄であり、よって異端の審問も現地の裁判所によってのみなされると宣言して騒ぎは収まった。

では、スペインではどうだったのだろうか。ここでもカルロス1世は比較的開かれた精神の人物であったという印象を持たれている。特にその政治にエラスムスの影響があったと思える治世の最初の十五年間はそうだった。彼はスペインにはルターの影響が及ばなかったと考えていたようで、異端審問所によって裁かれたのは照明派(5)（alumbrado）かエラスムス主義者だった。ところが1558年の春、セビージャとバジャドリードというスペインの二大都市で聖職者・貴族・上流階層の間に異端に同調する者の存在が発覚された。彼等は公然と口にこそ出さないものの明らかにルターに近い考えを持つ男女だった。当時、すでにジュステ(6)に引退していたカルロス1世はこの事件に驚愕し、5月25日、フェリーペ2世の留守を預かっていた娘のフアナに異端の嫌疑者には断固厳罰を以って臨むように命じた。次の言葉は彼が事件を自分への挑戦と受け止めていた様子が窺える。

「この度の一件に余はお前に言葉で言い表せないほど衝撃を受け、警戒心を強めている。フェリーペと余がこの国を留守にしていた時はこのような災いはなく、万事が平穏であった。それに引き換え、余が引退して神に仕えるために帰国したいまとなって、余とお前の目の前でこのような大それた悪事が起こった。この国に騒動と混乱と不安をもたらし、反乱をも引き起こしかねない彼等に温情は無用である。」

この言葉から明らかなように、カルロス1世にとって1558年の被疑者は異端者である以前に政治犯だった。異端者には非を認めて改心すれば審問官の寛大な判断にすがる余地が残されていたが、政治犯にはそれはあり得なかった。このように諭されたフアナは大審問官フェルナンド・デ・バルデース・イ・サーラスに白紙委任状を渡した。従って、1558年と翌年の公開法廷(7) (auto de fe) はしばしばフェリーペ2世の治世の最初の例とされているが、正しくはカルロス1世の治世の最後の例である。こうした点を巡ってはカルロス1世とフェリーペ2世を較べて云々しても意味がない。プロテスタントへの警戒心が一気に吹き出したこの時、フェリーペ2世はスペインにいなかった。すべては彼の留守に決められた。それにしても彼は意見さえ求められなかったのだろうか。そして彼は決定事項に賛成しただろうか。この点は極めて疑わしい。と言うのも、1556年から59年までの間、決定権は三分割されていたからである。つまり、最高権威者の国王フェリーペ2世はブリュッセルに滞在し、彼の留守の間のスペインを任された妹フアナはバジャドリードに住み、そして引退後も相変わらず国政に躊躇うことなく介入し続けるカルロス1世はジュステにいた。にも拘らず、フェリーペ2世が専らプロテスタントの最大の敵とされる理由は、すでに述べたように、黒い伝説がフランドルの反乱から生れたからである。黒い伝説の意味とその拡散を知ろうとするならば、この反乱をこそ起点としなければいけない。

フランドル戦争

事実、近代スペインの世界制覇に対する最も激しい攻撃が生まれたのはフランドルからだった。それは先ずグランヴェル枢機卿とアルバ公爵という二人の家臣に向けられ、その後に国王そのものが標的とされた。

フェリーペ2世は1559年にフランドルを去るに当たり、マルガリータ・デ・パルマに政治を託した。これは賢明な人事だった。カルロス1世の庶子としてフランドルで生まれた彼女は土地と住民と慣習をよく心得ていた。だが、実際の政策の責任者として彼女を補佐する人選は慎重さを欠いた。その筆頭は間もなくマリーヌの大司教となり（1560）、翌年には枢機卿となる先に触れたグランヴェルだった。フランドルの貴族達はフランシュ・コンテ生まれのこの外国人が自分達に代わって権力に近い地位を占め、自分達は遠ざけられたことを潔しとしなかった。ルシアン・フェーヴルの『フェリーペ2世とフランシュ・コンテ』（1911）によれば、グランヴェルを唾棄《だき》すべき輩とかスペインの赤いドラゴンと中傷する文書が出廻ったと言う。

だが、彼をスペインに仕える政治の道具とだけ見るのは正しくない。「余はあらゆる場所の出身である」という彼の言葉を引用したドイツの歴史家ルートヴィヒ・プファンドルによれば、「グランヴェルには祖国という考えがなく、フランドル人の国民感情というか愛国心がフェリーペ2世に自分が選ばれたことで傷付けられたことに気付かなかった。彼は今日風に言えば国際人だった。」

実際、グランヴェルが仕えるのはスペインではなく、王という唯一尊敬に値する人間の権威に立脚する王朝だった。彼を祖国を持たない根なし草と見るのは酷となろうが、当時生まれつつあった国民感情と呼べるようなものを見落としたのはフェリーペ2世の誤りであった。

グランヴェルを責任者とする司教区の改編は彼への不満を一層掻き立てた。改編の内容はフランドルの司教区地図を見直して十四の司教区を新設、これによって各県ごとに司教区があるようにし、さらに司教の人事権を司教座参事会から国王に移すというものだった。これは聖職者の独立と資産の縮小を意味した。また新設の司教区の維持のために既存の修道院の資産を削ると同時に増税が必要とされた。

こうした不満の種と異端者に対する脅しが結束するのに時間は要しなかった。周囲はフェリーペ2世が容赦のないスペインの異端審問所をフランドルに導入するのではないかと危惧した。従来、こうして宗教に関するフェリーペ2世の妥協を知らない姿勢が最後はフランドルの反乱を惹き起こしたのではないかという指摘がなされてきた。この点についてしばしば引用されてきたのがローマ駐在の大使に宛てたフェリーペ2世の書簡の中の「余には異端者に君臨する意図のない旨を聖下に伝えよ」という一節である。これを狂信の宣言だと騒ぎ立てる向きが今日でもあるが、これは特段驚くに値する文ではない。当時のヨーロッパの君主はイングランドのエリザベス女王にせよ、「領地の宗教は領主の宗教とする」というあのアウクスブルクの宗教和議（1555）が守られていたドイツのプロテスタント諸侯にせよ、同じ発言をなし得たのである。16世紀ヨーロッパには臣下が自分と異なる信仰を容認する君主はいなかった。フランス語の格言に言う「君主はひとり、法はひとつ、信仰はひとつ」（Un roi, une loi, une foi）はどこでも守られていた。

一方、1565年、フェリーペ2世の諮問を受けた神学者達は王よりも現実を見る目を持っていた。すなわち、彼等は、確かに真の信仰を守ることは必然であるが、暴動も戦争も多くの災害を生み、カトリック教会に被害を及ぼすことを考える時、最小限の悪という学説に従ってフランドル人が好む信仰を持つことを容認してもフェリーペ2世は良心の咎めを免れるとした(8)。これからも分かるように、ことは宗教問題ではなく、政治問題だった。事実、1566年12月、アルバ公は反徒の討伐に出向く旨を宣言し、異端を討つとは言わなかった。フランスの大使も同じ発言をしている。つまり、問題は宗教ではなかったのである。

フランドル情勢を不穏にしていたのはグランヴェルへの反感、司教区地図の改変への反撥、プロテスタントの不穏な動きなどだったが、この段階では宗教上の対立よりも政治を巡る思惑が重要で、これが反対勢力を結束させかねなかった。フェリーペ2世は最後はグランヴェルを解任したが（1564年1月23日）、司教区問題と異端に関しては譲らなかった。1566年5月4日、フランドル貴族はブレダ同盟の下に結束し、8月にはカルヴァン派による教会の焼き打ち事件が起こった。またガンとアンヴェールなどフランドル南部で始まった聖像破壊はミッデルビュルフ、アムステルダム、フローニンゲンにまで飛び火した。いまや反乱はフランスと同じく宗教戦争の様相を呈してきた。

この事態にフェリーペ2世は強硬な姿勢での対処を考えたが、それでもまだ宗教よりも政治的配慮を優先した。すなわち、彼は自分の命令に従わない者は反徒と見なし、その誤りを正して以前の服従に戻そうと考えた。彼はアルバ公が事態を鎮静化できるものと期待した。国王の権威を否定し、その命令に服さない者などはいる筈はないと考える彼には他の手を打つのは難しかった。しかし、間もなく宗教問題は人々の感情を煽り、事態を抜き差しならぬものに変えた。そしてプロテスタントが「海乞食」[9]（Zeegeisen）との同盟を求めると、フェリーペ2世はローマ教皇を味方に付けようとした。

アルバ公

1567年8月22日にブリュッセルに到着したアルバ公は9月5日には一般に歴史の中で流血法廷の異名で知られる騒乱摘発法廷を設置した。被告は聖像破壊者・プロテスタントの指導者・武器を持って国王に刃向った者達だった。告訴は数千件に上り、逮捕者は数百人を算え、千二百人以上が死刑判決を受けて処刑された。アルバ公は著名人であろうと貴族であろうと一切容赦しなかった。フランドル貴族の名門エグモント伯とホルン公も1567年9月9日に逮捕され、翌年6月4日には国王に対して陰謀を企てた大逆罪で死刑判決を受け、翌日ブリュッセルで斬首刑に処せられた。この二人はスペインの支配に抗してフランドル独立の大義に殉じた名士だった。戦争は激化の一途を辿り、ハールレムの攻防戦

『アルバ公』アントニオ・モロ、ベルギー王立美術館

（1572〜73）では城壁を挟んで外と内の双方が戦死した兵士の首を投げ合った。こうした中である時、内側からスペイン兵の首十一個が投げ出され、それには次の一文が添えられていた。「ハールレムの住民はアルバ公に戦闘の口実を与えぬよう、十分の一税[10]にもう一個おまけをお届けする。」これはアルバ公が戦費調達のために動産に十分の一税を設けることを考えていたことへの示唆だった。

反乱鎮圧のために講じられた手段にフランドルの世論が恐怖に捉われると、すかさずこれを指弾する有能で手強い人物が現れた。その代表のひとりにフィリップ・ド・マルニクスという男がいた。『聖なるローマ教会の有象無象』（1569）という本を著した彼は兵士・詩人・神学者・教育者を兼ね備え、カルヴァンとその教説との結び付きが強く、フランドルの政治史の中で極めて重要な役割を演じた。前述の騒乱摘発法廷は彼の所領を没収し、アルバ公の部隊はその由緒ある屋敷を破壊した。マルニクスはドイツのエムデンに逃れたが、1571年にはフランドルに舞い戻ってオラニェ公の臣下となった。同公は度々マルニクスを密使ないしは政治使節に任じて特にイングランドとドイツへ派遣した。こうした状況の中でマルニクスは告訴人に変身してフランドルの圧制者スペイン人の残虐振りをヨーロッパ全土に向けて訴えた。その演説には気品があり、激しい語調には輝きがあった。彼はなによりも先にスペイン軍がカルロス1世の時代にドイツで犯した数々の犯罪を人々の記憶に甦らせた。

そして、カルロス1世がプロテスタント諸侯のシュマルカルデン同盟（1530〜47）に戦争を挑み、ミュールベルクの戦いで勝利[11]（1547）を得ると、マルニクスはさらに飛躍して「全能の神よ、どうかこの呪わしい猟犬どもから我々をお守りください。彼等はトルコ人全員を併せたよりも邪悪な者共です」とまで言ってスペイン人を攻撃した。なお、フランスの歴史家エドガール・キネーはアンヴェールでの略奪に触れながら、当時のスペイン軍は正確にはスペイン王の軍隊と呼ぶべきだろうと言っているが、確かにその通りである。当時のスペイン軍は出身がさまざまな傭兵部隊であり、アルバ公の部隊にしても中核こそ第2章で述べたテルシオが占めるものの、例外ではなかった。

1578年に開かれたヴォルムスの帝国議会での演説で彼は再びスペイン人をトルコ人と結び付け、彼等が同盟を組みかねないので警戒するよう、次のように訴えた。「充分に警戒して頂きたい。しばらく前よりスペイン人がトルコ人に税を払う約束をし、これによってフランドルを制圧するに足る部隊を手に入れようとしているとの確かな情報が私に届いている。……これがいかなる事態を招くかは諸公には容易にお分かりになる筈である。」無論、スペイン人とトルコ人との同盟などは到底あり得ないだけにこれは悪意の極みだった。

以下はマルニクスが悪の権化として最大の標的としたアルバ公についての彼の言葉である。

「アルバ公の所業について一言述べたい。かつては豊かに栄えた南ドイツが彼の下で荒野と化したことを知らない者はいない。人々は財産を略奪され、公金は持ち去られ、町や村は荒廃し、前代未聞の赦し難い税が徴収され、多くの貴族名士が暗殺され殺害された。なんの罪もない人々が財産を没収されて国を追われ、婦女子は凌辱され、農地は荒らされ、法は踏み躙《にじ》られ、国の掟と特権は廃止されてもはや顧みられない。一口で言えば、かつてなかったような尊大で無礼この上ない兵の手になる屈辱は実に耐え難いものだった。それでもこれらは噂であり評判であって事実はそれほどではないと考える人がここにいるならば、アルバ公がスペインへ帰る前の最後の宴席での発言を想い出すべきである。彼は一万八千八百人以上の人間を斬首刑に処したうえ、無数の人間をそれぞれの家であるいは戦場で殺したと大勢の前で得意気に話した。」

確かにアルバ公は血に飢えた野獣さながらの記憶を残した。今日でもスープを嫌がったり、なかなか寝ようとしない子供に怖いアルバ公がくるよと言う脅し文句がある。絵画もオペラでも文学作品も挙ってアルバ公を残酷この上ない武将として描いている。絵画ではウィーンの美術史美術館所蔵のピーテル・ブリューゲルの『幼子の殺戮』は従来フランドル戦争の一場面を描いた作品と言われているが、果たしてどうだろうか。つまり、ブリューゲルは新約聖書にある「幼子の殺戮」[12]をテーマにスペイン兵の蛮行を描いたというのである。子供達を殺し、彼等が逃げれば剣を手に追い掛けて槍で止めを刺す兵士、母親の腕の中ですでに死んでいる赤ん坊、情けを乞う村人を前に硬い表情の騎士、画面の奥には騎士に囲まれて立つアルバ公と思しき白い髭を生やした黒衣の人物。だが、この解釈には問題がある。というのは、ブリューゲルがこの作品を描いたのはどうやら1566年だったようだが、この時点ではアルバ公はまだフランドルに着いていなかった。同公の到着は翌年の8月22日で、例の騒乱摘発法廷の設置は9月5日だった。

次にオペラに目を向けると、1839年5月15日、ガエターノ・ドニゼッティがフランス語でグランド・オペラ『アルバ公爵』を書き始め、1842年2月26日にヴェネツィアのラ・フェニーチェ劇場で上演すると発表した。だが、上演後の評判は芳しくなかった。この中でアルバ公によって処刑された英雄エグモント公の娘エレーヌが恋人アンリ・ド・ブリュージュへの愛を捨てて父を殺したアルバ公を追うが、アンリはアルバ公が自分の父親と知って驚愕する。やがてアルバ公の息子

『幼子の殺戮』（部分）ピーテル・ブリューゲル、ウィーン美術史美術館

への愛は予期せぬ展開を見せる。アルバ公はエレーヌを断頭台に登らせて息子アンリに自分を父上！ と叫ばせるのである。

また文学では、フランス語圏ベルギーの作家シャルル・ド・コステールの代表作で初版の『ウレンシュピーゲルの伝説』（1867～68）を第二版では『フランドルとその他におけるウレンシュピーゲルとラム・ゲドザクの伝説と愉快で華々しい武勇伝』（1869）と改題した作品がある。主人公ティル・ウレンシュピーゲルはフランドルの伝承に出てくる道化師で、父親は異端の罪で火刑となり、母親は拷問を受けて死んだ。ティルはフェリーペ2世とアルバ公による圧制に刃向かう自由な精神の化身である。さらに映画ではスペイン人を好意的に扱った数少ない作品のひとつに主人公をアルバ公ではなく架空のオリバーレス公に置き換えたジャック・フェデールの『大胆な祭り』がある。筋書きは休戦期間中の1616年のある夜、フランドルのある村の祭りに招かれたオリバーレス公が大歓迎を受け、そのお礼に村の税金を一年間免除するというものだった。この作品がベルギーで公開されると、監督がベルギー人であるにも拘わらず、スペイン人を好意的に描いているとしてちょっとした騒ぎを引き起こした。

さて、第三代アルバ公フェルナンド・アルバレス・デ・トレード（1507〜82）は実際にこうした残酷極まりない人物だったのだろうか。同公の遠い子孫の一人ハコーボ・フィッツ・ジェームズ・ステュアート・イ・マルティネス・デ・イルーホはマドリードのリリア邸にある同家の資料室をはじめ、シマンカス文書館[13]・大英博物館・パリ国立図書館・ヴァティカン図書館など公的な文書館に保管されている1536年から82年にかけて書かれたアルバ公の書簡二千七百十四通を三冊の大著にまとめて『第三代アルバ公爵書簡集』（1952）と題して刊行した。これを読めば、巷間に伝えられる鬼のように残酷な人物とは大きく掛け離れたアルバ公が浮かび上がってくる筈である。

書簡集の刊行から三十年後、米国の歴史家モルトビーが改めてこの問題を取り上げ、確かな論拠に基づいた革新的な研究を『第三代アルバ公爵伝1507〜1582』（1983）として発表した。同書が伝える第三代アルバ公は当時の最も優秀な将軍のひとりであっただけでなく、秀でた戦略家であり、部下への配慮を怠らない人物だった。また軍規に厳しく、一般市民に不法行為を働く者には厳罰で臨んだ。彼はさらに鋭い政治感覚の持ち主であり、当代一流の教養人でもあった。これはあの時代としては驚くべきことだった。公の両親は人文学者ルイス・ビーベス（1493〜1540）を息子の教師に迎えようと考えていたが、それが叶わず詩人のボスカン（1492〜1542）が代りを務めた。ボスカンは広くイタリアの影響に向けてスペインを開いたひとりだった。またフランスとイタリアとの国境にあるフレジュスの戦い（1536）で戦死したスペイン・ルネサンス最大の詩人ガルシラーソ・デ・ラ・ベーガの親友であり、軍隊仲間だった。アルバ公はフランス語とイタリア語に長け、ドイツ語も少し話し、タキトゥスを原文のラテン語で読んだ。ヘンリー・ケイメンの『アルバ公爵』（2004）とマヌエル・フェルナンデス・アルバレスの『鉄の公爵。フェルナンド・アルバレス・デ・トレード第三代アルバ公爵』（2007）の二書はこのモルトビーの記述内容を補完する。

非難の応酬

このようなアルバ公が人間性の一欠けらもない野蛮人とされたのは、フランドルの反乱が宗教に起因したそれまでのいくつかの戦争と同じく最後は宗教戦争と化してヨーロッパでかつてなかった残忍な様相を呈したからであるとモルトビーは見る。その結果、これらの戦争の凄まじさを表すmassacre（虐殺・殺戮）という単語が使われ始めた。フランスの辞書編纂者エミール・リトレによれば、massacre[14]には犠牲者が無抵抗であるか、あるいはその抵抗が取るに足らないというニュアンスがある。つまり、無抵抗な人間の殺害である。彼はまたmassacreはすでに中世で屠殺の意味で使われ、現在でも精肉店が並ぶ「屠殺通り」（Rue du Massacre）という名の古い通りがルーアンにあると言う。この単語が初めて現れたのはどうやら1556年の『メランドルとカブリエールの住民に対する迫害と略奪の忘れてはならない記録』という宣伝文書であったらしい。その二年前に出たフランス人ジャン・クレスパンの『殉教者伝』には焚火に焼かれる切り刻まれた肉片など、ユグノーが蒙った数多くの残虐行為が述べられている。そしてその後の版ではさらに多くの例が取り上げられている。

ジャック・トルトレルとジャン・ペリサン(15)の『図解四十枚と近年フランスで起きた戦争・虐殺・暴動関連の忘れてはならないさまざまな記録。第一巻』（1570）は本文の内容を目で見て理解させるという画期的な本で、この造本は速やかに広まった。かの聖バルテルミーの夜の虐殺（1572年8月24日）の責任者カトリーヌ・ド・メディシスを標的にしたユグノー側の攻撃文書によってmassacreという単語は広く知られていった。

敵方の残虐行為への抗議はユグノーに限られなかった。カトリック側もカルヴァン派による残虐行為を非難した。この種の本の中で最も有名な例はイングランドから大陸部へ逃れたカトリックのリチャード・ヴァーステガンの『現代異端残虐図解』で、先ず1587年にアンヴェールでラテン語版が出版され、翌年にはフランス語版が続いた。同書ではイングランド、フランス、フランドルにおけるプロテスタントによるカトリックへの残虐行為の内容が二十九枚の版画で表されている。

因みに、この本のテキストはフランク・レストランガンによって再版されている（1995）。プロテスタントとカトリックの双方が演じた版画による攻防戦を介して人々の脳裏には宗教戦争の残虐さが焼き付いた。16世紀までは野蛮人とは他者だった。そしてその他者とは異教徒であり、人間性に悖《もと》る残虐行為は異教徒固有のもので、キリスト教世界とは無縁だった。だが、いまや宗教戦争を機にヨーロッパ人はキリスト教徒の間にも同じような残虐行為をなし得る人間がいることを知って愕然とした。フランスの探検家ジャン・ド・レリはその『ブラジル旅行記』（1578）の中で、ブラジルで目にしてきた恐ろしい光景をキリスト教徒と名乗る者達がヨーロッパで繰り広げている行為と並び較べ、また聖バルテルミーの虐殺についてはこの世のものとは思えないこのような有様を見るには遠く新世界にまで行く必要はないと言い切った。

流血を躊躇しないフランドルでの制圧戦で、スペイン軍は広くヨーロッパ人から野蛮人に匹敵する残虐の徒であると見なされた。こうしたスペイン人のイメージは国内問題に干渉してくるスペインを非難する16世紀末の宣伝文書の中で頻繁に繰り返される。一例を挙げると、アントワーヌ・アルノーの『スペイン断罪』（1590）に次のような一文がある。

「スペイン人の貪欲さは飽くことを知らず、その残酷さは虎のそれを凌ぐ、家々は焼き払われ、ヨーロッパ中から立派な館に集められた至宝は強奪された。人妻や若い娘は獣欲に犯され、若者は譬えようもない男色の犠牲となった。年老いた親や夫や縁者達は寝台の脚などに縛り付けられ、その目の前でスペイン人はこうした嫌悪すべき極悪の限りを尽くした。そして最後には哀れな住民を無差別に拷問に掛けて殺害した。」

こうして見ると、アルバ公は反乱や異端の罪に問われた者に厳しい態度で臨んだ最初の人物でもなければ、またそれは彼に限ったことでもなかった。にも拘わらず、アルバ公だけが標的にされるのは、恐らく歴史を書くのが勝利者であるからだとモルトビーは見る。アルバ公の犠牲者達が後にオランダ建国の英雄となった以上、アルバ公は専ら悪の権化とならざるを得なかった。そして当のアルバ公はと言えば、非難中傷への反論も反乱制圧における自らの責任の釈明も一切することなく、身に負った忌まわしい評判を黙して受け止めた。彼は自分の使命はまさにフランドルの人心を力で抑えつけることにあり、容赦のない手段で事態を収拾した後は、当然、国王が現地に赴いて国民全体に恩赦を与えるものと思っていた。任務のこうした分担の中で、アルバ公には悪役が当たったたのだが、彼はこのことを心得ていたようで、恐らくこの点について不満を言う積りもなかった。つまり、彼は王の善き臣下として自分に期待されたことを黙々と成し遂げたのである。

彼は王のために下地を整え、王は頃合いを見て反乱を起こした臣下を赦す筈だった。事実、後に1580年のポルトガルでのアルバ公の行動もまったく同じだった。つまり、彼が武力で反対派を抑えて合戦を終わらせた後、フェリーペ2世はポルトガルに赴いて王として受け入れられた。だが、フランドルの場合は、計画の前半分だけがなされただけで、後述の理由からフェリーペ2世はフランドルに赴くことはなかった。その結果、恩赦も和解もなく、ただアルバ公への憎悪だけが残ったのである。

オラニェ公の『弁明の書 Apologia』[16]

アルバ公がフランドルを去った後も（1573）、軍隊による騒ぎは収まらなかった。給料の遅配からスペイン軍は反乱を起こしてアンヴェールの町を略奪した（1576）。怒った南部のカトリックは北部のカルヴァン派と手を組んで旧来の自由の再興・外国軍の撤退・信教の自由を要求した。

騒乱摘発法廷によって友人のエグモント公が処刑されると（1568）、ナッソー公爵家の後継者オラニェ公が反スペイン運動の先頭に立った。エグモント公の処刑と同じ年、先述のマルニクスの作とされる「ウィルヘルムス・ファン・ナッサウエ Wilhelmus van Nassauwe」の中でオラニェ公の名は祖国ネーデルラントと結ばれ、以来今日でもオランダ国歌に受け継がれている。1561年、オラニェ公はプロテスタント革命の指導者のひとりであるザクセン選帝侯モーリッツの娘アンネと再婚したが、カトリックに留まっていた。だが、1573年11月、宗教上の信念よりも政治的な判断からカルヴァン派であることを公にした。

およそ二十年もの間、フランドルの貴族は反乱者と見られまいと努めた。これはブレダの誓約（1566）にある次の文言に明らかである。

「今回の行動は反乱ではなく、我等の意図は偏《ひとえ》に神の栄光と陛下にお仕えし、神と自然に従って国の安泰と自らの財産・生命・家族を守らんとする点にある旨をここに宣言する。」

彼等はフェリーペ2世が自分達の本来の君主であり、ブルゴーニュ公家の正統な後継者であると認めていた。貴族の多くは歴代の君主への忠誠に励んできた。中でも1568年に処刑されたエグモントとホルンの二人の名門貴族がそうだった。エグモント公はカルロス1世のアルジェ遠征（1541）に参加し、後に親衛騎兵隊の総司令官に任ぜられ、さらに金羊毛騎士団(17)（Toison de Oro）に迎えられた。フェリーペ2世の時代になるとサン・カンタン（1557）とグラヴリーヌ（1558）の合戦でスペイン軍を指揮してフランス軍を破った。そして1564年にはフェリーペ2世にフランドル政策

『オラニェ公』アドリアン・トマシュ・ケイ、アムステルダム国立美術館

の変更を説くためにスペインへ赴いた。ホルン伯モンモランシー・ニヴェルもまた前述の二つの合戦に参加している。そしてオラニェはと言えば、最後までカルロス1世に忠実な臣下だった。カルロス1世は彼を愛し、フランドル総督の任にあった妹マリーアの下で教育を受けさせ、また金羊毛騎士団の騎士に取り立てた。そしてカルロス1世が退位した時にはブリュッセルの大聖堂に入る彼を腕で支えた。（1556年10月25日）

1558年、国政会議の一員となったオラニェ公はフェリーペ2世からカトー・カンブレジの和約交渉に加わるよう命じられる一方、フランス王アンリ2世は同和約の遂行を保証する人質のひとりに彼を指名した。(18) マルニクスの作とされる先述の「ウィルヘルムス」の中でもオラニェ公はまだ「私はスペイン王の名誉を守ってきた」とスペイン王への忠誠を誓っている。1576年11月8日、議会は彼を連合州の総督（stathouder）に任命した。国王ではなく総督、つまり、国王から統治を託された者である。ということは、この時点でもまだ反乱は国王にではなく、国王の名の下に民衆を弾圧する者に向けられていたのである。

だが、芝居は1580年に幕を閉じた。前年の1月以来、フェリーペ2世との和平を模索していた南部のカトリック諸州は5月に満足のいく内容のアラスの和約に調印した。これに対して北部のカルヴァン派は一切の妥協を拒否してユトレヒト同盟を結成した。これを受けてフェリーペ2世がオラニェ公の首に懸賞金を掛けると、オラニェ公はフェリーペ2世を正統な君主とは認めないと応酬した。こうして北部連合州の独立を掛けた闘いが始まった。正統な君主への反乱を正当化するためにオラニェ公はフェリーペ2世を血も涙もない冷酷な人間で、スペインは文明国の名に値しない国だと周囲に訴えた。これがオラニェ公の秘書を務めるド・ヴィリエことピエール・ド・ロワズルールとメランヒトンの弟子で福音主義者のユベール・ランゲとの合作『スペイン王が発した公示に対するギョーム（オラニェ）公の弁明[19]』の中で展開される主張である。

原稿は1580年12月13日にフランドル議会に提出され、翌年にライデンで印刷されてヨーロッパ中に広まった。同年だけでフランス語で五版、オランダ語で二版、ラテン語とドイツ語と英語でそれぞれ一版が刊行され、その後も増刷されたと思われる。なお、原文はジャン・デュ・モンの『万民法全集 Corps universel diplomatique du droit des gens』の第一巻（1728）に収録されている。フェリーペ2世とフランドルの決裂を決定的にした『弁明の書』は史上初の心理戦であり、黒い伝説のいわば出生証明書である。因みに、オラニェ公はこの後に初めて刺客に狙われ（1582）、さらに二年後の7月10日にフランシュ・コンテ生まれのバルタザール・ジェラールによって暗殺された。

『弁明の書』の中でアルバ公への攻撃もその一部が繰り返されてさらに広まったが、標的はアルバ公からスペインに代わり、スペイン人全員が野蛮で冷酷で残忍な輩として描かれた。スペイン兵は夫や親の目の前で婦女を凌辱し、聖バルテルミーの夜の虐殺はスペイン人の残虐さのなによりの証拠とされた。だが、今日ではフェリーペ2世がこの事件とは無関係であることが判明している。アルレット・ジュアンナは『聖バルテルミーの虐殺。国家犯罪の謎』（2007）の中で「シマンカス文書館所蔵の資料を読めば、事件がスペインによって企てられたという主張は成り立たない」としている。

『弁明の書』にはイベリアでの混血とアラビア人の影響についてイタリア人が一足先に言ったことが次のような文言で繰り返されている。

「誰もが信じていることながら、私もいまさら異としない。つまり、スペイン人の大半、とりわけ貴族を自負する連中はイスラム教徒とユダヤ教徒の血を引いている。」

折しもフェリーペ2世がプロテスタントから純粋なカトリック信仰を守ろうとしている時期だけに、この種の主張は効果を生まずには済まなかった。事実、17世紀に入ると『弁明の書』は改めて利用された。例えば、スペイン人の堕落振りに関するフランス人の以下のような発言の論拠となったのは恐らく『弁明の書』だったと思われる。つまり、歴史家ジャック・オギュスト・ド・トゥは、アルプハーラスの反乱[20]（1500〜01）でスペイン兵が敗れたイスラム教徒の男子を凌辱したのは明らかにスペイン人とイスラム教徒との長い共存の影響だとした。また詩人のジャック・カレル・ド・サント・ガルドは『マドリードからの興味深い報告』（1670）の中で、闘牛の起源はイスラム教徒にあるとして「元は野蛮人のものだった闘牛は少々野蛮人的なところがあるスペイン人の気質に合っていたのか、彼等は闘牛に熱中するようになった。闘牛に限らずスペイン人がイスラム教徒の他の慣習を好むのは九百年近くもの長い間、イスラム教徒と一緒に暮らした結果と見て間違いない」とした。さらにスペインに好意的なサン・シモン公もスペイン人がイスラム教徒からの影響を蒙った事実を認めてこう書いた。

「数世紀にも及んだイスラム教徒の支配とその後も殆どカトリック両王の時代にまで続いた彼等との接触の影響はいまなおスペインに残っていると素直に認めよう。」

『弁明の書』は単にアルバ公に対する前々からの非難中傷を繰り返すだけに止まらず、新たな要素を付け加えた。するとスペインの敵はすかさずこれを取り上げ、中味を膨らませた。それは今日なおスペインを弾劾する黒い伝説の主要な要素となっている次の三点である。

1　フェリーペ2世に対する個人攻撃
2　スペイン人の狂信・不寛容・蒙昧
3　インディアス先住民の虐殺

オラニェ公の首に懸賞金を付ける布告を用意していたグランヴェルは同公の私生活に非難の矢を向けるのが得策と考えた。1574年、オラニェ公は二番目の妻であるドイツの選帝侯モーリッツの娘アンナと離婚してシャルロット・ド・モンパンシエと再婚した。彼女はブルボン家の中のカトリックの流れを汲んでいたが、プロテスタントと親しい関係にあり、1571年にカルヴァン派に改宗し、前々からプロテスタントに好意的なことで知られていたプファルツ選帝侯フリードリッヒ3世のハイデルベルクの館に身を寄せた。ここで同じく政治亡命者のオラニェ公と出会い、二人は1575年6月に結婚した。以後、シャルロットは夫の最も忠実な支持者となった。

グランヴェルはこの結婚をオラニェ公攻撃の材料にしようと考えた。事実、シャルロットの修道院からの脱走は一部のプロテスタントの間では厳しい目で見られていた。両親に強いられて一旦は十八歳である修道院の院長になったことから修道女と仇名される彼女へのオラニェ公の想い入れは周囲の理解を得られなかったのである。妻への個人攻撃に激怒したオラニェ公は『弁明の書』の中で同じ類の悪意に満ちた攻撃をフェリーペ2世に向けた。オラニェ公はフェリーペ2世は自堕落な日々を送り、不倫を重ねているとするだけでは飽き足らず、妹のフアナと近親相姦の罪を犯しているとし、またウィーン生まれの姪アナを四番目の王妃に迎えたのはローマ教皇の免除を得たとはいえ近親相姦であるとした。さらにフェリーペ2世は最初の王妃マリーアとの結婚の前に宮廷女官イサベル・デ・オソリオと秘密裡に結婚していた以上は重婚罪を犯していると公言し、同王は三番目の王妃イサベルを暗殺させた節があり、果ては息子で王位継承者のカルロス王子を逮捕のうえ、有罪として処刑を命じた疑いがあるとした。「近親相姦を犯し、息子を殺し、妻を暗殺したこのような王の支配を拒む我々を一体誰が責められると言うのか。これほどの大罪を犯しながら王位から降ろされもせず、国を追われもしなかった王が果たしてこれまでにいたであろうか。」オラニェ公は最後にこう言い切った。

フェリーペ2世へのこうした非難中傷はしばらくの間はヨーロッパでさほどの反響を呼ばなかった。ところが十年ほど後、かのアントニオ・ペレスが非難中傷の声に加わった。フェリーペ2世の秘書官を務めた彼は裏切りと大逆罪を問われてフランスやイングランドに亡命、専らフェリーペ2世とスペインを貶める本の執筆に時を費やした。本名またはラファエル・ペレグリーノというペンネームで書かれた彼の作品には『報告』、『書簡集』、『警句』といったさまざまな題が付けられ、スペイン語、フランス語、イタリア語、ラテン語などの版がロンドン、パリ、ジュネーヴで出版された。フェリーペ2世とエボリ公女との恋愛関係に初めて言及したのは彼だが、イサベル王妃とカルロス王子の死を巡っては「イサベル王妃とカルロス王子……その他多くの無実の人の血が神の裁きを求めている」と述べるに止まっている。大の逸話好きのブラントームもフェリーペ2世を巡る醜聞の幾つかを作品の中で取り上げた。その『貴婦人達の生涯』、『外国の将軍達の生涯』、『スペイン人の武勇と妄言』などは彼が死んで大分時が経ってから印刷されたが、その前からいずれも手稿本の形で出廻っていた。イサベル王妃の暗殺死を確信するブラントームは次のように書いた。

「噂によれば、大変に立派なあるイエズス会士がある日の説教の中で王妃に触れ、その稀に見る数々の美徳を称讃した際に、彼女を殺す命令を出しておきながらその罪を問われないとは絶対に赦されないことだと口を滑らしてしまい、その結果、インディアスの僻地に送られたと言われている。」

また作家で詩人のアグリッパ・ドビニェは六巻からなる『世界史』（1616〜26）の中でカルロス王子とイサベル王妃の一件を取り上げ、二人が断罪となった背景にはどうやら異端審問所が関わっていたようであると、次のように書いた。

「婚約者だったイサベルを父に奪われたカルロス王子が自分に復讐しようとしているのではないかという疑念に捉われたフェリーペ2世は事の次第を異端審問所に伝えた。……王子の逮捕が決まり、……最後は毒殺の判決が出されて七月に実行された。王子の死は十一月まで秘密にされた。それから数日後、イサベル王妃も同じ死に見舞われた。これはすべて異端審問所の命令によるものだった。」

同じことは先に触れたジャック・オギュスト・ド・トゥも１５４３年から１６０７年までを扱った『最近の出来事』の中で述べている。ラテン語で書かれ、18世紀に入ってからフランス語に訳された同書の中でド・トゥは、カルロス王子についてはその陰謀を確信したフェリーペ２世は異端審問所に裁判を一任したとしているが、イサベル王妃の暗殺を命じたとは思っていない。そしてカルロス王子は精神を病んでいたと認めている。この最後の点については歴史家フランソワ・ユード・ド・メズレはその三巻本『フランス史』（１６４３〜５１）の中でカルロス王子の祖先には曾祖母の狂女フアナという精神異常者が少なくとも一人いたとする一方、異端審問所は審査後に王子に死刑の判決を下し、その結果、王子は首を刎ねられたか、静脈を切り開かれたか、あるいは数人のイスラム教徒の手で絞め殺されたと見ている。

カルロス王子の死

こうした状況の中、アムステルダムで歴史小説と銘打った『ドン・カルロス』が出版された（１６７３）。著者セザール・ヴィシャール、通称サン・レアル修道院長はサヴォワの修史官の任にあった凡庸な歴史家だったが、この作品が発端となってカルロス王子の一件は俄《にわ》かに時の話題となった。サン・レアルによれば、「カルロス王子は父フェリーペ２世を狙った陰謀を企て、そのうえに義母イサベル王妃と密通した。その結果、王子は父王の命によって裁判に掛けられ、次いで秘密裡に殺された」。さらにサン・レアルはこれには15世紀にナバーラ王国とバルセローナ伯国(21)の後継者ビアナ皇太子(22)の断罪と処刑という次のような前例があると書いた。

「バルセローナの古文書館でアラゴン王ファアン2世（在位1458〜79）が長男カルロス皇太子の時代に発した刑事関連の文書が探し出され、事の次第が信頼に足る規範となるようにとカタルーニャ語からスペイン語に訳された。このファアン2世とナバーラ女王ブランカ1世との間に生まれたカルロス皇太子はアラゴンとナバーラ両国の後継者だったが、母親の死後、再婚した父親と不仲になり、後継者の地位から追われた。フランスやイタリアでの亡命生活を経て帰国した後も父親との関係は修復されないままにやがて1461年に死んだ。死因は公式的には肋膜炎とされるが、父親の命令で毒殺されたとの噂が日を待たずして広まった。」

だが、サン・レアルが言うこのような事実はない。

さらにサン・レアルはカルロス王子について以下のように断言した。

「王子は祖父のカルロス1世を尊敬していた。そのカルロス1世には死ぬ少し前にルター派への親近感を口にしたとの噂がある。王子は祖父と同じように異端審問所を嫌った。王子はフランドル貴族の抗議に好意を寄せて彼等から問題を解決してくれると期待された。さらにグラナダの残留イスラム教徒を弁護した。」

彼の言葉はまだ続く。

「こうしたいろいろなことがある中で、カルロス王子と王妃イサベルとの恋愛沙汰が万事を決した。当初、フェリーペ2世はこの二人を結婚させる積りだった。しかし、二度目の妻であるイングランド女王メアリー・テューダー（在位1553〜58）に死なれると、今度は自分がイサベルを新たな王妃に迎えることに決めた。するとカルロス王子はイサベルへの想いを一段と募らせた。事の次第はエボリ公女を介してフェリーペ2世の耳に入った。この瞬間に異端者に親近感を抱いて陰謀を企て、またいまや恋のライヴァルとなったカルロス王子の運命は死と決まった。フェリーペ2世の父親としての良心の呵責は異端審問所が鎮めてくれた。異端審問官達は父親としての心情を国のために犠牲にするフェリーペ2世の決断を神の命令に従ったあのアブラハムのそれに勝るとし、(23)一様に人類の救いのために独り子キリストを死に至らしめた永遠なる神にフェリーペ2世を喩えた。審問官達の心がこのように決まった以上、カルロス王子の殺害までに長い時間は要しなかった。最初は王子の毒殺が試みられた。使われたのは効くまでは時間を要するが、効き始めれば速やかに死をもたらす毒だった。毒は王子が口にするものすべてに混ぜられ、また下着から衣服その他王子が手で触れるあらゆるものに撒かれた。だが、若くて健康な王子は毒に屈せず、また彼の命を守ろうとする側近達が毒を防ぐいろいろな手を打った結果、毒殺は失敗に終わった。そこで王子はどのような死を望むか自分で決めるようにと言われた。すると王子は最後の力を振り絞って父フェリーペ2世にいまここで流されようとしているのは陛下ご自身の血であることをお考えくださいと懇願した。これに対してフェリーペ2世は、自分の中に悪い血があれば医者の前に腕を伸ばしてそれを抜かせるだろうと冷ややかに答えた。(24)この言葉を聴いた王子は俄かに立ち上がり、自分がこれから死ぬための入浴の用意はできているかとお付きの者達に尋ねた。……浴槽に入った王子は全員に部屋から出るよう命じてから自ら腕と脚の静脈を切り開いた。そして肌身離さず首に掛けていた初恋のイサベル王妃の小さな肖像画を手にしてじっと見詰めているうちに、やがて死の痙攣《けいれん》が王子を襲った。」

「夫を裏切ったイサベル王妃にも同じ報いが待っていた。カルロス王子の死から数カ月もしないある日、王妃付きの女官のひとりだったアルバ公爵夫人がある薬を手に王妃の部屋に入ってきた。王妃が身体は悪いところはないから薬は飲まないと言うと、公爵夫人は無理にでも飲ませようとした。二人の言い争いを耳にして近くにいたフェリーペ2世が部屋に入ってきて先ず公爵夫人を叱った。すると彼女はお産を無事に済ませるにはこの薬を飲む必要があると医師達が申しておりますと答えた。これを聞いて王は大切な薬だから是非飲むようにと王妃を優しく諭した。王妃は陛下のお望みは私の望みでもありますと答えた。王妃は激痛と激しい嘔吐に苦しみながらその日の内に息を引き取った。お腹の子は死体で見つかり、頭蓋骨はほとんど焼かれていた。カルロス王子と同じく二十四歳になったばかりの王妃はその美しさが最も輝く年頃だった。」

『カルロス王子』アロンソ・サンチェス・コエージョ、マドリード、プラド美術館

サン・レアルは自著の序文で「本書はこの時代を取り上げたスペイン人、フランス人、イタリア人、フランドル人全員の作品に依拠している」と強調し、先に著作を紹介したド・トゥ、ドビニェ、ブラントーム、メズレやその他の名を挙げた。その中には重要なルイス・カブレーラ・デ・コルドバ、ファミアン・ストラーダ、バルタサール・ポレーニョという重要な三名がいた。この三人の作品とはカブレーラ・デ・コルドバの『スペイン王。フェリーペ2世のスペイン』（1619）、フランドル戦争の歴史家として知られるストラーダの『フランドル戦争20年について』（1632～47）、そしてポレーニョの『慎重にして極めて偉大で栄光に輝くスペインとインディアスの王フェリーペ2世の言行』（1639）である。

しかし、サン・レアルがいかにこうした当時の最も優れた歴史家達の資料に基づいて執筆したと言い張ったところで、彼の著作には到底あり得ないことや誤りが相次ぎ、当然、これが専門家の目に止まらずには済まされなかった。サン・レアルの作品から数ヶ月後に出版された匿名の『ドン・カルロスと銘打った小説に関する才気ある者の読後感』（1673）では数々の誤りが指摘された。さらに歴史家ニコラ・アムロ・ド・ラ・ウサーユは『歴史・政治・評論・文学の手記』の中で多くの誤りを指摘、少し間を置いてモルヴァン・ド・ベルガルドの『スペイン史』（1716）も同じだった。

だが、世論はこのような批判に無頓着だった。サン・レアルの『ドン・カルロス』は大評判となったばかりか、これに創作意欲を刺激された人がいた。トマス・オトウェイ（1652～85）とフリードリヒ・シラー（1759～1805）という二人の劇作家である。彼等の作品によってサン・レアルが書いたカルロス王子の伝説は広く知れ渡った。

サン・レアルの作品から着想を得たオトウェイの韻文劇『スペイン皇太子ドン・カルロス』は1676年にロンドンで上演されて大評判を呼んだ。だが、この評判は長続きしなかった。それから一世紀後、今度はシラーがこれまたサン・レアルに基づいて戯曲『ドン・カルロス』を書いた。1787年初演のこの作品ではテーマの小説的な面よりもイデオロギー的な面が強調された。そこではひとりの女性を巡る父と子の単なる恋愛対決が、父の頑迷さと宗教的な狂信によって抜き差しならぬ様相を呈していく。カルロス王子側に立つフランドルの反逆者は同時に異端者でもあった。啓蒙時代の人間としてシラーは作品の中で宗教戦争の影響を際立たせ、父子の争いよりも人間の良心に対する教会の圧力の非を訴えた。舞台で相対するのは片やフェリーペ2世と大審問官とその配下、とりわけアルバ公であり、もう一方はカルロス王子と側近のポーサ公である。このポーサ公というのはこの場に必要な役柄として創作された人物である。この二人が目指すのはスペインと異端審問所による政治と宗教両面の圧制からフランドルを解放することである。つまり、シラーの作品は思想の自由を専制政治と狂信とに対峙させる仕組みになっている。時がフランス革命期ということもあってシラーの作品はサン・レアルやオトウェイのそれを遥かに超える大きな反響を生み、フランス語には二度訳された（1822／1840）。だが、最終的に広く人々の前に伝説上のカルロス王子を知らしめたのは第二帝政の終り頃に公演されたヴェルディのオペラ『ドン・カルロ』だった。1867年の万国博覧会を機にヴェルディはパリのオペラ座からシラーの作品に基づくオペラの製作を依頼された。言語はフランス語で、少なくともバレエの一幕と大掛かりな舞台装置が条件だった。ジョゼフ・メリとカミーユ・デュ・ロクルの台本による五幕からなる初版はナポレオン3世（在位1852〜70）とユジェニー皇妃の臨席の下、1867年3月11日にパリで上演されたが、評判は芳しくなかった。しかし、同年10月27日のボローニャでの公演は大成功だった。

舞台の中のカルロス王子は友人のポーサ公ロドリーゴの進言を受けてアルバ公の攻撃に晒されているフランドルの防衛に身を投じる一方で、父フェリーペ2世の王妃となったイサベルを愛し続ける。嫉妬深いエボリ公女に裏切られたカルロス王子はかつて退位した祖父カルロス1世が隠遁生活を送ったジュステの修道院に身を隠す。1884年、ヴェルディは一幕を削除し、場面の一部を修正のうえ、台本のイタリア語版の作成をアシル・ド・ロジエールとアンジェロ・ザナルディーニに依頼した。この改定版は1884年1月10日、ミラノのスカラ座で上演された。ヴェルディの傑作のひとつとされる『ドン・カルロ』[25]は父と子の恋の対決にエボリ公女の嫉妬が絡んだメロドラマであり、同時に孤独な専制君主であるスペイン王フェリーペ2世が教会と大審問官の脅しに言いなりになるという政治悲劇でもある。愛国者で自由主義に与するヴェルディの思いはロドリーゴの声と他国に占領された祖国を悼むフランドルの議員達の嘆きとなって表現され、カルロス王子の悲劇的な運命を世論に訴える要素をすべて揃えている。

17世紀末以降、多くの小説家や劇作家がカルロス王子の悲運に着想を得て作品を書き、その数は概算するのも難しいほどである。フェリーペ2世を標的にしたオラニェ公の手になる数ある非難中傷の中で唯一今日でも生き続けているのがカルロス王子の死を巡るものである。その他の近親相姦・重婚・イサベル王妃の死などがすぐに忘れ去られてしまった中で、カルロス王子の死だけがいまも生き続けている理由はなにか。ヴォルテールはカルロス1世を尊敬し、フェリーペ2世を嫌悪した。フェリーペ2世を指す「南の悪魔」(Démon du Midi) という有名な言葉は彼の『諸国民の風習』(1756) の中の次の一節に出てくる。「ヨーロッパの南に位置するスペインの奥深くから他国を悉く翻弄したが故に人は彼を南の悪魔と呼んだ。」ヴォルテールはカルロス王子の死の問題を考えて見た時の戸惑いを同書の中でこう記した。「王子がどのように死んだかは誰も知らない……。父王が異端審問所を介して殺したという証拠はなく、またそのようなことはありそうにもない。」

それでもヴォルテールは次の二点が噂をもっともらしく思わせたと考えた。第一点は、フェリーペ2世への攻撃の先頭に立ったオラニェ公という人物である。同公はフェリーペ2世の不倶戴天の敵であり、またフランドルの反乱の指導者だった。確かにこうした敵の言葉をそのまま信じるべきではないが、一方ではオラニェ公は当時のヨーロッパで一目置かれていた人物だった。第二点は、フェリーペ2世の沈黙である。オラニェ公の非難中傷を無視して沈黙を守るのが賢明と考えたフェリーペ2世が一切の弁明も反論もしなかったことにヴォルテールは合点がいかなかった。彼は「これをフェリーペ2世の自尊心が成せる業ととるか、それとも真実であるが故にフェリーペ2世には返す言葉がなかったのか。それともおよそ返事などを書く人間ではなかったかのルイ14世はもとより、普通の人間でもその辺のやくざ者が書いたくだらない文書などにいちいち返事は出さないように、フェリーペ2世はオラニェ公の辛辣な攻撃を無視したのだろうか」と判断に迷った。そして「フェリーペ2世は少なくとも自国の誰かに金を渡して反論を書かせてもよさそうなものなのに、それもしなかったし、それにヨーロッパで誰一人オラニェ公に反論しなかったのもまったく不可解である」とした。フェリーペ2世は沈黙によって問題にされている犯罪に却って無関係ではないという印象を周囲に与えてしまったとするヴォルテールのこの観察は無理もない。確かにフェリーペ2世は沈黙によってなにか後ろめたいところがあるのだと受け取られた。ここで我々は人間の性格という難しい問題にぶつかる。

書類が好きなフェリーペ2世は官僚のような王だった。あのシマンカス文書館は国政に関わる文書は些細なものでも保管しようとした彼によって設立された。その一方で彼は個人の領域に関わると判断した文書は決して保存しようとしなかった。例えば、二人の娘イサベル・クララ・エウヘニアとカタリーナ・ミカエラとの間に交わされた手紙は本来ならば破棄されるところだったが、カタリーナ・ミカエラは父の意向を無視してサヴォワのカルロ・エンマヌエレに嫁ぐ際にトリーノに持っていった結果、後に同地で歴史家ルイ・プロスペル・ガシャール（1800〜85）によって『フェリーペ2世がポルトガルへ赴いた時にイサベルとカタリーナに宛てた手紙1581〜1583』として発見された。カルロス王子の死は個人の領域ではなく、国の命運に関わることだったが、息子が精神に異常をきたしていると公にする決心ができなかったフェリーペ2世の心境は同情に値する。

ヴェルディのオペラ『ドン・カルロ』がカルロス王子の一件をそれまでになく人目を惹く形で広めた同じ1867年に、この件を真面目に扱った最初の研究書がブリュッセルで刊行された。前述のガシャールによる『カルロス王子とフェリーペ2世』である。確かな論拠と冷静な判断によって書かれた同書は今日でも推薦できる良書であり、これ以後の研究はガシャールが1867年に書いた内容をさらに詰め、補充し、確認することはあっても、基本的な追加は見られない。なお、ガシャールの著作より数年早くウィリアム・H・プレスコット（1796〜1859）の三巻本『スペイン王フェリーペ2世の時代』（1858〜59）がロンドンで出版された。この中でプレスコットはカルロス王子の死を巡る根拠のない作り話と退けつつもフェリーペ2世が王子を暗殺させたとするのは16世紀以来の噂によるのではないかとした。これに対してプロスペル・メリメは長文の書評でこの解釈を退けた。同書評は雑誌『Revue des Deux Mondes』（1859年4月1日号）と『歴史回想録』（1927）とに二度、掲載された。

事件の真相

カルロス王子を巡って言われてきたことの真相は果たしてどうなのだろうか。ひとつ確かなのは、王子は心身共に病んでいたということである。これは決して不思議でない。1545年7月8日にバジャドリードで生まれた彼は一連の近親結婚の果てに生まれた。両親のフェリーペ2世とポルトガルから嫁いだマリーア・マヌエラは1509年以来トルデシージャスの城に幽閉されていた「狂女フアナ」を祖母とする従兄妹で、さらに遡るともう一人の精神異常者に突き当たる。カトリック女王イサベルの母親でポルトガル出身のイサベルである。またカルロス王子の従弟ポルトガル王セバスティアン1世も精神を病んでいた。カルロス王子はこのような遺伝の重荷を背負った人間だった。画家アロンソ・サンチェス・コエージョが1557年に描いた王子の肖像画は身に着けた立派な衣装をもってしても身体の異常を隠し切れていない。カルロス王子は奇形で、頭と体が不釣合いだったと言うメリメの言葉はまったく正しい。

幼い頃のカルロス王子は病気がちで、しばしば熱を出した。1562年4月、アルカラ・デ・エナーレスで勉強していた王子はちょっとした事故に遭い、もう少しのところで命を落とすところだった。またある召使と冗談を言い合っていて階段から落ち、頭部に怪我をした。出血がひどく、熱がなかなか下がらなかった。名医アンドレ・ヴェザールを含め十人ほどの医師と一人のモリスコの治療師が呼ばれ、ディエゴ・デ・アルカラ修道士の遺骨やアトーチャの聖母像などが病床に運び込まれた。にも拘らず、王子は5月5日に昏睡状態となり、死は間近に見えた。だが、穿孔手術の結果、体調は回復し、5月20日には熱もとれて6月の中頃には普通に歩けるようになった。だが、この事故の後の王子の健康は芳しくなくなった。

年代記筆者カブレーラ・デ・コルドバは『スペイン王フェリーペ2世史』（1619）の中で「王子は以前よりも聞き分けがなくなり、父君の言うことを聞かなくなった。そして身体のいろいろな部分、特に背中の具合が悪くなった」と遠慮がちに記している。王子が事故の前よりも怒りっぽくなり、乱暴で残酷になったことについては多くの逸話がある。例えば、狩りで捕えたウサギを生きたまま焼くのを見て悦んだり、エスピノーサ枢機卿がある喜劇役者に王子の前で演じるのを禁じると、王子は同枢機卿に刃物を突き付けて脅した。またある夜、王子が通りを歩いていた時、彼がいるのを知らずに窓から捨てられた水を頭から被ってしまった[26]。すると王子は即座にその家を焼き、住民を殺せと命じた。さらにフェリーペ2世が王子のために作らせた靴がきついと分かると、わざとそのように作らせたのだと父王を責め、靴を煮てから細かく切ってそれを靴職人に食べるよう強いたという。

王子の結婚が無期延期となったのはこうしたことが理由にあったのではないだろうか。カトー・カンブレジの和約（1559）の時点ではフランスの王女イサベルとカルロス王子の結婚が決められたが、最終的に王女と結婚したのはその前年に王妃メアリー・テューダーに先立たれたフェリーペ2世だった。一部には、これを根に持ったカルロス王子はほとんど歳が違わないとはいえ継母であるイサベルと秘密裡に関係を持ったとする意地悪な見方をする者がいるが、これはおよそ馬鹿げた話である。確かにイサベルはカルロスに親しくし、また深く同情もしていたであろうが、これを以って一気に二人を道ならぬ関係にあったとする小説じみた考えは飛躍が過ぎる。
健康をはじめいろいろな問題を抱えたカルロス王子だったが、トレードで開催された議会では王位継承者として承認された（1560年2月22日）。当時、フェリーペ2世は王子に政治的な任務を任せることまで考えた。同王はフランドルを去る前にカルロス王子をフランドルの総督に任命する積りだった。だが、間もなく考えを変えた。前述の本の中でカブレーラ・デ・コルドバは次のように記している。

「フランドル人が同国人からも外国人からも支配されることに不満を抱いていることを承知していた陛下は、ご自分の代理として王族の人間が好ましいとお考えになった。そこでカルロス王子を連れてこさせようとルイ・ゴメス・ダ・シルバ(27)をスペインへ向かわせた。時に1559年、カルロス王子は十四歳だった。王位継承者となれば当然、総督の任務を果たすべき人だったが、その異常振りからすべてが無に帰した。」

こうしてフェリーペ2世は自分の代理としてカルロス王子をフランドルへ派遣するのを諦めたのだが、迂闊にも派遣の考えを事前に匂わせていたために派遣の中止は王子の不興を買った。これ以後、不安定な気分と気紛れからくる王子の不満に政治問題が加わった。王子は自分が政治から遠ざけられていることに我慢ができず、公然と父を批判するようになった。彼としてはフランドルの反乱に立ち向かいたかったのかも知れない。また王子はひょっとして1565年の1月から4月にかけてエグモント公と、次いで翌年の6月にはモンティニ公と接触したのだろうか。この両名がフェリーペ2世に政策の緩和を求めてスペインへ赴いたことは事実である。しかし、彼等は反逆罪に問われ、この内、エグモント公はフランドルへ帰国後に捕えられてブリュッセルで斬首刑となり、モンティニ公もシマンカスで処刑された（1570）。カルロス王子が実際にこの内のどちらかと、あるいは両方と接触したのであれば、それが微妙な政治問題への干渉であることはどう見ても明らかだった。フランドル側が王子を通してフランドル政策を巡るスペイン内部の意見の対立を捉え、これを反乱に有利に活かせるとの結論を引き出すことがあり得た以上、フェリーペ2世が王子を咎めるのは当然だった。

いずれにせよ、フランドル問題を巡って父子の間に亀裂が生まれた。その一方でフランドル情勢は一時の猶予も許さなかった。フェリーペ2世が現地へ赴けば恐らく事態は収まったかも知れないが、これは幾度か発表されたものの、その都度延期となった。フランドル行きを拒んだことが事態の解決を不可能にしたとフェリーペ2世はこれまでにもしばしば非難されてきた。だが、こうした非難をする人はフェリーペ2世がスペインを発つ前に留守を託す人間を決める必要があった点を忘れている。

今日我々が知るところからすれば、カルロス王子にこの大任を託すのはまったくの論外だった。その結果、フェリーペ2世は最後にはフランドルの事態収拾の任をアルバ公に託したのである。この人選を知ったカルロス王子はこれを自分に対する侮辱と受けとめて激怒した。ここで再びカブレーラ・デ・コルドバの言葉に目を向けてみよう。

「アルバ公が選ばれたことで父王の許しの有無に拘わらずご自分がフランドルへ赴く希望が完

全に断たれたカルロス王子は大いに不満を募らせた。そしてアルバ公が出発前の挨拶に出向くと王子は同公に行ってはならぬ、行くのはこの自分であると怒りを込めて言った。そして公が言う通りにせずに言葉を返すならば殺すと言った。これに対してアルバ公はどうか心を鎮めてお身体に気を付けてください、殿下は陛下が亡くなればこの国を継がれる大切な方である以上、命を危険に晒してはなりません。……王子は短剣を抜くと、フランドルへ行くな、言う通りにしなければ殺すと言いながら切り掛かった。アルバ公は動じることなく王子の両腕をつかんでその動きを止めた。二人はしばらく揉み合ったが、息が切れた王子は一旦は公を振り払ったが、すぐに再び前よりも激しい勢いで公に切り掛かった。公が仕方なく王子を抑え付けた時、王子付きの廷臣が駆け付けて王子を引き離した。アルバ公が事の次第を陛下に報告すると、お二人は今回のことをはじめ王子のその他の異常な所業を嘆かれ、陛下とこの国のためにこのような不運を正す手立てはないものかと話し合った。そしていつかは時と共によくなることを来る日も来る日も期待したが期待はすべて外れ、この後で述べるように陛下のご心痛は深まっていき、遂に陛下は仕方なく思い切った手に出た。……父と子は互いに頑迷に言い分を変えず、和解は不可能だった。そこで不測の事故を防ぐために話は王子の幽閉に向けて動いていった。」

これはアルバ公がフランドルの総督に任命された１５６６年11月の出来事だった。自分の計画を諦められないカルロス王子はフランドル人がフェリーペ２世に不満を抱いているという自分なりの理由から反乱の先頭に立とうと考え、大公[28]（Grande）の位を持つ大貴族にフランドルへの旅費を求める手紙を書いた。１５６７年、クリスマスの２日前、王子は計画の実行を目前にしてファン・デ・

アウストリア[29]に船を探してくれるようにと頼んだ。当然、彼はこれをフェリーペ2世に伝えた。事ここに至ってフェリーペ2世は遂に王子と国家の双方のために決断した。王から意見を求められた法学者と神学者の結論は国王と王子の対立は国益を損ない、王子は出国してはならないという断固たるものだった。

年が明けた1月18日、カルロス王子が馬を手に入れようとする新たな事件が起きた。馬舎長は急いで馬具類を安全な場所に移してから王の許に駆け付けた。深夜の少し前、フェリーペ2世はフェリア公、エボリ公、サン・フアン修道院の院長、廷臣のルイス・キハーダを伴ってカルロス王子の部屋へ向かった。驚いた王子は「こんな時刻におなにごとですか」と叫ぶと、王はすかさず王子の剣を取り抑えた。王子は「私は狂人ではない、絶望しているだけです。父上は私を殺したいのですか」と言った。王子が貴重品箱に保管していた書類が没収され、窓は塞がれ、王子はエボリ公の監視下に置かれた。

この後、フェリーペ2世は国政会議、大公、市町村、ローマ教皇、諸王に宛てて事の次第は神と国のための措置であるとだけ伝えて詳細は語らなかった。ただ、カブレーラ・デ・コルドバの年代記によれば、妹のポルトガル王妃フアナには1568年1月20日付けの書簡で次のように心情を打ち明けた。「この決断に至った原因は、新たな苦しみと涙なくしては到底そなたにも語れないものである。」さらに翌21日付けでウィーンにいるもう一人の妹の皇妃マリーアにも「この決断の元は王子の不始末や不敬でもなければ、王子への処罰でもない。……発端と根は別の所にあり、その解決には時の経過も人の手立ても無用で、ひたすら深慮が求められる重大な件である」と認めた。それでもフェリーペ2世はカルロス王子が異端者でも反逆者でもないことだけは明言して、フランドル人がこの一件を容易に王子の異端や反乱の容疑に帰することのないように先手を打った。そしてその種の噂が流れ始めたら、速やかにそれを打ち消すのがアルバ公の任務となった。またある資料には「信仰の道を踏み誤った者達はこの一件を王子が異端の嫌疑を掛けられたからだと容易に言いたがるであろうから、この誤解を解くよう務めるべきこと、……同じく王子が反徒に好意を寄せたからであるとする者も見逃してはならない。そのようなことは一切なかったし、そもそものような憶測は畏れ多いことである」とある。

事実、カルロス王子は統治に求められる能力を欠いた人物だった。フェリーペ2世はローマ教皇に宛てた書簡の中で不幸にして王子の理解力と性格に重大な欠陥があり、統治はできないとして次のように書いている。「王子には物事を弁《わきま》えて真実を見極める能力が生まれながらにして欠けており、……私の後を継いだ暁には甚だしい不祥事が起きて万事が危機に陥るのは明らかでありますこれを有効な形で未然に防ぐにはこうする必要があったのであります。」

このようにカルロス王子の幽閉は国益を考えての決断だった。王子はマドリードの王宮で1568年7月24日に世を去った。暗殺を裏付ける証拠はまったくない。筆者がこう断言する根拠は七年間(1565～72)、駐スペイン大使を務めたフランス人レイモン・ド・フルクヴォーの言葉である。スペインにもフェリーペ2世にもまったく気を遣う必要のなかった彼の書簡は親展で、自由に意見を述べることができ、噂があればそれを伝えられる立場にあった。だが、彼が書いたもののどこにもカルロス王子の処刑や暗殺を窺わせる文言はない。王子の死は日頃の食習慣が原因だったと考えられる。彼は以前から言わばハンガーストライキのように食事を断つかと思えば、その後に馬鹿食いをし、同時に冷水をがぶ飲みした。カブレーラ・デ・コルドバによれば、自分の部屋の石の床に裸になって身を横たえ、また冷水でびしょびしょになったシーツに寝たと言う。これは恐らく七月のマドリードの猛暑のためだったのだろう。また八日もの間、王子は生のプラムしか口にせず、その間も冷水を飲み続けた。前述のフランス大使は、王子は三日か四日なにも食べないかと思えば、次にはもうこれ以上は無理となるまで食べ、その間にも氷水を飲み続けた。このために身体が衰弱して、食べたいと思っても食べられなくなったと記し、恐らくこれが死を招いたと考えた。カブレーラ・デ・コルドバもこれと同じことを言っている。

こうした無茶な食習慣が発熱・嘔吐・下痢を招き、医師達が下剤を投じても大した効果は得られなかった。知らせを受けたフェリーペ2世はすぐに王子の許へ駆け付けたが、王子を怒らせまいと王子に見られないようにした。そして静かに祝福の十字を切るとその場を離れていったが、その様子は深い悲しみの内にも安堵感が窺われた。遺言書を認め、終油の秘蹟を受けたカルロス王子は7月24日の明け方四時に息を引き取った。

確かにフェリーペ2世はカルロス王子の異常な振る舞いをなんとか食い止めようとし、また王子を政治から遠ざけることを心に決めていた。だが、王子殺害を命じたことは恐らくない。他方、フェリーペ2世はいざ国益が関わるとなると、今日の目から見ると残酷非道と言える決断を下す人間だった。先に触れたモンティニ公の悲運がこれを如実に物語る。公は1566年6月1日にマドリードに着き、その後すぐにベルゲス公が合流した。二人の使命はフランドル貴族の不満をフェリーペ2世に訴えることだった。彼等は丁重に遇されたが、帰国の意向を示すといろいろな口実によって引き留められた。両名にはオラニェ公と通じているとの嫌疑が掛かっていた。やがてベルゲス公は病死し（1567年5月21日）、モンティニ公は逮捕されてセゴビア城に幽閉された（1567年9月）。

その後、ブリュッセルのアルバ公から両人欠席のままいずれも大逆罪による死刑判決が下された旨の知らせが届いた（1570）。するとモンティニ公の身柄はシマンカスに移された。すでに死刑の執行を決めていたフェリーペ2世はこれによってフランドル情勢が悪化するのを懸念した。そこでモンティニ公に自然死を装わせることにし、まず告解の秘跡を受けさせた。1570年10月16日午前2時、モンティニ公は平民のように絞首刑に処せられた(30)。遺体は頸の傷を隠すためにフランシスコ会士の修道服を着せられてすぐに葬られた。これに満足したフェリーペ2世はアルバ公に次のように認めた。「すべて事は順調に運び、これまでのところ誰もがモンティニ公は病死したと思っている。よって、これから送る二通の書簡を素知らぬ振りで人の目に触れさせて貴地においてもそう納得させるようにせよ。」真相が明らかになったのは、事件から長い歳月が経ちシマンカス文書館で関連資料が発見された1848年のことだった。

この一件は、もしも他に解決法がなかったならば、フェリーペ2世はカルロス王子の殺害を躊躇わなかった可能性を示唆している。だが、解決法はひとつあった。カスティーリャの王位継承者でフェリーペ2世の祖母に当たる「狂女フアナ」の時に採られた解決法である。フアナもまた精神に異常をきたしていたために、母親のカトリック女王イサベルは遺言書の中でフアナが王位継承を拒むか、あるいは継承不能の場合は、夫のアラゴン王フェルナンドがフアナの名において国を治めるよう定めた。フアナから継承権を取り上げるといった発想はなく、フアナは王位を継承するが権力行使の座から遠ざけるという考えで、実際にその通りに事は運んだ。

当初、フアナの名において国政に当たったのは彼女の夫フェリーペ1世だったが、彼が1506年に死ぬと父親のアラゴン王フェルナンドが後を継ぎ、最後は長子カルロス1世が継いだ。この間、ファナは1555年に死ぬまで法的にはカスティージャ女王であり続けた。しかし、彼女は1509年以降、父フェルナンドによってトルデシージャスで幽閉状態に置かれ、1516年には息子カルロス1世もこれを再確認した。トルデシージャスでのファナは常時監視下にあり、外界から切り離され、誰の訪問も受けられなければ、誰とも連絡が取れなかった。これはすべて国益を考えてのことで、彼女に行動の自由を許せば危機を招く惧れがあった。事実、1520年、数カ月にわたって反徒コムネーロスはファナを解放してカルロス1世に対抗しようとした。

フェリーペ2世はこの前例を充分に心得ていた。そしてこれがカルロス王子の運命となったかも知れない。つまり、公式的には王位継承者という地位はそのままに父王の後を継ぐものの、いずれかの城に幽閉されて周囲との接触は断たれるという可能性で、実際に一時アレバロの要塞が考えられた。だが、フェリーペ2世がこの解決策を直ちに善しとしたとする証拠はない。ひとりの父親として息子の将来を考えた時の彼は悩み苦しんだに違いないが、同時にその堅固な責任感から能力に乏しい人間が国政の第一線に立つのを黙って見過ごすことは到底できなかった。

ところで最近刊行されたモレーノ・エスピノーサの『ドン・カルロス。黒い伝説の王子』（2007）によれば、カルロス王子はイサベル王妃との密通とフランドルの反徒との陰謀の廉《かど》で秘密裡に裁判に掛けられ、1568年2月23日に処刑されたという。同書が依拠する一次史料はファン・デ・アビレースなる修道士が書いた16世紀の文書で、その他はカブレーラ・デ・コルドバが17世紀初めに触れ、その後サン・レアルが改めて取り上げた噂で、これによればフェリーペ2世は反逆罪でカルロス王子の予審を命じたと言う。確かに異端審問所の大審問官でカスティージャ諮問会議の議長エスピノーサ枢機卿、エボリ公、ブリビエスカ法学士から成る委員会が設けられ、これの命令でかつてアラゴン王フアン2世が息子のカルロス皇太子を裁いた時の関係文書が参考資料としてバルセローナから運ばれてきたらしい。カブレーラ・デ・コルドバはこれら二件の関連文書は緑色の箱に入れられて1592年にシマンカスの文書館に保管されたと言うが、そのような箱は見つかっていない。こう見ると、カルロス王子の裁判は人々の想像の産物と断言できる。カブレーラ・デ・コルドバの言葉は17世紀初頭のスペインにおいてもこの種の噂があったことを物語っていると考えられる。なお、カルロス王子が死んだのは1568年2月23日ではなく、7月24日だったことははっきりさせておかなければいけない。

重婚、近親相姦、暗殺者など、オラニェ公によるフェリーペ2世に対する個人攻撃の内でどれひとつとしてこれまでに歴史家によって確認されたものはない。世論の大勢が現在でもフェリーペ2世を息子であり王位継承者だったカルロス王子の暗殺者と見るのは偏にヴェルディの作品の影響であって、裏付けとなる客観的な証拠はひとつもない。

1998年、フェリーペ2世の没後四百周年の折にスペインでは学術会議・展示会・関連図書の出版など数多くの行事があったが、フェリーペ2世を取り上げたこの時の書物はいずれも同王に関する黒い伝説をバラ伝説に塗り替えてその復権を目指すのではなく、異論の多いこの人物について均衡のとれた評価を目指していた。さまざまな国の専門家の研究結果から得られる印象は、フェリーペ2世はその血を引く後のルイ14世と同じく、容易には捉え切れない複雑な人物であり、国王という自らの責務について極めて崇高な概念の持ち主であったこと、そしてひとりの人間としては無論いろいろな欠点があったにせよ、彼は1580年にヴォルテールが描いたような「南の悪魔」などではなかった。

ここで最近二十年間にフェリーペ2世について新たな知見を提供している主な研究書を拙著を含めて発行年順に列挙する。

1. Parker, Geoffrey: *Philip II*, London, Hutchinson, 1979
2. Kamen, Henry: *Philip of Spain*, New Haven & London, Yale University Press, 1997
3. Fernández Álvarez, Manuel: *Felipe II y su tiempo*, Madrid, Espasa-Calpe, 1998
4. Pérez, Joseph: *L'Espagne de Philippe II*, Paris, Fayard, 1999
5. Escudero, José Antonio: *Felipe II. El rey en el despacho*, Madrid, Complutense, 2002
6. Vázquez de Prada, Valentín: *Felipe II y Francia. Política, religión y razón de Estado* (1559–1598), Pamplona, Eunsa, 2004

異端審問所

オラニェ公が糾弾した他の二点はフェリーペ2世への個人攻撃ではなく、その政策だった。彼はフェリーペ2世の政策の特徴は異端を容赦しない姿勢とアメリカの先住民を全滅に追いやった暴虐にあるとした。

今日、寛容を忘れたスペインが話題になる時、一般に思い付くのは異端審問所とユダヤ教徒への迫害であるが、これは確かにその通りである。ユダヤ教からの改宗者はコンベルソ（converso）と呼ばれ、彼等の一部が密かにユダヤ教に回帰して隠れユダヤ教徒（judaizante/criptojudío）となった事態への対応策として異端審問所が創設された。[31] そして1480年から1580年にかけて数千人が逮捕、名誉失墜、破滅の犠牲となり、この内の数百人は焚刑となった。こうした迫害に対して当時のキリスト教ヨーロッパはおよそ無関心だった。ヨーロッパはこうした事態に騒ぎ立てるどころか、カトリック両王がユダヤ教徒を国外に追放し、[32] キリスト教への改宗を装った者を法によって罰したことを両王に書簡を送って祝福した。この点では人文学者の長エラスムスを筆頭に当時の知識人にはプロテスタントを含めて異論はなく、ルターとても同じだった。ここで反ユダヤ主義や人種差別といった19世紀生まれの概念を持ち出すのは行き過ぎであるかも知れないが、ユダヤ教徒への当時の反感は確かに戦闘的だった。ユダヤ教徒はキリストを殺し、キリスト教の真理を認めようとせず、周辺の社会とは一線を画して暮らし、貧民を搾取する者として非難攻撃された。

こうした声はヨーロッパ中で広く聞かれた。スペインでもユダヤ教徒とは多少の差はあっても異端審問所から同じく胡散臭い目で見られていたイスラム教徒の子孫[33]に同情する人は稀だった。ここで忘れてはならないのはフランスがスペインよりも一世期早く1394年にユダヤ教徒の追放に踏み切っている事実である。すでに触れたフランスの歴史家ショーブは1615年4月23日付けのローマ教皇の勅書が14世紀末の追放令を当時も有効であるとしていたことを明らかにした。

フランスの世論はスペインの異端審問所の活動に対してかなり寛大だった。ショーブは先に触れた著書『スペイン化されたフランス。フランス絶対主義の根源』の中で「フランス文化のみが異端審問所の行動に怒りを覚えていたと考えることほど時代錯誤なことはない」としている。例えば、ジャン・ブシェーはその1598年の『崇高にして偉大かつ権勢あるスペイン王フェリーペ2世を追悼する祈り』の中で不信の徒・偶像を拝む者・イスラム教徒・ユダヤ教徒・異端者と闘ったフェリーペ2世を称讃した。確かにサン・ブノワ教会の司祭で後にパリ大学の総長を務め、さらにソルボンヌの修道院長となり、カトリック同盟を支持し、アンリ3世の暗殺に拍手を送り、アンリ4世の即位を悦ばず、また1595年には同王を暗殺しようとしたジャン・シャテルのための弁明書の印刷を指示したブシェーであってみれば、彼がフェリーペ2世のスペイン、とりわけ異端審問所の礼讃者であっても不思議ではない。彼にとって異端審問所はカトリック教会を守り抜く立派な機関だった。因みに、ブシェーの説教はパリがカトリックに改宗したアンリ4世を受け容れた1594年に死刑執行人によって焼き捨てられた。歴史家のシピオン・ドュプレクスはもう少し穏健だった。アンリ4世が嫡子と認知したアントワーヌ・ド・ブルボンの家庭教師を務め、1619年にフランスの修史官に任命された彼は『フランス全史』を著した。1621年から43年にかけて出版された同書には「歴代の異端審問官は一般に言われているほどには残酷でも冷酷でもなかった。つまり、世間が思っているほどの権限は持っていなかった」といった類の、スペインの異端審問所について好意的な記述が見られる。

プロテスタントの作家も同じだった。例えば、ごく早くにプロテスタンティズムに改宗したポプリニエールはその『1550年以降のフランス史』の中で、ユダヤ教徒とイスラム教徒がキリスト教に害をもたらす以上、キリスト教徒が自衛の策を講じるのは当然であるとした。こうした意見に反撥したユグノーの指導者達によって宗教会議の場に呼び出されたポプリニエールは、ユグノーの強硬派とそれまで自分を庇ってくれたアンリ4世との亀裂を回避するために自説の半分ほどを不本意ながら撤回せざるを得なかった。

17世紀後半のフランスでは一部の文筆家の間で異端審問所が果たした働きを評価することが流行

った。例えば、修道士イラリオン・コストは『エリザベトまたの名はカスティージャのイサベルの全き雄々しさとその生と死の歴史』の中で次のように書いた。「この点についてはイサベルとフェルナンドが設けた厳格な異端審問所がなければ、あの忌まわしくも呪われたイスラム教徒は聖俗両面にわたってなお一層の弊害をスペインにもたらしたであろうと言える。」

スペインにおけるユダヤ教徒とイスラム教徒への迫害をヨーロッパが大目に見たのは彼等異教徒の足跡がどれほどのものであり、またキリスト教にとって依然として脅威となっていると充分に分かっていたからだった。異端審問所の厳しい活動にヨーロッパは動揺しなかったし、オラニェ公もこの点では同じだった。本書の第1章で述べたように、15世紀末のイタリアでは、スペイン人はイスラム教徒とユダヤ教徒との長期にわたる共存から生れた混血民族であり、そのキリスト教信仰はおぼつかなく、到底キリスト教の防衛者には成り得ないといった類の風評が広まった。

こうした噂を『弁明の書』に引き継いだオラニェにとっては、そのようなスペイン人がキリスト教の防衛者然と振る舞っているのは腹立たしいことだった。つまり、ユダヤ教徒を攻撃するのならいいが、同じ方法で自分達キリスト教徒を攻撃するのはオラニェ公もプロテスタントも容認できなかったのである。15世紀の末に処刑された数千の隠れユダヤ教徒の運命にヨーロッパは心を動かされなかったが、1559年と翌年に遥かに少ない数のルター派の断罪は激しい怒りを招き、犠牲者の仲間達の間に強い同情と連帯意識を生んだ。

スペインのプロテスタント

正確に言えば、スペインにおけるプロテスタントに対する弾圧が始まったのは1559年より前だった。確かに16世紀の宗教革命はスペインには及ばなかったが、それでも特異な形の精神的な動きが見られた。その一例が先に触れた照明派で、精神生活に不安を抱く人々を惹き付けた。ルター派とかカルヴァン派といった本来のプロテスタントは終始ごく少なかった。エルンスト・シェフェル（1872〜1946）、ヘンリー・チャールズ・リー（1825〜1909）、ウェルナー・トーマス（?〜?）などによれば、1517年から1648年までの間に異端審問所によって捕えられたプロテスタントは二千六百人とされるが、その大多数はフランス人、イギリス人、フランドル人、ドイツ人で、スペイン人は稀だった。

16世紀末から17世紀に入ると、政治上の理由からスペインに寄港する外国人の商人や船員は騒ぎを起こさない限り黙認すべしとの命令が異端審問所に対して出された。また異端審問所の方も特にイギリス人については報復を警戒した。こうした中で最初に異端審問所を攻撃したのはフランシスコ・デ・エンシーナスとその兄弟ハイメとファンの三人だった。彼等はブルゴスの裕福な商家の出で、三人とも勉学のためにフランドルへ向かい、ここですぐに恐らくはメランヒトンの影響でルター派に惹かれた。ファンについての情報は殆どなく、ハイメはローマで逮捕されて異端の罪で焚刑（1546）となったことが分かっている。

彼等の中で最も名が知られているのはフランシスコで、エラスムスの校訂によるギリシア語版を底本に新約聖書を初めてスペイン語に翻訳してアンヴェールで印刷に付した（1543）。この時点ではまだカトリック教会との和解は可能と考えていたエンシーナスは自分の訳をカルロス1世に献上したが、すぐにこの期待は裏切られた。カルロス1世の聴罪師でドミニコ会士のペドロ・デ・ソートとの会見の後でエンシーナスは逮捕されたが、異端審問所には引き渡されなかった。そして

1545年2月のある日、牢獄の扉が開いていた。恐らく逃亡を暗に促すためだったと思われる。その後、彼はイングランド、バーゼル、ストラスブールを転々とし、最後はアウクスブルクでペストに罹って死んだ（1552年12月30日）。エンシーナスが偉大な人物と呼んで尊敬したメランヒトンに献呈した『スペインとフランドルの宗教情勢について』（1545）はフランソワ・デュ・シェンによって『フランドルとスペインにおける宗教史』と題してフランス語に訳され（1558）、第二版は『フランシスコ・デ・エンシーナス回想録1543〜1545』と改題してブリュッセルで発行された（1862〜63）。この中でエンシーナスはローマ教皇の教書・免罪符・自分の生地ブルゴスのキリスト像をはじめ奇蹟を呼ぶとされる聖像崇拝など、スペイン教会の逸脱点を指摘した。分けても異端審問所にその審問の対象範囲の広さ・秘密裡の審査・公開法廷・誤りを認めた者が着せられる悔罪服（sambenito）などを理由に厳しい批判の矛先を向けた。

エンシーナスはカルロス1世には敬意を抱いていたが、それでも彼が教皇と修道士、とりわけ当時の状況の元凶とされたドミニコ会士の言いなりになっていると嘆いた。彼の目に映る異端審問官はおよそ人間らしさを欠き、贅沢に耽り、出掛ける時は必ず護衛を従えて民衆を怖がらせ、復讐の女神のようにスペインを略奪し、悪魔を拝む怪物であり、その頭の中にあるのはひたすらいかに富める者から財産を奪い、その魂を永遠の滅びに陥れることだとした。確かに審問官の行動はすべて極秘とされ、その権力たるや一度捕まると再び自由の身となるのは困難だった。訴えられた者は誰によって如何なる理由で訴えられたのかを知らされず、自分に不利な証言をするのが誰かも知り得なかった。こうした異端審問所の在り方は隠れユダヤ教徒の根絶のためには必要だったが、この目標が達成されてしまえば異端審問所は無用となる筈だった。だが、そうとはならず、あらたにキリスト教徒が審問の対象となると、エンシーナスはこれは到底受け容れられないとした。そしてギリシア語学者でトレード大司教座の参事会員ファン・デ・ベルガーラ、カルロス1世の秘書を務めたアルフォンソ・デ・バルデースと第1章で触れた人文学者ファン・デ・バルデースの二人の兄弟、新設のアルカラ大学の初代学長となったペドロ・デ・レルマ、フランシスコ会修道女マグダレーナ・デ・ラ・クルースなどの名を挙げて、彼等に対する異端審問所の追及を非難した。エンシーナスがこの最後の修道女の名を挙げた理由は分からないが、周囲から超能力者と信じられていた彼女は異端審問所に逮捕されるとすべては偽りだったと告白し、寛大な処分を受けた。その他はすべてエラスムスの影響を受けた人達で、正確にはルター派の人間ではなかった。バルデース兄弟は一度も正式に異端審問所に追われたことはなく、ベルガーラとレルマは公式の場で自説を撤回するという屈辱を強いられたものの、どちらも厳罰には処せられなかった。

後で触れる1559年のバジャドリードとセビージャでの公開法廷以前に死刑判決を受けたプロテスタントは、実際のところ、すでに1530年にグラナダで処刑されたファン・ロペス・デ・カライン一人だけだった。当時はまだ照明派もルター派もこれといった動きはなく、彼の処刑の原因は不明である。ところが不思議なことにエンシーナスはカラインには触れていない。彼の処刑を知らなかったのか、それとも照明派と見なして関心の対象から外したのだろうか。確かにベルガーラのような一流の人文学者達にとっては無学か独学の徒に過ぎない照明派と一緒にされるのは耐え難いことだった。

もっと詳しいのはドリアンデルという偽名でエンシーナスが書いたとされるもうひとつの本で、バーゼルかジュネーヴで1560年から65年の間に刊行された『現代のスペインで真のキリスト教

ル・バタイヨン（1895〜1977）はその『エラスムスとスペイン』（1937）の中で彼等はむしろエラスムス主義者だったと考えた。しかし、現在、知られている証拠から見ると、1559年と翌60年に有罪判決を受けた者が実際にルター派だったことに疑問の余地はない。彼等はルターを崇敬し、信仰による義化と予定説を信じ、煉獄の存在を否定し、洗礼と聖体の二秘蹟のみを認め、パンと葡萄酒の二つの外観で聖体を拝領し、ラテン語ではなく民衆の言葉でミサを行ない、聖人と聖像の崇拝と贖宥を拒否した。後にバジャドリードで有罪となるベアトリース・デ・ビベーロはセビージャでの摘発を知ると、身を隠す必要のない信仰の自由を求めてスペインから逃れてドイツへ行くことを考えた。

事実、1549年のヒルの逮捕と裁判にセビージャでは人々は動揺した。危険を感じた幾人かはパリ、フランドル、あるいはスイスへ逃れるのが賢明と考えた。1552年、ヘロニモ会の修道士十二人もまた国外逃避の道を選んだ。彼等のほとんど全員の人形が1562年に火で焼かれた。その内の三人は人柄と教養と著作からヨーロッパで信仰を同じくする者達の称讃と尊敬の的となった。彼等の中で最も優秀だったのはカシオドーロ・デ・レイナである。スペインから逃亡した彼は先ずジュネーヴに移ったが、ここでは異端審問所のスペインと変わらない狂信的な雰囲気を感じて落ち着かなかった。彼はカルヴァンの不寛容な姿勢を批判し、かつてセルベートがカルヴァンによって火刑に処せられた広場を通る度に涙を流した。そこでロンドンに移ったが、ここでは男色その他の淫らな日常を責められ、さらにセルベートの主張に同調的な発言を相手構わず口にしたために異端の嫌疑で裁判に掛けられそうになった。そこで今度はフランクフルトへ逃げ、ここでルター派に接近した。その後、身に掛けられた嫌疑を晴らすために1578年に再度ロンドンに渡ったレイナはここでカルヴァン派の一員となる旨を文書で表明した。彼の名を有名にしたのは、ヴルガータ版からではなく聖書の原語からのスペイン語訳で、1569年にバーゼルで印刷に付された。もうひとりはシプリアーノ・デ・バレーラで、数冊の本を書いて論議を呼んだところから「スペインの異端者」(hereje español) の異名を取った。彼はカルヴァンの『キリスト教綱要』(1536) をスペイン語に訳し、またレイナの聖書のスペイン語訳に目を通して1602年に再版した。三人目はアントニオ・デル・コーロで、ナヴァール女王ジャンヌ・ダルブレ3世に随いてボルドーとトゥルーズにしばらく滞在した後に、先ずスイスに逃れ、その後アンヴェールに移り、最後は1567年にロンドンに落ち着き、ここで死んだ。彼はアンヴェールで出版した『我等の救い主イエス・キリストの一僕の書簡と親切な戒め』の他に『スペイン国王陛下への書状』を書き、この中で信仰の自由を力説した。

スペインのプロテスタントが蒙った迫害の様子がヨーロッパで広く知られるに至ったのは、なによりもスペインから逃れたこのような彼等を介してであった。ジョン・フォックス、すでに触れたクレスパンとこの後で触れるモンタヌスなどが著したプロテスタント殉教者伝がこのことを物語っている。

『殉教者伝』

イングランド人ジョン・フォックスは女王メアリー・テューダーによる迫害を逃れてオランダに亡命した。版を重ねた彼の作品によれば、「血まみれのメアリー」(Bloody Mary) と仇名された彼女のプロテスタント迫害によって異端の罪で焚刑となったプロテスタントは二百八十三名だった。フォックスの当初の構想はこの時の迫害の犠牲者に始まるイングランドの不寛容の歴史の執筆だった。だが、構想は研究が進むにつれてロラード派（lollards）と蔑称されてリチャード2世による厳しい弾圧に遭ったジョン・ウィクリフの信奉者達からボヘミアのヤン・フスやイタリアのジロラモ・サヴォナローラへと、時代と場所を越えて広がっていった。彼の『キリスト教会の中の出来事についての記録』は1554年と59年に出版された。そして1563年には第三版が『殉教者伝――行為と記録』と改題、エリザベス女王への献辞を添えて刊行された。同版は迫害の犠牲者に加えられた拷問や虐待を描いた五十枚ほどの木版画が付いていたことと、政府公認の殉教者伝となった二つの理由から忽ちの内に人々に知れ渡った。すべての教区は信者が読めるように同書の購入を義務付けられ、この結果、フォックスの『殉教者伝』は英語圏では誰もが知る本となった。かのフランシス・ドレイクはこれの一冊を持って1577年に出航し、1587年にカディスを襲った時の成果の一端はフォックスのお蔭だったと感謝した。同書の第五章では13世紀初めに教皇インノケンティウス3世がアルビ派の異端撲滅のために創設した異端審問所の当時の裁判の模様や用いられた方法が描かれた。だが、スペインに関する個所には隠れユダヤ教徒への言及はなく、拍子抜けするような内容である。これが出てくるのは18世紀初めの再版で、この中で1682年にマドリードで行なわれた公開法廷で断罪となったひとりの若いユダヤ教徒の女性の例が初めて言及された。代わりにフォックスはカルロス王子の一件を取り上げ、異端審問所と闘った末に命を落とした有能な若者として描いた。スペインのプロテスタントについては、フォックスは充分な情報が得られなかったらしく、1559年のバジャドリードの公開法廷については一言も触れていない。そしてセビージャでの二回目の公開法廷（1560年12月22日）については、被告の中に数週間前にカディスで他の数人のフランス人とスペイン人とサザンプトン出身のもうひとりのイングランド人と共に捕らわれたロンドンの商人ニコラス・バートンがいると言うに止まっている。ところがフォックスはポンセ・デ・ラ・フエンテについては長々とページを割いている。これは明らかに先に述べたセビージャから逃亡した彼等の弟子達の内の誰かから詳しい情報を与えられた結果である。

ジュネーヴの印刷業者クレスパンの著書『殉教者伝』も同じ頃の本である。初版は1554年で、後に64年と70年に再版された。そして最後は牧師シモン・グラール（1543〜1628）によって大幅に追補されて1582年と1619年に刊行された。カルヴァンの支持を期待して同書を書いたクレスパンの意図はカトリック教会による残虐行為の全貌を示すよりも殉教者の称揚にあった。そしてスペインの状況を訴えるために彼とその後継者は特にポンセ・デ・ラ・フエンテとセビージャでの最初の二回の公開法廷（1559〜60）を詳細に描いた。

先に触れたエンシーナスの『スペインとフランドルの宗教情勢について』はさほど読まれなかったが、その一方で1567年にハイデルベルクでラテン語版が出版され、翌68年にはフランス語と英語に訳され、69年にはオランダ語訳が続いた『スペインの聖なる異端審問所の多様な手口の実相』は大いに読まれ、この後も幾度か再版された。因みに、同書のスペイン語訳はずっと遅れて1851年にサンティアゴ・ウソース・イ・リーオによって全集『スペインのプロテスタント』の第五巻に収録され、最近ではニコラース・カストリージョ・ベニートによる校訂版（1984）がある。同書の著者名レギナルドゥス・ゴンサルヴィウス・モンタヌスの下には1557年にセビージャから逃亡した修道士の内の一人カシオドーロ・デ・レイナまたはアントニオ・デル・コーロの名が隠されている。ここでひとつ些細なことだが、シェイクスピアの『ハムレット』の初版

（1603）の登場人物の一人はモンターノを名乗り、その後の版ではレイナルドに名前が変わっている。このモンターノ別名レイナルドはレギナルドゥス・モンタヌスに他ならず、彼の作品のイングランドでの評判のほどを窺わせる。この作品は三部から成り、第一部では異端審問所の機能が説明され、第二部では具体的な事例を基にバジャドリードとセビージャでの異端審問所のさまざまな活動が語られ、第三部ではセビージャでの公開法廷で断罪となった十五人の名が取り上げられる。その内、ヒル、ポンセ・デ・ラ・フエンテ、ファン・ペレスはそれぞれの人形で焼かれ、少なくとも説教師のファン・ゴンサレスとイサベル・デ・バエナの二人は生きたまま火炙りとなった。フォックスの本と同じくモンタヌスの本には、プロテスタントに加えられる残虐行為、裸の女性を目の前にして拷問を指示するサディスティックな異端審問官などを描いた木版画が説明文に添えられていた。

ここで特に注意を惹くのはヒルとポンセ・デ・ラ・フエンテという二人のセビージャの知識人の大きな存在である。反イエズス会士（Antijesuita）の異名を持つジョアキム・ウルシヌなる人物が編纂し、『スペイン異端審問所と処刑者の財産没収』と題してアンヴェールから出版されたモンタヌスの作品を読んだピエール・ベルはその『歴史評論事典』（1696）の中でポンセ・デ・ラ・フエンテに一文を割いて次のような熱烈な讃辞を呈している。「彼は極めて立派な人物だった。……フェリーペ2世に随行してイングランドに行き、恐らくここでプロテスタンティズムに惹かれた。その結果、異端審問所に逮捕されて斬首刑を言い渡されたが、公開法廷を待たずして死んだ。もし生きていれば、彼の処刑は人々に感銘を与えたであろう。」スペインの歴史家達は彼は自殺したと見ているが、病死だったとする声もある。だが、彼の人形が公開法廷の日に焼かれた点については異論はない。クレスパンの『殉教者伝』には「ファン・ヒル、コンスタンティーノ・ポンセ・デ・ラ・フエンテ、フランシスコ・デ・バルガスはほとんど時を同じくしてスペインに立ち込める暗雲に気付いた最初の人物だった。人々は彼等を真実を支える三本の柱と呼んでいる。……彼等はセビージャで熱心に教えを説き、大きな成果を上げた」とある。なお、三人目のフランシスコ・デ・バルガスはヒルとポンセ・デ・ラ・フエンテとは同級で「三人はアルカラ大学で共に学んだ大変に学識豊かな人物だった。」バルガスについては、セビージャで説教師を務め、ヒルが逮捕される前に1550年頃に死んだという以外にこれといった情報はない。

以上見てきたように、16世紀末にヨーロッパに流布し、オラニェ公の『弁明の書』が拍車となって大きな反響を巻き起こすことになるスペインの異端審問所に関する情報は基本的には当のスペイン人プロテスタントがその情報源だった。そこで次のような幾つかの点が指摘できる。

第一点は、スペインの異端審問所がなによりも標的としたユダヤ教徒と隠れユダヤ教徒への言及はゼロとは言わないまでも極めて稀で、関心が専らプロテスタントに向けられていること。確かに、プロテスタントの幾人かは、例えば、ポンセ・デ・ラ・フエンテのように、彼の先祖はユダヤ教徒だった。ピエール・ベルはこれを知っていたが、この点についてなにも言っていない。

第二点は、今日の歴史研究とは逆にバジャドリードのルター派よりもセビージャのそれに関心が向けられていること。現在では研究に限らず小説でも1559年5月21日の公開法廷で死刑となったアグスティン・デ・カサージャをモデルにしたミゲル・デリーベスの小説『異端者 El hereje』(1998)に見るように、バジャドリードで有罪とされた人物に関心が向けられる。これには幾つかの理由がある。まず当時はバジャドリードに宮廷が置かれていたこと、次いで1559年10月8

日の公開法廷がフェリーペ2世臨席の下で行なわれたこと、そこで裁かれた重要人物の一人がルター派の嫌疑でこの前年に逮捕されたスペイン教会の首座であるトレード大聖堂の大司教バルトロメ・デ・カランサだったことなどである。[35] 一方、16世紀から17世紀にかけてセビージャが注目されたのは、ヨーロッパのプロテスタントの情報源となったのがセビージャからの逃亡者だったからと理解される。

第三点は、フォックスやクレスパンの『殉教者伝』では専ら公開法廷の前に死んだためにその場にいなかったヒルとポンセ・デ・ラ・フエンテの二人だけが取り上げられ、実際に処刑された者達は忘れられて一言も触れられていないこと。これはなぜなのか。信仰のために法廷で裁かれ、そして信仰を守るために殺された彼等は全員、クレスパンが殉教者とする二つの条件を満たしていた。クレスパンは「殉教者を生むのは刑罰ではなく罪状である」(Martyrem non facit poena, sed causa) という聖アウグスティヌスの言葉を知っていた。これを厳密に法的な定義と捉えれば、単なる殺人者によって殺された聖バルテミーの夜の虐殺の犠牲者は殉教者の列から外されることになるが、虐殺の三カ月前に死んだクレスパンにはこの点で思い煩う必要はなかった。先に触れたグラールはこれを不当として聖バルテミーの夜の虐殺の犠牲者を殉教者に含めた。しかし、ホセ・デル・オルモは1680年6月30日のマドリードでの公開法廷の記録の中で先の聖アウグスティヌスの言葉を想起しつつ、有罪となった者達の勇気に感嘆する声を「狂信を殉教と混同してはならない」と諫め、改めて「殉教者を生むのは死ではなく罪状である」とした。確かに死刑と決まったセビージャでの公開法廷での二人を除いてその他は最後になって前言を翻した。本当に改心したのかそれともなんらかの計算があったのか、その動機はともかくとして、彼等は生きたまま火に焼かれることは免れた。

事実、異端審問所の規定ではカトリック教会と和解した者は火刑に先立って絞首刑とすると定められていた。この理由から彼等セビージャの受刑者達は殉教者の条件を剝奪されたのだろうか。

それにしても1559年9月24日に生きながら焚刑となった説教師のファン・ゴンサレスと翌年12月22日に同じ運命に見舞われたイサベル・デ・バエーナの二人にはこうした説明は充分ではない。前者については情報が乏しく、そのために殉教者伝に加えるまでもないとされたのではないか。そしてセビージャの自宅でルター派の集まりを開いていた後者についても、おそらく同じことが言えるだろう。因みに、モンタヌスは1559年9月24日に死刑となった二十一歳のマリーア・ボオルケスに簡単に触れている。彼女はラテン語に精通し、ヘブライ語と神学にも多少通じていた。そしていま異端審問所の法廷で審問官の脅しや拷問にも屈せず主張を変えなかった。そこで遂に審問官達は自説を正式に撤回する代わりに使徒信経（Credo）を唱えれば善しとしようと言った。ボオルケスは言われた通りに使徒信経を唱えたが、唱え終わった途端にこれのルター流の解釈を口にした。これを耳にした刑吏は即座に首に巻いた綱の棒を一回転させて彼女の息の根を止めた。この一件を基に書かれたルイス・グティエレスの小説『異端審問所の犠牲者コルネリア・ボロルキア』（1802）は大きな反響を呼んだ。だが、フォックスもクレスパンも彼女の運命には関心を寄せなかった。

第四点は、フォックス、クレスパン、その他の本の著者もスペインではプロテスタントが大した存在でないことは充分に知っていたので、大々的に扱うのは不要と考え、その代りに彼等の関心を惹きつけたのが異端審問所だったこと。異端審問所はフランドルでは1566年に一部の人がその導入を惧れ、あるいはヨーロッパ中がスペインの後に続くかも知れないと思われた。カトリック信

1570年頃フランドルで出回った、スペイン人の残虐な行為を表す版画

仰の防衛を標榜するスペインと異端審問所の脅威に直接晒されたフランドルのプロテスタントにフランス、イングランド、ドイツのプロテスタントが連帯する形でいまやヨーロッパ中のプロテスタントが挙って反対に立ち上がるという構図が出来上がろうとしていた。これこそがオラニェ公が求めていたことだった。当時、ヨーロッパに流れていた情報を使ってそれまではまとまりを欠いていたテーマを選択した彼は首尾一貫した効果的な宣伝体系を作り上げた。先に取り上げたさまざまな本は当時はまだ統一を欠いていたプロテスタント側の心理戦の武器となった。対するカトリック側も手をこまねいてはいなかった。反撃は16世紀の後半に始まった。大陸部に亡命したイングランド人カトリックのリチャード・ヴァーステガンが1587年にアムステルダムで先ずラテン語で出版、翌年にはフランス語に訳された『現代の異端者の残酷劇』はイングランド、フランス、フランドルでプロテスタントによるカトリックへの残虐行為を描いた二十九枚の版画が付いていたために大きな反響を呼んだ。

異端審問所の実態

プロテスタントの作家やオラニェ公による異端審問所への攻撃はこれが自分達の仲間にとって脅威であるとの考えに基づいていて、ユダヤ教徒が実際に置かれていた状況には無関心だった。ところが17世紀末、一人のフランス人医師がインドのダマンでポルトガルの異端審問所に逮捕されるという事件が起こった（1673）。彼シャルル・ドゥロンの罪状は不謹慎な発言と聖像崇拝への批判で、ゴアの異端審問所から禁固四年の判決を受けた。釈放されてから十年後、彼は『ゴア異端審問所の報告』（1687）を著した。同書は翻訳と再版を繰り返し、ヴォルテールの『カンディド』

（1759）の出典のひとつとなり、1997年にはパリで校訂版が出ている。

ドゥロンはルター派という評判だったが、その不運には一部のカトリックも心を痛め、世論は審問官の尋問方法・悪辣・狂信に憤激した。これを機に生まれた変化は、リスボンで生きながら火に焼かれた十八歳のユダヤ教徒女性の一件を知ったモンテスキューの『法の精神』（1748）の第二五巻の十三章にある「スペインとポルトガルの異端審問官へ向けた極く控え目な戒め」に読み取れる。すなわち、「信じるところは諸兄と些かも変わらない我々だが、諸兄が信じるものすべてを信じるわけではない我々に諸兄は死を以って臨む」、そして「諸兄は我々がキリスト教徒であることをお望みだが、諸兄自身はキリスト教徒であろうとはなさらない」と、キリスト教の擁護を自負する異端審問官達を非難し、それまでカトリックもプロテスタントも知らなかった「寛容」という新しい概念を生み出した。

モンテスキューによれば、宗教にあっては寛容と是認とでは大きな違いがある。そしてヴォルテールは寛容の名の下にカトリックとプロテスタント双方の狂信を非難し、その『寛容論』で次のように書いた。「お前は私が信じるものを信じよ。もし信じられないのであれば、お前は死ぬことになる。ポルトガルやスペイン、そしてゴアではこう言われるのである」と書いた。また彼はジュネーヴでカルヴァンによって火炙りとなったミゲール・セルベートの処刑は人権を無視した犯罪であり、儀式化された殺人そのものだったと非難した。そして聖バルテルミーの夜の惨劇は狂信の徒の仕業であるとされた。

情勢の変化がまだここにまで達していなかったアングロサクソン世界では、プロテスタントを激しい敵意を以って容赦なく断罪したスペインの異端審問所への指弾が依然として続いた。だが、その一方で異端審問所がなによりもユダヤ教徒を標的にしたことは容易に忘れられていた。長老教会の牧師トマス・マックリーの『16世紀スペインにおけるプロテスタンティズムの伸張と弾圧』（1829）からこのことが読み取れる。そして米国の歴史家プレスコットは同書を参照史料に加えながらカトリック両王とフェリーペ2世の時代について三巻本『スペインのカトリック両王フェルナンドとイサベル期の歴史』（1837）と、同じく三巻本『スペイン王フェリーペ2世期の歴史』（1855〜59）を著した。プレスコットは確かに異端審問所が15世紀末に隠れユダヤ教徒の摘発を目的に設けられたとしてはいるが、その眼は専ら後のフェリーペ2世時代のプロテスタントへの弾圧に向けられている。因みに、前出の二番目の著作はロシア語に訳され（1858）、そこに描かれた大審問官にドストエフスキーは着想を得た節がある。

スペインの異端審問所が主な標的としたのはそもそも初めから取るに足らない数のプロテスタントではなかったことがアングロサクソンの間でようやく認められるにはすでに触れたヘンリー・チャールズ・リーの『中世の異端審問史』（1887〜88）と『スペインの異端審問史』（1906）の出版まで待たなければならなかった。つまり、オラニェ公とその情報提供者と彼等に続いた者達は、異端審問所がなによりも摘発の対象としたのはプロテスタントではなく改宗を偽った隠れユダヤ教徒だったという本質的な点を三世紀以上にわたって巧みに隠しおおせたのである。

さらにもうひとつオラニェ公の『弁明の書』とその他のプロテスタントの手による文書が訴えるのはスペインの異端審問所はことのほかに残忍で、その犠牲者は数十万に上るという点である。この主張は度を超えており、異端審問所の弁護側はこれまでにも常にこの点を指摘してきた。では、一体、何人が犠牲となったのか。冷静なものか否かはさて置き、少なくとも客観的な数値は最近三十年間の研究から窺い知ることができる。19世紀初頭、フアン・アントニオ・ジョレンテ[36]はその『スペイン異端審問詳史』（1817〜18）の中で初めてこの問いへの正確な答えを試みた。異端審問所の役職にあった彼はその資料に精通していた。そして異端審問所が創設された1480年から1815年までの犠牲者数を三十四万五百九十三人とした。そしてこの内の三万一千九百十三人が火刑、一万七千六百五十九人が人形で焼かれ、二十九万一千二十一人が和解または軽い刑に処せられたという。

ジョレンテはトマース・デ・トルケマーダが初代大審問官の任にあった1483年から98年までの時期の弾圧が特に厳しかったと言い、八千八百人がどうやら焚刑に処せられ、九千六百五十四人がさまざまな刑を受けたとした。だが、これらの数字について19世紀の中頃に反論が出て、中でも前述の米国の歴史家リーがジョレンテの算出方法に疑問を呈した。つまり、関連資料が連続していないためにジョレンテはいろいろな年代記に記された数字から年平均の数を割り出し、情報が欠けている年にはこれを当て嵌めたのである。これは異端審問所の活動が毎年同じだったという想定に立って初めて成り立つことで、実際はそうではなかった。またジョレンテは故意ではなかったにせよ、犠牲者の数を大幅に水増しした。

犠牲者数の把握に向けてのスペイン近代史のハイメ・コントレーラス教授とデンマークのグスタフ・ヘニングセン教授の二人による真摯な研究の結果は「近代ヨーロッパにおける異端審問所の史料と方法に関する研究」（1986）に掲載された「スペイン異端審問所が1540年から1700年までに裁いた四万四千件。データバンクの分析」に見ることができる。二人は審問記録から1540年から1700年までの間に異端審問所は四万九千九十二人を裁いたとし、この数とその前後の数を合せて慎重に計算した結果、全体数を十二万五千人と結論付けた。これはジョレンテが挙げた数の三分の一である。そしてこの内の二十七パーセントは冒瀆罪、二十四パーセントがイスラム教徒、十パーセントが隠れユダヤ教徒、八パーセントがルター派、そして最後は同じく八パーセントは魔術その他さまざまな迷信が告訴の理由だった。次いで科せられた刑については、コントレーラスとヘニングセンは三・五パーセントが死刑判決を受けたものの、実際に処刑されたのは一・八パーセントだけで、残りは人形が焼かれたと見る。

以上を言い換えれば、1540年から1700年までの間に死刑となったのはどうやら八百十人ということになる。無論、1540年以前の死刑の数は非常に多く、1700年以後も数件あったことは知られている。それにしても異端審問所の歴史を通して死刑判決を受けてその後に処刑された人数は一万を下廻ると見るのが妥当な結論になる。上に挙げた数字は今日でも通常言われる数字とは大分掛け離れている。ここで比較までに言えば、ヨーロッパの宗教戦争での死者は数万人に及んだと見られ、聖バルテルミーの夜だけでもパリでの死者は少なくとも三千人を算えたと思われ、これにフランスの他の町での死者の数が加わる。[37]

ならば、スペインの異端審問所は簡単に言えば寛容を忘れた宗教戦争の時代特有の出来事のひとつに過ぎず、従って、ことさら非難するには当たらないと言えるのだろうか。異端審問所が犯した行き過ぎた行為の赦しを訴えた教皇宣言『記憶と和解』（2000年3月12日）からは異端審問所の歴史を相対化して些いなことだったとする意図が読み取れる。この中で教皇ヨハンネス・パウルス2世（在位1978〜2005）は異端審問所は教会史の痛ましい時期に創設されて機能したと認めている。しかし、前述の宣言を読むと、異端審問所が犯した行き過ぎた行為は確かに痛ましくはあっても、その事例は最終的には同じ頃に他の宗教に見られたほど数は多くはなかったと見ている感がある。意図的であるか否かは別として、これはスペインの異端審問所を些事と見て放免することに繋がる。ここで忘れてはならないのは、スペインの異端審問所はあの時代に他にも見られた不寛容の具体例とは違っていたと言うことである。そしてたとえ従来言われてきたほど非情残酷ではなかったにせよ、ヨーロッパにも同じような機関があったと言うのは正しくない。この視点に立てば、1937年のエラスムスについてのマルセル・バタイヨンによる次の明確な指摘は正鵠を射ている。

「スペインの異端審問所で際立つのは残酷さよりも官僚・警察・司法が一体化した組織であった点にある。信仰勅令が国民全員に国の信仰に抵触する行為の告発を義務づけた結果、誰もが好むと好まざるとに拘わらず異端審問所の活動の一端を担わされていたのである。」

こうした特徴を具えていた以上、他の国との比較は説得力を失う。確かにスペイン以外の国でも寛容を忘れた声が沸き起こる度に何千人もの犠牲者が出たが、その前後には曲がりなりにも長い平和な時期があった。他方、スペインでは死者の数こそ少ないものの、ここでは不寛容は制度として組織化されて政治の一端を占めた。異端審問所はその仕組みからして恐るべき機関だった。目的を宗教に置きつつも国家の権限の下に置かれた結果、その法廷は聖俗両界に跨り、幾つかの面では近代の全体主義を予感させるところがあった。オラニェ公の時代、たとえそこには悪意があったにせよ、スペインの異端審問所が周囲の怒りを買ったのは無理からぬことだった。

アメリカ先住民の大量虐殺

オラニェ公の『弁明の書』は「スペイン人は二千万もの人間を無慈悲にも死に追いやった」と言う。彼のスペインへの攻撃を締め括るのはアメリカ先住民の虐殺である。元よりオラニェ公のこの言葉の背後にあったのは先住民への同情ではなく、フェリーペ2世の権勢を切り崩したい一念だったことは間違いない。道徳の陰に潜んでいるのは政治的な意図である。

教皇アレクサンデル6世の教書（1493）とその翌年にスペインとポルトガルとの間に結ばれたトルデシージャス条約によって両国はアメリカとアジアの相当な地域の征服と支配と開発の権利をその手に握った。そして1580年、ポルトガルとその植民地がカトリック王朝に組み入れられると、フェリーペ2世は中央アメリカと南アメリカからインド洋と太平洋の多くの島々に広がる帝国の主となった。これらの所領から得られる金銀と香料は同王に莫大な富をもたらしてその覇権政治の経済的な支えとなった。

他のヨーロッパ諸国がこうした富の埒外におとなしく止まる筈はなかった。先ずフランスのフランソワ1世は「アダムの遺言状に余を世界の分割から排除する一条があったら見たいものだ」との抗議の声を上げたものの具体的な手は打てずに終わった。1555年、フランス人ニコラ・デュラン・ド・ヴィルゲニョンがリオ・デ・ジャネイロに面したグアナバーラ湾の島に数百名の同胞と住み着いたが、五年後にはポルトガル人によって排除された。ヴィルゲニョンの背後にいた提督コリニーはスペインと戦う一方で、カトリックとプロテスタントの違いを超えてフランス人が結集する道を海外進出に求めた。1562年から65年にかけてコリニーはフロリダに植民地を築いてユグノーの避難所にしようとしたが、カトリーヌ・ド・メディシスはこの計画を公式に支持するまでには至らなかった。そしてコリニーが聖バルテルミーの惨劇で殺され、その後フランスは宗教戦争の場と化したために大西洋進出の余裕を失った。

一方、海運と商業の民フランドル人もスペイン人による植民地独占を到底黙って見てはいられなかったが、1580年の時点ではまだ抗するに足る手立てを欠いていた。これに対してイングランドのエリザベス1世は行動に打って出られる状況にあった。彼女はスペインとのあからさまな衝突は避けつつ、海賊にお墨付きを与えて彼等の活動を支持支援した。ジョン・ホーキンズは1562年、64年、67年と時を追って強化された船でカリブ海を舞台に活動した。その船内では聖書が読まれ、説教がなされ、讃美歌が歌われるなど、さながらカトリック教徒を相手に戦う十字軍の様相を呈した。またフランシス・ドレイクは1571年にパナマ地峡を襲ってスペイン船を捕獲し、サント・ドミンゴとカルタヘーナ・デ・インディアスの両市を襲撃、略奪した。

『ブレビシマ』

これと時を同じくしてフランドル人とフランスのユグノーはスペイン人をさらなる悪事の張本人として攻撃を強めた。これに手を貸す形となったのがスペイン人ドミニコ会士バルトロメ・デ・ラス・カーサスが1540年に書き始め、52年にセビージャで出版した『インディアスの破壊についての簡潔な報告』[38]、略して『ブレビシマ』(Brevísima)である。ラス・カーサスの著作の中で最も有名、かつ論争の種となってきたこの作品を巡っては、一部のスペイン人は今日なおスペインの敵を利する本を自分達の同胞が書いたと言って騒ぎ立てるが、その主張がどうであれ、1580年にオラニェ公が同書から着想を得たことに疑いの余地がないことは時間を追って見れば明らかである。

1576年にガンが平定されて成立した和約は79年には破られ、この年の1月9日に南部のカトリック州がアラス同盟を結成すると、これに応えて北部諸州は同月23日にユトレヒト同盟を結成した。次いで5月にアラス同盟はフェリーペ2世の代理を務めるアレッサンドロ・ファルネーゼと同意書を交わし、ファルネーゼが軍隊を撤収する見返りとしてアラス同盟は同王への忠誠を誓った。これに対して、ユトレヒト同盟はますます反フェリーペ2世色を強めていった。フェリーペ2世と北部フランドルとの決裂は1579年に決定的となり、同王を正統な君主と認めない自分達の立場を正当化するために、オラニェ公は翌80年に先の『弁明の書』を書いた。一方、訳者と出版場所が不明な『ブレビシマ』のオランダ語訳が1578年に出版され、翌79年にはアンヴェールでフランス語訳が続いた(39)。これの訳者はフランドル人プロテスタントのジャック・ド・ミッグロードで、訳出の趣旨は次の書名に明らかである。『聖ドミニコ会士バルトロメ・デ・ラス・カーサス、別名カサウス司教が著述する西インドまたは新世界と呼ばれる所でスペイン人が犯した数々の圧政と残虐行為。ジャック・ド・ミッグロードはフランドル十二州にとっての警告とならんことを願いつつ本書を訳出する。』

またアラス同盟のカトリック州の読者に宛てた同書の紹介文には次のように書かれていた。

「この国には他所に先駆けてスペイン人の乱暴狼藉を体験しながら、一度は手を組んだ仲間ばかりか、国全体が破滅に落とされたことを早くも忘れて彼等と折り合いを付けようとしている者がいる。さて、ここにあるのは彼等敵の本性と狙いと思惑をありのままに描いた一冊の歴史書である。著者は彼等スペイン人の一人で、フランドルにおけるこれまでの所業ばかりか、もし神がお止めにならなかったならば、やり尽くしたであろうことを教えてくれる。同書を読んで上に立つ者が命を賭して、言葉だけでなく行動を以ってこの傲慢で耐え難い敵を放逐すべく勇敢に結束する決意に至れば、私としては他に言うべきことはない。この本は是非心してお読み頂きたい。これの著者はかくも残酷で野蛮な同胞に敢えて立ち向かった真に立派で称讃に値する人物である。今日の悲惨で苦難に満ちた時代にあって、自分達が成すべきはなにかを教えてくれるこのような師に恵まれた我々は幸運であり、義務を怠らなければ必ずや最後には解放の悦びに達するという希望を抱くことができる。」

これは言い換えれば、『ブレビシマ』が伝えているインディアスでのスペイン人の所業がそのままフランドルでも繰り返されようとしているという、アラス同盟の同胞に向けてのミッグロードの警告である。オラニェ公が言ったのもまさしくこれだった。『ブレビシマ』のミッグロード訳は大筋において原文に忠実だが、看過ごせない例外がひとつある。原著の「キリスト教徒」がすべて「スペイン人」に置き換えられている点である。ラス・カーサスが突いたのは先住民をキリスト教に改宗させるという目的と、征服戦・奴隷化・強制労働・虐待といったイスラム教徒ならばいざ知らずキリスト教徒の名に相応しくない目の前の現実との矛盾であって、これの当事者がスペイン人であるというのはラス・カーサスにとっては二の次だった。

『ブレビシマ』の再版はヨーロッパ中でその数を増やし、1579年から1700年までの間にその数は六十二に達した。この内、オランダ語訳は二十九版、フランス語訳は十三版、英訳とドイツ語訳はそれぞれ六版、ラテン語訳とイタリア語訳もそれぞれ三版を算えた。次いで19世紀初頭、インディアス各地で独立戦争が始まると『ブレビシマ』再版の第二波が訪れ、この時は翻訳ではなく原文のスペイン語で出版された。1898年、米西戦争が始まると、英語の新訳が恐らくニューヨークで『西インド諸島で二千万の人間がスペイン人によって残虐に殺害された歴史の真相』と題して出版された。狙いはキューバへの軍事介入に向けて国内世論を説得することにあった。

スペインのインディアス征服と統治の告発に利用されたのはラス・カーサスの『ブレビシマ』だけではなかった。もうひとりイタリア人のジロラモ・ベンゾーニが書いた『新世界の歴史』（1565）はヴェネツィアで出版され、『ブレビシマ』と並んで広く読まれた。著者ベンゾーニはアメリカに十四年間滞在し、この間に今日のベネスエラ、エクアドール、中米、アンティージャ諸島を訪れて、先住民に対するスペイン人の行動をその目で見た。さらに彼は自らの体験に『ブレビシマ』は元よりピエトロ・マルティレ・ダンギエラ、ゴンサーロ・フェルナンデス・デ・オビエド、ペドロ・シエサ・デ・レオンなどの年代記、中でもフランシスコ・ロペス・デ・ゴマラの代表作『勝利者スペイン』の第一部「インディアス全史」（1552）の内容を重ね合わせた。ゴマラはインディアスを直接には知らなかったが、メキシコの征服者エルナン・コルテースを筆頭にスペインへ帰国した多くの征服者達から直に証言を得て執筆した。ゴマラの作品はこのテーマに関する最も信頼できる作品としてすぐに知れ渡り、イタリア語・フランス語・英語に訳された。

ゴマラはラス・カーサスとは違っていた。彼は征服者達の暴力を隠蔽《いんぺい》はしなかった。だが、いろいろあったにせよ征服者達は先住民に福音をもたらす一助となったとしてその弁護に努めた。またカトリックのフランス人ギヨーム・ル・ブルトンはゴマラもスペインの征服者達もユグノーによって不当に攻撃されているとその弁護に乗り出してゴマラの作品を『エルナン・コルテース隊長の渡航と征服』と題して翻訳、出版した（1588）。この中でブルトンはスペイン人を十字軍兵士に喩えて称讃する一方で、スペイン人の誰よりも厳しく先住民を血に飢えた野蛮人と決め付けた。

ベンゾーニは参照した作品の中からスペイン人の貪欲に関連する個所だけを抜き出してスペイン人の残虐な所業をことさらに力説した。そしてスペイン人がやってきた頃は二百万人だったサント・ドミンゴの住民で生き残っているのは僅か十五万人で、これと同じようなことがキューバ、ジャマイカ、プエルトリコでも起きていて、スペイン人はその残虐行為から至る所で先住民の憎しみを買い、これについては当のスペイン人が書いていると言った。ベンゾーニの作品は1578年に先ずラテン語に訳され、続いて翌年にはユグノーの牧師ユルバン・ショヴトンによるフランス語訳が『西インドにおける今日までのスペイン人の所業と彼地の哀れな人々に対する彼等の虐待を要約した新たな新世界の歴史』という挑発的な題が付いてジュネーヴで発行され、この後にオランダ語訳やドイツ語訳などが続いた。プロテスタントがスペインに挑んだ心理戦の決定打となったのは『ブレビシマ』だが、ベンゾーニの作品も少なくとも肩を並べ、見過ごすことのできない意味を持った。例えば、モンテーニュが『ブレビシマ』を手にしたか否かは確証がないが、ゴマラとベンゾーニの作品は確かに使っている。一方、『スペイン防衛論』（1609）で自国の防衛に打って出たケベードが引用しているのは『ブレビシマ』ではなく、ジュネーヴで出版されたベンゾーニの訳本の方だった。

これまでに述べた訳本が大きな成功を収めた一因は1590年以後、本に添えられた木版画にあった。16世紀の最後の三十年間になるとカトリックとプロテスタントのいずれの側もペンと剣の両方を手に激しく渡り合った。そして間もなく画像が思想の脇役となった。1587年、アンヴェールで出版された『当代の異端者の手になる残虐行為の実態』には「フランスのユグノー達による恐るべき残虐行為」と「フランドルに関連する乞食党（Gueux）の野蛮な残虐行為」のすべてが二十九枚の版画に生々しく描かれていた。これにプロテスタント側は直ちに反応した。リエージュの銀細工師の家系に生まれ、自身も銀細工師だったテオドール・ド・ブリはカルヴァン派に改宗後、先ずストラスブールへ移り、次いでフランクフルトに落ち着くとここで二人の息子ジャン・テオドールとジャン・イスマエルと共に工房を開いた。優秀な技術を持った彼等が得意としたのは1590年から1634年にかけて出版されたラテン語で書かれた新世界関連のシリーズ『新世界旅行全集』に付けられた作品である。これの三分の一はベンゾーニの作品に当てられ、七十五枚の版画に激しい戦闘や先住民に加えられた虐待や拷問の模様が描かれている。このシリーズの中でフランクフルトの版元が1598年に『スペイン人によって荒廃に帰せられたインディアスの真正史』と題して出版した『ブレビシマ』のラテン語訳には、鼻を削がれたり手足を切断された先住民・人肉狩・幼児の虐殺など、ラス・カーサスが告発した征服者達の所業を描いたブリの銅版画十九枚が添えられていた。これらの銅版画はこれ以後、『ブレビシマ』単独の訳本の中でも繰り返し使われた。

こうした形勢に対するスペインの反応は鈍く、効果もあまりなかった。それでも先に触れた『スペイン防衛論』を著したケベードの他にディエゴ・デ・サアベドラ・ファハルドとアントニオ・デ・エレーラの二人が母国の防衛に立ち上がった。そしてエレーラの四巻本『インディアスにおけるカスティージャ人の業績全史』（1601〜15）は「スペインの名誉を守り、インディアスとヨーロッパとにおけるスペイン人の活躍を後世に伝え、またスペインの権勢と名声を憎む敵の望むままに闇の中に忘れ去られることのないように」と議会の補助を受けて刊行された。1636年、法学者ファン・デ・ソロルサノ・ペレイラの許に自著『インディアス政策』（1647）から先住民が蒙った虐待に触れた王令を削除するようにとの命令が届けられた。理由は国外からの攻撃に利用されるのを防ぐためだった。また異端審問所は1659年に『ブレビシマ』を禁書目録に加えたが、理由は異端の容疑ではなく、外国人にスペイン弾劾の動機を与えないための措置だった。そして1779年にカルロス3世（在位1759〜88）の政府は歴史家ファン・バウティスタ・ムニョースにフランスの啓蒙思想家達の悪意に満ちた考えと同時にラス・カーサスの誇張と誤りを是正する新たなインディアス史の執筆を委託した。

だが、こうした措置は万事、手遅れだった。ヨーロッパ人の多くはスペインのインディアス支配は虐待と残虐行為と殺戮の産物だと信じて疑わなかった。18世紀の末にはスペインの声はまったく聴く耳を失い、スペイン人の作品を読む人は日を追って減っていった。読まれるのは専らアングロサクソン、オランダ人、フランス人の書いた歴史だけだった。それでも誰もが感情で目を塞がれていたわけではなく、フィロゾフ（philosoph）と呼ばれた啓蒙時代の知識人や百科全書派の考えは今日一般に信じられているより遥かに抑制されていた。彼等はラス・カーサスの言葉をそのまま鵜呑みにしていたわけではなく、中には躊躇うことなくその価値に異議を唱える者もいた。ヴォルテールは『諸国民の風習』（1756）の中でスペイン人が行なったとされる先住民の大量虐殺を疑問視し、ラス・カーサスの話は「一度ならず誇張されている」と見なした。確かにこの後で彼は「ラス・カーサスの言うことは十倍は誇張されているとしても、我々はその数に恐怖を覚える」と付け加えている。そしてさらにスペイン人の残虐行為を取り上げてから、次のように結論付けている。

「スペイン人への非難でもラス・カーサスの言葉には時として誇張があるが、……再三にわたる彼の非難は無駄ではなかった。スペインから送られた法令によって先住民の状況は多少なりとも改善され、今日では彼等は奴隷ではなく、王の臣下となった。」

アントワーヌ・フランソワ・プレヴォはその『航海史』（1746〜59）の中でベンゾーニの作品の方がラス・カーサスの『ブレビシマ』よりもスペイン人の勇気と忍耐を正当に称えている意味でバランスが取れているとした。そして『ブレビシマ』がカトリックの間でよりもプロテスタントによって評価されたことから、フランドルでの宗教戦争では敵方に武器を与えたとしてラス・カーサスを非難した。オランダ生まれの歴史家コルネリウス・ド・ポーはその『アメリカ先住民の研究』（1770）で、野心家で妥協を知らないラス・カーサスは信用するに値せず、征服戦の犠牲者数を誇張したとした。スコットランドの歴史家ウィリアム・ロバートソンは自著『アメリカ史』（1777）で改めて先住民についてアステカとインカの両帝国の住民も含めて彼等は残忍で、迷信深く、あまり文明化されていない人間だったと指摘し、征服者達の逸脱行為は確かだが、カトリック教会とスペイン政府は終始彼等先住民の保護に努めたとした。また同じ年に出版されたジャン・フランソワ・マルモンテルの『インカ人』はスペイン人の狂信と残虐行為を非難しつつも、それは一部の無法者によるものであり、先住民への虐待にしても国王の意志に反する行為であり、イサベル女王、フェルナンド王、シスネーロス枢機卿、カルロス1世などの意志は一貫して先住民への配慮だったのは周知の事実であるとした。1783年、ギヨーム・レナルも主著『東西両インドにおけるヨーロッパ人の定着と通商の政治哲学史』（1783）の中で「インディアスでのラス・カーサスの特異な行動」に疑問を抱いた。しかし、その後、フランス革命を機にこうした見方に変化が生まれた。かのアンリ・グレゴワール神父がラス・カーサスを人類の恩人と見なせば、19世紀初めのインディアス独立の志士達は1580年のオラニェ公と同じようにスペイン弾劾の手段にラス・カーサスを利用した。かつて征服戦で先住民を討ち、略奪し、搾取した征服者達の子孫が今度は征服とその後の圧政に対するラス・カーサスの非難をそのまま臆せずにスペインに向け、「発見」以前の世界の再興を訴えた。

先住民人口の激減を巡って

スペイン人のインディアス統治に対するオラニェ公とユグノー達による非難の中で今日でも議論が残っているのは先住民人口の激減と征服者達の行動の二点である。この内、第一点については、オラニェ公が死者は二千万以上、ラス・カーサスが一千五百万としている先住民の死者の数の科学的な裏付けをバークレー大学のボラーやクックなどの民族歴史学者が1940年代に探求した。結果は征服時のアメリカの人口は一億以上、そして17世紀初頭に残っていたのは五百万以下だった。一方、ポーランド出身のベネスエラの人類学者アンヘル・ロセンブラートはこれより遥かに少なく、当初の人口を一千四百万かこれを下廻るとした。いずれにせよ、こうした数字についてはまだ議論の余地がある。しかし、少なくとも最初の一世紀間で人口の四分の三かあるいはこれ以上が死ぬという壊滅的な人口減少が起きた点については誰も異論を唱えない。これほどの規模の減少は果たしてどう説明が付くのか。

征服者を直接の責任者と見るのは馬鹿げている。彼等がそうしようとしたとしても、これほどの数の人間を殺すのは不可能だったろうし、ましてや彼等は先住民の労力を必要としていた以上、殺害は自分達の首を締めることに繋がることを知っていた。征服戦での死者は数千を超えただろうが、数百万が死んだとするのは難しい。また確かに征服戦後の強制労働は戦争と同じく、あるいはそれ以上の死因となった。カリブ海域での真珠の採取は潜る水深が次第に深くなっていったために長くは続かなかったし、輸送と鉱山での採掘も同じように過酷な労働だったが、これらを以ってしても前述のような数は導き出せない。つまり、大量殺戮説は受け容れるのはどう見ても不可能である。

ナチスが後にその罪を問われたアウシュヴィッツの収容所でのユダヤ民族の抹殺を目指した殺害は言葉の語源通りの「根絶やし」（genocidio）だった。以来、戦争の恐ろしさを表すためにこの言葉はアルビ十字軍の時のシモン・ド・モンフォールのラングドック侵攻（1213）、ルイ14世の軍勢によるプファルツの占領（1686）、ヴァンデーの反乱（1793〜95）、ナチス・ドイツ軍によるオラドゥールの住民殺害（1944）などに時代と場所を弁《わきま》えずに使われるが、これらの事件は「根絶やし」と呼ぶには値しない。この点についてモーリス・アギュルオンは『流浪する歴史』（1988）の第二巻「19世紀フランスにおけるイデオロギーと政治」の中の「被告席に立つフランス革命」で次のように言う。

「それとも根絶やしを文字通りに取ってこの非難は根拠を欠くとするか、あるいは単語の流行や誇張に乗せられて単なる殺戮を根絶やしと呼ぶとすれば、ヒトラーの計画を指すには別の単語が必要となろう。……そうでもなければヒトラーの計画は軽く見られ、その挙句に半ば無罪同様となりかねない。」

　一方、アレクシス・トックヴィルはスペイン人の責任に関しては非常に慎重だった。彼はその『米国の民主主義』（1835）の中で「スペイン人は先住民を根絶やしにできなかったし、その権利を完全に剝奪することもできなかった。対する北米のアングロサクソンは冷静かつ人類愛と法に則って血を流すことも人道を少しも踏み誤ることもなくこの両方をものの見事にやってのけた。そもそも人類の法を彼等以上に尊重しつつ人間を滅ぼすのは不可能である」と書いた。逆に独立間もないアルゼンチン政府がパンパから先住民を一掃した例は根絶やしと呼べるように見える。1835年、フアン・マヌエル・ローサス大統領が指揮したこれの第一段階は予想された成果を上げなかったが、その後1878年に時の軍事大臣フリオ・アルヘンティーノ・ローカの主導の下にアルゼンチン議会はネグロ河までの国土拡張計画案を採決承認した。この無人地帯作戦によってパンパとパタゴニアの先住民は最終的に土地を追われ、代わって文明人すなわち白人が移り住んだ。当時、一万五千人いた先住民の大部分は土地を追われた。一部は海軍に編入されるか、あるいはブエノスアイレスの整備工事に駆り出された。この不運を生き延びた先住民はごく僅かだった。

　アメリカの先住民人口の激減は疫病と征服戦によるトラウマという二つが原因だった。ヨーロッパ人がやってくる以前のアメリカは旧世界から隔絶した世界だった。住民は生物学的に脆弱で、ちょっとした感染症でも命取りになった。ヨーロッパ人はそれまでアメリカで未知だった伝染病を持ち込んだ。これが未曾有の悲劇を招いた。宣教師達はヨーロッパ人がある村に入ってくると、多くの村民が死ぬ有様を目の当たりにした。先住民はあたかもヨーロッパ人の息に触れるだけで死んでしまうかに見えた。鼻風邪でさえ命取りになる以上、もっと深刻な病気となれば事態はまさに劇的な様相を呈した。

記録によれば、1518年から翌年にかけてサント・ドミンゴでは天然痘によって先住民のほぼ全員が死んだ。これに対して子供の頃からの免疫があるヨーロッパ人は元々丈夫だったこともあって死者は少なかった。天然痘はコルテースの一行によってメキシコに持ち込まれ、そこからグアテマラへ飛び、さらに南下して1525年から26年にはインカ帝国に達した。ここは人口が多かっただけに先住民は次々と死んでいった。1523年、先住民が虫けらのように死んでいったと記した宣教師モトリニーアによれば、住民の半数以上、時には三分の二から五分の四が死んだ。天然痘の後には麻疹(1530〜31)、チフス(1546)、インフルエンザ(1558〜59)と伝染病が続き、ジフテリア、オタフクカゼその他の病気も加わった。加えて、征服戦はそれまでの土着社会を根底から変えた。自分達は神々に見捨てられたと信じた先住民は生きる意欲を失い、絶望の果てに家族もろとも食を断って死を選び、あるいは自殺した。女達は故意に流産を図った。先住民の人口がようやく回復に向かったのは17世紀の後半になってからだった。

このように見ると、ラス・カーサス神父の挙げる数字は実態に合ってくる。この点について『ブレビシマ』の最初のフランス語訳の再版の序文で、アラン・ミルーが次のように書いたのがまさにこのことだった。

「征服戦での先住民の死者を一千五百万とするラス・カーサスの数字は一時の合計としては多過ぎるが、実態は遥かにこれを凌いだ。彼の挙げる数字が誇張と見られるのは、これほどの先住民がすべて直接征服者達の手に掛かって死んだとされているためである。実際には疫病やあらゆる類の生活環境の激変の方が比較にならないほどこの史上最大の悲劇の原因だった。」

アメリカにおけるスペイン人の行動を巡っては、これが当初から宣教師による非難の的となった事実を忘れてはならない。サラマンカ大学の教壇に立つフランシスコ・デ・ビトリアをはじめとする多くの神学者を含めドミニコ会士は挙って征服者を非難した。当のスペインでも彼等の評判は芳しくなかった。そうした中で攻撃の先頭に立ったラス・カーサスはコロン以外のスペイン人はおよそ立派な考えなどは持ち得ない粗野で下品な輩と決め付けた。他の宣教師や年代記筆者の意見も同じだった。非難の口火を切ったのはラス・カーサスではなかったし、また彼だけが非難の声を上げたわけではないが、彼はスペイン人への攻撃で最も知られた人物となった。

こうした非難の声にスペイン政府は先住民を守る法を定めざるを得なかった。1542年の「新法 Leyes Nuevas」は先住民の奴隷化を禁止し、信託地[40]（encomienda）での労役に終止符を打った。だが、ちょうどこの時、ファン・ヒネース・デ・セプルベダという学識を具えた征服者側に立つ弁護者が現れた。政府お抱えの年代記筆者で優秀な人文学者でもある彼は征服者の弁護に立ち上がった。その主張は要約すると、優れた民族が劣った民族を開明に導くためにこれを庇護下に置くのは権利であり、さらには義務でもあるというものだった。これはヨーロッパには他民族を文明化する使命があるという考えの歴史上初の表明で、やがてイギリスやフランスが19世紀に掲げるものである。

だが、16世紀のスペインはこの考えを退けた。アルカラとサラマンカの両大学はキリスト教の教えに反するとしてこの主張が広まることに反対した。スペインで刊行できなかったセプルベダの著作がローマで出版されると、ラス・カーサスはスペイン国内に入ってきたその刊本をすべて没収させた。1550年、カルロス1世は改めて問題を検討するために政府高官と神学者を召集した。バジャドリード会議と呼ばれるこの会議のテーマはインディアスの征服を巡る次の二点だった。第一点は、優れた民族には劣った民族を暫定的にせよ庇護下に置く権利があるのか否か。そして第二点は、インディアスの先住民はヨーロッパ人よりも劣っているのか、果たして彼等は文明化、当時の言葉で言えばキリスト教化によって、より進んだ状態に導くのが望ましいとされる蛮族なのかという差し迫った論題だった。バジャドリード会議は結論を見出せずに解散した。参加者の大部分を占めた神学者達はラス・カーサスの考えに賛成だったが、インディアスから撤退すべきであるとカルロス1世に提言するのには躊躇した。これより先の1539年にすでに触れたビトリアがサラマンカ大学での講義で、自分の考えを最後まで突き詰めることができなかったのもこの点だった。そして結局はスペインの統治下でインディアスには改善と安全が実際にもたらされたという既成事実を後から正当化する以外に術はなかった。そして1680年に整理刊行された『インディアス法典 Leyes de Indias』はこの原則に沿うものだった。しかし、これによってスペイン人による先住民の搾取がなくなるということにはならなかったがために、同法典はしばしば偽善の産物と呼ばれてきた。だが、少なくともその存在には価値がある。

先住民に対するスペイン人の搾取は過酷だった。とは言え、残念ながら、残虐な蛮族のように振る舞ったのは彼等だけではなかった。周知のように、かつてのベルギー領コンゴではゴムの栽培で一千万の黒人が死んだし、1921年から34年にかけてフランスが手掛けたコンゴと大西洋を結ぶ鉄道敷設工事は文字通り黒人の墓場と化して「枕木ごとに死者ひとり」(un mort par traverse)とまで言われた。これは恐らく誇張だろうが、同工事での死者は数万人とされる。かのアンドレ・ジードは1926年のコンゴで目にした恐ろしい光景を「以来、私の中には呻き声がする。私は到底受け入れられないものを見てしまった」と書き、同じ頃にアルベール・ロンドルは「私は鉄道の敷設工事をこの目で見た。それは巨大な黒人の溶解炉だった」と記した。19世紀から20世紀にかけてのヨーロッパ人が植民地で犯した犯罪は16世紀のスペイン人のそれと似たようなものだった。ただ双方の間には違いがひとつあった。フランス人やイギリス人にはその犯罪を告発する者が遂に現れなかった。先のアンドレ・ジードの声にしても、その反響は限りなく小さかった。

情報が乏しいことと間違った情報のために今日多くの人はスペイン人のインディアス征服に対する非難は正しいと考えがちである。彼らは大勢の先住民を殺した挙句に生き残った者を恥ずべき非人道的な形で搾取したとされる。だが、歴史家の考えは少々ニュアンスが異なり、18世紀フランスの百科全書派の考えに近い。スペインにおよそ好意的ではなかった彼等は好んでスペインを狂信的で進歩の逆を行っていると言った。しかし、その彼等にしてもラス・カーサスには多分に誇張があると見た。ラス・カーサスは先住民を理想化する一方で、征服者達を残酷で強欲極まる暴君に仕立てた。そして政府が施行に努めた法規もインディアスにおける彼等の犯罪の記念碑となった。

アングロサクソン世界とラテン世界

スペインの覇権はカルロス1世の神聖ローマ帝国皇帝選出（1519）からウェストファリア条約の締結（1648）までの百年以上に及んだ。フランドルの独立を承認してから十二年後、スペインはピレネー条約（1659）によってフランスにアルトワとルシヨンの割譲を余儀なくされた。それまで黒い伝説の攻撃の的は世界制覇を目指すスペインだった。周囲はスペイン文化に感嘆すると同時にその繁栄を羨み、スペインの影響を受けつつもさらなる覇権を目指すスペインの策略を非難してきた。だが、いまやヨーロッパの覇者はスペインからフランスに代わり、これによってスペインの敵は不安に駆られる理由が消えておとなしくなる筈だった。ところが1648年以降もスペインを貶めようとする声は消えなかった。攻撃の新たな理由はもはや時代遅れとなった世界の体制にスペインが依然として固執し続けていることだった。キリスト教世界、すなわち、ひとつの統一された信仰に基づく諸国から成る共同体はウェストファリア条約で崩壊した。カルロス1世とハプスブルク朝はこのキリスト教世界を外敵トルコ帝国と内部の敵プロテスタントから護り抜こうとしてきた。だが、いま生まれつつあるのはカトリックとプロテスタントに分裂したヨーロッパだった。これまで共有されてきた信仰に代わって、新たに共有されることになったのは文化と思想と価値観だった。いまや文明の指標は世俗化した思想、科学と技術の進歩、そして寛容・正義・普遍性・幸福と平和への権利などとなった。これに対してキリスト教世界とカトリック信仰を最後まで護ろうとしたスペインはヨーロッパのこの新しい体制から外れ、文明と呼ばれるものから逸脱してしまったと多くの思想家や文筆家は考えた。スペインの敵は二つの事実がこれを物語っていると見た。第一に、スペインは新しい経済体制に適応できなかった。スペインはインディアスから得た富を活かす術を知らず、産業と通商は外国との競争に負け、住民の大半は貧困状態にあるか、物乞いによって辛うじて生きていた。次いで文化面に目をやれば、スペインは異端審問所と無知な修道士の狂信によって相も変わらず蒙昧と不寛容の中にあると否定的に観られた。

スペインと近代ヨーロッパとのこうした齟齬の原因はなんだったのか。啓蒙思想家の目には答えは明快だった。すなわち、衰退はスペインがカトリック教会に忠誠を尽くした見返りだった。ウェストファリア条約での勝利者はスウェーデン、ドイツのルター派諸公、オランダ、イングランドなどのプロテスタント勢で、その一端にヨーロッパのこの新体制の最大の受益国フランスがあった。この時のフランスはナントの勅令の廃止（1685）を挟んでその前後のユグノーやプロテスタントへの弾圧に見るように戦闘的なカトリック国だった。17世紀末のフランスはユダヤ教徒やモリスコを追放した時のスペインに擬《なぞら》えられた。いまやルイ14世はかつてのフェリーペ2世に代わってカトリシズムの覇者の座に就いたかに見えた。ジャック・マルソリエ神父は著書『トレード大司教兼摂政ヒメネス枢機卿の歴史』（1693）の中で「グラナダの住民の改宗とナントの勅令の廃止後の状況はただ名前を入れ替えるだけで充分なほど似ている」と書いた。しかし、この比喩はほどなくカトリシズムは元より他のすべての啓示宗教に対して批判的な態度で臨んだフィロゾフと呼ばれるフランスの知的エリートによって退けられた。ピエール・ベルから百科全書派に至る時の精神は反宗教一色だった。フィロゾフ達はキリスト教会、修道会、公会議におけるローマ教皇の不謬性、聖書、信仰、奇蹟、啓示などを理性の光に対比した。ヴォルテールは「迷妄を撲滅しよう」（Ecrasons l'infâme）と叫び、『哲学書簡』（1734）の中で「自由人であるイギリス人は自分の好きな道で天国へ行く」と書いてイギリスを称讃した。

だが、そのイギリスではニュートンをはじめとする知識人や思想家は無神論者ではなかったし、英国国教会が思想の自由と相容れないようには見えなかった。イギリス人の大多数は英国国教会の信者であり、18世紀にはピューリタン、長老派、その他さまざまな会派が存在し、無論カトリックもいた。しかし、名誉革命（1688～89）の後はこれら英国国教会以外の祭儀は公な形で行なうことが禁止され、信者は公職から追放された。ジョン・ロックはその『寛容書簡』(1689)で、国家は人間の良心を束縛してはならない、よって、国家はすべての信仰を許容すべきであるが、唯一カトリックは綱紀を乱す惧れがあるので例外とするとした。事実、寛容法(1689)には厳しい規制が並んでいた。歴史家フランソワ・ジョゼフ・リュジュは『イギリス史』(2004)の中の「イギリスは寛容の範か」で、「ローマとの対立は近代イギリスのアイデンティティ形成にとって決定的な要素以外のなにものでもなかった。英国国教会以外の信徒とカトリック教徒に関する法的な制約が廃止されたのは1828年から翌年にかけてのことだった」と言う。一方、ドイツでは啓蒙主義は敬虔主義と時を同じくした。この二つの運動は起源を異にするが、双方とも神学の正統派とは袂を分かち、互いに攻撃し合う一方で、宗教上の独断主義に対しては連帯して反対した。

スペインにはこれに類するものはまったく見られず、カトリック一色の状況が続いた。それでも自国の遅れを取り戻そうとする改革者は存在した。彼等は確かに伝統の継承を理性に、そして神の摂理を進歩に代えようとするなど実践的な努力をした。しかし、百科全書派もフランス流のフィロゾフもその数はあまりにも少なかった。スペインでは啓蒙思想の信奉者は宗教の伝統やカトリシズムに異を唱えることはなく、ただ迷信を撲滅してキリスト教の浄化に努めるに留まった。18世紀の後半、スペインの改革を担ったのはアランダ、カンポマーネス、フロリダブランカという三人の伯爵だった。彼等は啓蒙期のヨーロッパ、とりわけフランスのフィロゾフの間では好意の眼で見られたが、誰もヴォルテールの信奉者でもなければフリーメーソンでもなかった。イエズス会士の国外追放(1767)を命じたと誤解されているアランダ伯にしても、時代の現状に目を開いてはいても、これを以って彼を無神論者とかフランスの百科全書派の弟子とは決め付けることはできない。旧体制の数ある組織の中で異端審問所は国外でのスペインの名を最も傷つける存在だった。異端審問所はスペインの不寛容と狂信の象徴だった。ところがこの異端審問所に対しても改革派の姿勢は曖昧だった。無論、彼等とて好意を抱いてはいなかったが、異端審問所の最高責任者である大審問官の任命権が国王にあったことから、国政に役立つこともあるのではないかと考えた。つまり、改革派は司教達の協力の下に迷信の撲滅と啓蒙思想の宣伝に大審問官の力を必要としていたのである。このために、例えば、重婚罪が異端審問所の管轄から普通の裁判所に移されたが、異端審問所の権限を縮小はしても組織自体は温存された。そしてこうした矛盾が表面化したのが次に述べるオラビーデ裁判である。この一件にカルロス3世の配下によって異端審問所が廃止されるものと期待していたヨーロッパ中が不意を突かれた。

ペルー生まれのパブロ・デ・オラビーデ（1725～1803）はヨーロッパを遍歴し、この間にフェルネーで一週間ヴォルテールの食客となる幸運に恵まれ、その後スペインに落ち着いた（1765）。フランス文化を身に着け、新しいものに好奇心旺盛な彼は改革派の政府要人の信用を勝ち取り、セビージャ市の行政官に任命された。オラビーデは職務に精力的に励み、大胆な大学改革に取り組んだ。そしてシエラ・モレーナの開発事業の推進を命じられると、ここでも短期間で目覚ましい成果を上げた。こうした業績と高官の受けがよいことで気が大きくなったオラビーデは思慮分別を見失い、民衆の信心行為を迷信と決め付けた。彼は教会内に死者を埋葬することや贖宥《しょくゆう》の販売を禁止し、貧困の解消には仕事を増やす方がよいと言って貧者への喜捨を批判した。そして遂には修道士達を無知の輩と呼んで嘲笑った。これに怒った修道士達はオラビーデを異端審問所に告訴した。告訴の事由は、彼が禁じられている書物や淫らな絵画を所持し、決められた断食を守らず、しかもコペルニクスの地動説を信じている不信心者であるといった内容だった。さらに驚いたことにこの告訴状は真面目に受け止められてオラビーデは異端審問所の手で逮捕された（1776）。そして予審を経て修道院での八年間の幽閉の刑を言い渡された（1778）。だが、彼はすぐに修道院から逃亡しフランスへ向かい、ここでフランス革命を目にした。そして山岳派によって捕らわれたが、後に解放されてスペインへ戻った。そして自分の誤りを『福音書の勝利』にまとめ、これを公にして死んだ。このオラビーデ裁判を開明的啓蒙思想に好意を寄せていることで知られていた大審問官フェリーペ・ベルトランへの警告と見る解釈が一部にあるが、これは行き過ぎである。異端審問所としては恐らく単に自らの健在ぶりを世に示そうとしただけであり、背景には新しい思想を警戒する異端審問所の要員が、下級役人であるオラビーデを裁判にかけることで権限では太刀打ちできない政府の高官に警告を試みたとも見られる。このオラビーデの一件はヨーロッパで話題となり、スペインが文明国となるのがいかに難しいかの確かな証拠とされた。そして数年後には『体系的百科事典』を巡る騒ぎによって再び激しい議論が蒸し返された。

ディドローの『百科全書』はスペインで受け入れられるにはその内容にあまりにも多くの問題があった。好戦的で議論を挑むようなその論調と反宗教・反教会一色の註釈でスペインの多くの読者の感情を傷付けた。そこで版元のパンククーク社はまったく別の方針に沿った作品の刊行を考えた。こうして出来上がった『体系的百科事典』は『百科全書』よりは問題点が少なく、これによってスペインとインディアスで大いに読まれるものと期待された。そして最初の購読予約者が大審問官となったことから成功は間違いなしと見られ、実際に最初の二巻は好評を得た。だが、近代の地理を取り上げた三巻で状況が一変した。出版社側がどのような理由からスペインの項目の執筆を無名のニコラ・マソン・ド・モルヴィリエなる人物に委託したのかは明らかではないが、彼は地理と経済の記述を政治・異端審問所・闘牛・芸術・文学・学術などに関する知見で飾り立てたのである。曰く、「凡人の国スペインは一口で言えば恐らくヨーロッパで最も無知な国である。ここでは芸術も学問も通商も途絶えてしまった。」中でも注目されたのは「スペインとはなにか。2世紀、4世紀、10世紀以来これまでスペインはヨーロッパのためになにをしてきたか」という記述だった。これは見過ごせない騒ぎとなり、1783年11月24日、『体系的百科事典』は異端審問所に提訴され、刊本は没収された。

パリ駐在のスペイン大使アランダ伯はフランス政府に抗議し、啓蒙主義を信奉するフロリダブランカ伯はこれだけでは満足せず、パリ在住のカバニージャス神父に反論の一書を書かせてこれを大使館名で出版した。スペイン王立アカデミアもまた1785年に学問と芸術の分野での進歩に限定してスペインを擁護弁明する論文を募集した。理由はスペインの栄光を無に帰そうとする一部の外国人が専らこの分野に攻撃の的を絞ったからだった。ファン・パブロ・フォルネールは『スペインとその文学的価値の弁明』（1786）をほんの数カ月で書き上げた。またプロイセンの宮廷にいたイタリア人神父カルロ・デニーナは『我々はスペインになにを負うかという問いへの回答』（1786）と題する論文を書いた。フロリダブランカ伯はこれをフォルネールの著作と併せて印刷することにした。こうしてマソン・ド・モルヴィリエは国際問題を引き起こし、ようやくフランスで生まれようとしていた啓蒙期のスペイン像を棚上げにしてしまった。

スペインは文明国にあらずとしたマソン・ド・モルヴィリエの不用意な記述をフランソワ・ギゾー（1787〜1874）は五十年後の1828年から翌年にかけての講義に先立って出版された『ロー

マ帝国の滅亡からフランス革命までのヨーロッパ史』の中で穏やかな洗練された語調ながらさらに一歩進めて次のように書いた。

「ヨーロッパ文明なるものは明らかに存在する。ヨーロッパのさまざまな国の文明の中にあってはある種の統一が認められる。そして時代と場所と状況が極めて多様であるにも拘わらず、ヨーロッパ文明はどこにあってもほぼ似通った事象から感知され、同じ原理に従い、そしてほとんどどこの場所にあっても類似の結果をもたらす。」では、そうした文明はなにから成り立っているのか、そしてその独自性とはなにかと言えば、「文明という言葉の最初の条件は進歩であり、発展である。また場所ではなく状況を変えることで前進する人間、その存在が広がり向上する人間である。私が思うに、進歩と発展は文明という言葉に秘められた基本概念である。」

では、進歩を生み出す原動力はなにかと言えば、それは宗教革命であるとした。「宗教革命が浸透し、勝敗の如何を問わず大きな役割を演じた場所では、どこも押し並べて人間精神の解放に向けて人々の活動と思想の自由の大いなる飛躍が見られた。」16世紀にローマ教会から離れた国はその後は進歩の道に足を踏み入れた。逆にローマ教会に付き従った国は蒙昧と停滞に陥った。「ここで宗教革命が浸透せず、すぐに息の根を止められてまったく伸びられなかった国に目を向けてみよう。そこでは人間精神は自由になれなかったことを歴史は物語っている。これを証明しているのがスペインとイタリアの二国である。宗教革命が重要な働きをしたところでは過去三世紀間に人間精神はそれまで見られなかった活躍と自由を達成したが、宗教革命が浸透しなかったところは同じ時期に脆弱と無気力に身を任せた。」

優位に立つプロテスタント諸国

このようにプロテスタント諸国はカトリック諸国よりも優れているように見えた。宗教革命はローマ教会を凌ぐかに見えた。確かに17世紀以降のヨーロッパ諸国を宗教で色分けしてその歩みを見る時、ギゾーの見方は正しかった。そしてそれはそのまま未来の予想図とされた。フランスではマダム・ド・スタルとバンジャマン・コンスタン以来、プロテスタンティズムを自由主義・聖書や教義の自由解釈・宗教に関する良心の自由と結び付け、思想の自由は最終的には絶対主義の崩壊と議員制立憲政治の誕生に結び付いたとするのが定説となった。同じことはベルギーでも起こった。プロテスタントで自由主義者のエミール・ド・ラヴルイェは雑誌『Revue de Belgique』でプロテスタンティズムとカトリシズムを自由と人々の繁栄に関連付けて論じた末にプロテスタンティズムを優位と結論付けた。

20世紀に入ると、この考えは経済の分野に広がり、プロテスタント諸国が目覚ましい発展を遂げたのは宗教革命によって自由の精神と責任感が力強く育ったからであり、その一方でカトリック諸国では信仰が学問と経済の進歩を妨げたとされた。マックス・ウェーバー（1864〜1920）はこれを社会学によって科学的に立証できると考えた。彼は近代資本主義精神の特徴は職業による合理的かつ体系的な利益の追求にあるとし、また資本主義精神とプロテスタントの禁欲主義の間には選択という共通性があり、ここから生れる召命感が職業と結び付く時、それは天職（Beruf）となるとした。この一方で、カルヴィニズムの予定説によって自らに責任を負うとされた人間は自分が神に選ばれているとの証しを追求し、仕事で成功すれば自分と神との関係は安泰であるとした。さらにピューリタンはカトリックの善業に代えて理性的な生活を旨とした。すなわち、人は生きるために働くのではなく、働くために生きるとされ、その節約と自制からは貯蓄が生まれた。

このように17世紀の末に生まれた変化に基づいてプロテスタンティズムは進歩の宗教であると見なされた。ヨーロッパの北の国々の勢いは誰の目にも明らかで、その発展は地中海沿岸の国々の停滞とは対照的だった。この違いに逸早く気付いたモンテスキューは、重要なのはイギリス、オランダ、フランス、ドイツ西部であって、啓蒙思想はこれらから生まれ、逆にスペイン、イタリア、ポルトガルなどの南の国は衰退の道を歩んでいるとした。この印象は南北アメリカの違いとの比較によって再確認された。1783年に独立したイギリス領は19世紀に入るや発展の一途を辿った。これに対して1810年から25年にかけて独立したかつてのスペイン領は混乱と貧困に喘いだ。ヨーロッパでもアメリカでも北は進歩し、南は低迷していた。そしてその北に住むのはアングロサクソンで、南に住むのはラテン人だった。このことから一部には富者と貧者、文明人と野蛮人との違いは宗教だけではなく人種にもよるという考えが生まれた。アングロサクソンやゲルマン人には万事が順調に進むのに対して、ラテン人はあたかも呪いのようなものに憑かれているように見えた。こうした考えは19世紀に有力となり、イギリスと米国では多くの政治家や知識人が自分達の国には世界で果たすべき使命があると信じて疑わなかった。このような使命感は帝国主義的傾向を生み、そこには人種差別が絡んでいた。

ジョン・ステュアート・ミル（1806〜73）は『代議制統治論 Considerations on Representative

Government』(1861)の中でイギリス人は世界中の人種から成るピラミッドの頂点を占め、次いで中間部にはゲルマン人、ラテン人、アラビア人、アジア人その他が続き、最下部には原始人がいると言って憚らなかった。ヴィクトリア女王(在位1837〜1901)の下で首相を務めたベンジャミン・ディズレーリ(1804〜80)は「人権に優るもの、それはイギリス人の権利である」と言い放った。また後に外相となるチャールズ・ディルク(1843〜1911)は1870年頃、イギリス人が達成した数々の偉業をその目で見てきた世界一周の旅から帰って「旅の間、片時も私の脳裡から離れなかったのは我々が偉大な人種であるという確信だった」と興奮気味に語った。セシル・ローズ(1853〜1902)もまた世界の英語国民に向けた演説で「英語を話す我々は人類を完成に導くために神がお選びになった道具である」という考えを披露した(1891)。同じ頃、別のイギリス人ヒューストン・ステュアート・チェンバレン(1855〜1926)はドイツ語で『19世紀の基礎』(1899)をウィーンで出版、この中でかつて百科全書派が理想として掲げ、後に社会主義やカトリック教会が賛同した人類はひとつ、そしてすべて兄弟であるとする主張を斥けてゲルマン民族の優位を宣言した。カトリックを毛嫌いした彼にとっては反ルターを唱える者は反ゲルマンに等しく、その典型はイグナシオ・デ・ロヨラだった。1893年に植民地相だったジョゼフ・チェンバレン(1836〜1914)は絶対的な確信をもって次のように言った。「我々は自らの資質と徳性からして世界を制すべく定められた優秀な人種である。……誇り高く、強靭かつ果敢で、自信に満ちたアングロサクソン民族がいかなる気候にも、いかなる変化にも動ぜず、必ずや未来の歴史と世界の文明を率いる力となるものと私は信じる。」

米国がスペインに宣戦布告をして数日後の1898年5月4日、イギリスの首相第三代ソールズベリー卿（１８３０〜１９０３）が行なった演説の骨子を新聞各紙は次のように伝えた。「彼は世界中の民族を生気に満ちた民（living nations）と死にかけた民（dying nations）に分け、前者が後者を支配するのは必然であるとした。」タイムズ誌はこの発言を極力抑え気味に伝えたが、スペインの歴史家アルタミーラは時を置かず「民族の文明度は物質的な力だけで測れるものではない」と反論した。

以上のような意見は自然淘汰と適者生存を基調とするダーウィニズムの信奉者の口からもしばしば発せられた。彼等はダーウィンの進化論及び特にハーバート・スペンサー（１８２０〜１９０３）がダーウィンの進化論から導き出した結論に基づいているが故に自説は科学的であると自負した。そして人間も他の生物も環境に適応したものが生き残る可能性が高いという適者生存を理由に人種間には優劣の違いがあり、生き長らえた民族はそれ故に世界を導く使命を帯びるとした。１８８５年３月、米国の歴史家ジョン・フィスク（１８４２〜１９０１）は雑誌『Harper』に『自明の運命』(Manifest destiny）と題する論文を発表して自然淘汰の結果としてのアングロサクソンの優秀性を主張した。事実、イギリス人と米国人は地球の三分の一を征服し、民主主義と資本主義を広めることで世界の進歩に貢献した。フィスクはこうしてダーウィニズムを人種主義に変え、神は米国に世界における使命を与えたとした。フィスクの考えは同じ頃にフランスの文化人類学者ジョルジュ・ヴァシェ・ド・ラプージュ（１８５４〜１９３６）が唱えた正真正銘の人種差別とほとんど見分けが付かない。彼はゲルマン人を礼讃する無神論者で、宗教革命がキリスト教をアーリア人種の古くからの素質に合ったものに変えたとする理由からプロテスタンティズムに好意的だった。また優秀な人種がその使命を全うできるように奴隷制の復活が必要ではないかとも考えた。

帝国主義の台頭

これらの考えは当然ながら帝国主義政策を正当化するのに一役買った。イギリスの植民地政策はこれによって推進され、あるいは新世界にアングロサクソン以外は立入り禁止とすべきであるという声が高まったのも同じだった。シンポジウム報告『ラテンアメリカにおけるラテン性とその意味』（1986）に掲載されたエルリンダ・ゴンサレスの「メキシコ人の脱ラテン化」に見るように、19世紀の中頃にメキシコの北半分を併合した米国は、グアダルーペ・イダルゴ条約（1848）を無視して新たに自分達の支配下に入った住民を対象に組織的な差別政策を実践した。自らを神の選民とするピューリタンの米国人の目には、ウェイン・パウエルが『憎悪の樹』[41]（1971）で書いたように、イスパノアメリカ人はカトリックであり、またスペイン人という劣等民族の末裔という二重の罪を負った軽蔑すべき存在だった。米国人はスペイン人がかつての征服で犯した罪を告発することは正義であると信じた。しかし、そのスペイン人が支配した地域では何百万もの先住民が今日なお健在である。他方、米国人の祖先が西部開拓の邪魔になるとしてスー族やアパッチ族を全滅に追いやった結果、今日の米国には先住民の姿はほとんど見られず、彼等との混血もいない。20世紀の小説、大衆誌、西部劇映画などでは先住民殺戮があたかも悪人に対する善人、野蛮に対する文明の闘いの一大叙事詩であるかのように描かれてきた。『ラテンアメリカ　歴史と目標。レオポルド・セア記念論集。第一巻』（1992）掲載のアレハンドラ・ハボウスカとフアン・フェリーペ・レアルの共同論文「米国映画における米墨国境1911〜1917」によれば、西部劇映画の格好な舞台である米墨国境の一帯で相対するのは善人の米国人と悪人の先住民か、あるいはボロを纏った無規律で怠け者のメキシコ人で、彼らの貧困と遅れは人種と文化が劣っているからだとされた。モンロー主義は米国の帝国主義政策を正当化した。1898年、米国の軍事力で追い詰められたスペインはパリ講和条約を強いられ、これによってキューバは理論上は独立し、プエルトリコは米国領となった。

こうした帝国主義の姿勢は政治に止まらず、米国の数あるプロテスタント教会も負けてはいなかった。1916年、四十ものプロテスタント教会がパナマに集合して聖像を崇める堕落したカトリック教会に攻撃を挑んだ。米国政府とプロテスタント教会の思惑の一致は第二次世界大戦後に新たな側面を生み出した。この時、多くの米国人はセオドア・ルーズヴェルト大統領(在任1901〜09)がイスパノアメリカを立て直してワシントンとの有意義な協力関係の軌道に乗せることができるのはプロテスタンティズムだけであるとしていたことを思い出した。南北アメリカ安全会議を名乗るグループは1980年と98年に『サンタ・フェI』と『サンタ・フェII』と題する二つの文書を作成し、この中でカトリック教会に果たして共産主義の拡張に抗するに足る力があるのかとの危惧を表明した。次いでロナルド・レーガンが出馬した1979年の大統領選では宗教と民主主義の研究所をはじめその他のグループもこの危惧に同調した。こうした反カトリックの波と時を同じくしてペンテコステ派と新ペンテコステ派はイスパノアメリカの精神的征服を目指して暁(Dawn)という名の計画を立てた。

19世紀以降、ラテン民族でカトリックの教育環境で育った人間の代表というネガティヴなスペイン人観はアングロサクソン世界の中で大いに広まった。先に触れたウェイン・パウエルは『憎悪の樹』の中で「米国人はイギリス人の植民地活動からスペイン人を標的にした黒い伝説を引き継いだ。

そして19世紀に入るとスペイン人を巡るアングロサクソンの先入観は今度はメキシコ人に振り向けられた」と言う。同じく米国の歴史家モルトビーは著書『イングランドにおける黒い伝説』（1982）の中で次のように書いている。

「多くの米国人と同じく、私は反スペインを売物にした映画や大衆文学から反スペイン感情を吹き込まれた。しかし、その後、優れた歴史家達の著作から私の思い込みとは対照的な視点を学んだ。スペイン研究者の作品を知った時の私の驚きは大きかった。」

フェリーペ・フェルナンデス・アルメスト（1950〜）はスペインの「Abc」紙に寄せた記事「記憶の仮面」で、まだオックスフォードの学生だった1969年にスペイン史について聴いた最初の講演を想い起こして次のように書いている。

「講演者は当時イギリスで最も知られた歴史家で、後にジョン・H・エリオット（1930〜）が引き継いだ講座の担当教授ヒュー・トレヴァー・ローパーだった。その彼が言うには、スペインで生まれた思想でヨーロッパに広まった例は皆無で、またヨーロッパで生まれた知的運動でスペインに根付いた例もまた皆無であった。無論、これは間違いだったが、私の仲間達は納得して帰っていった。あの頃は誰もがスペインは例外の国であるという神話を信じていた。ヨーロッパ史の中ではスペインはヨーロッパではなく、アフリカはピレネー山脈に始まるというのが専らだった。人々が知り、あるいは想像するスペインとはイスラム教徒の廃墟に住むジプシーに代表される異国趣味に満ちていた。それは18世紀から19世紀にかけてスペインを訪れた好奇心だけが先走った連中の遺産だった。スペインは歴史の流れが誤って地中海の沿岸に位置付けたが、本来はサハラ砂漠かアラビア世界にあって然るべきだとされるなど、オリエンタリズムの格好な餌食だった。」

このような文を読んで、そんなスペイン観は今日ではすでに過去のものだろうと考える人がいれば、その人は間違っている。それどころか、こうしたスペイン観は米国に住むラティーノとかヒスパニックと呼ばれる人達の存在によって逆に強まっている。ここ二十年ほど前からニューズウィークやタイムといった雑誌と多くの新聞は歌手や映画女優、またはボクサーや野球選手などが評判になる度に、決まったように米国のラテン化ないしはスペイン化を騒ぎ立てるようになったが、こうしたマスメディアの目はラティーノやヒスパニックの存在が米国のアイデンティティにとって脅威となっていると受け止めているかに見える。あの『文明の衝突』[42]（１９９６）の著者サミュエル・ハンティントン（１９２７〜２００８）は『Who Are We? The Challenges to America's Identity』[43]（２００４）を著し、ラティーノの存在が米国独自のアングロ・プロテスタント文化を危機に晒しているという警報を鳴らして、次のように言う。

「米国のナショナル・アイデンティティは白人、アングロサクソン、プロテスタンティズムを基盤とする。[44]今日までのところは相次ぐ移民はこの三点を吸収してきた。彼等は英語を学び、ピューリタンの勤労倫理を身に着け、民主主義と個人主義を信奉している。カトリック教徒にしてもアングロサクソンとプロテスタントの影響を受けてローマへの姿勢は冷静なものになった。ところがヒスパニックは違う。すでに国境を越えた者といまも越えつつある者は数百万に上り、大部分は不法侵入者である彼等の存在はいずれ言葉と言葉、文化と文化の争いに行き着くだろう。」

似たような考えは同書のフランス語訳（1997）の中の「米国文化にとってのメキシコ人はかつてのヨーロッパ文化にとってのイスラム教徒のように異質な存在である」という著者の言葉からも読み取れる。これに対して、メキシコの作家カルロス・フエンテス（1928〜2012）は次のように反論した。「百五十年前、米国人はメキシコに侵入して我が領土の半分を奪った。今日、メキシコ人は平和裡に米国に帰っているのであり、彼等はテキサスからカリフォルニアまでばかりか、五大湖畔のシカゴや大西洋岸のニューヨークにおいてもヒスパニック社会を築きつつある。」そしてさらにフエンテスはスペインの新聞「El País」紙で「ハンティントン氏にはお気の毒だが、メキシコ人はグランデ河の北側では外国にいる気にはならない。自分等はかつてそこから力ずくで追い出されたが、いまや平和裡に我家へ戻りつつあるに過ぎないと思っている」（1998年6月18日付）と書いた。

近代資本主義とカトリシズム

これまで二百五十年もの間、見た目にはプロテスタンティズムはカトリシズムに、アングロサクソン世界はラテン世界に優ると考えられてきた。しかし、五十年ほど前からの分析と議論の末、この観方は退けられた。イギリスの歴史家リチャード・H・トーニー（1880〜1962）は『宗教と資本主義の台頭』（1926）でカルヴィニズムと資本主義とを結び付けたウェーバーの学説を他に先駆けて否定した。トーニーの見るところ、近代資本主義はプロテスタンティズムよりはずっと早くヴェネツィア、フィレンツェ、フランドルの例が示すように15世紀に生まれた。そして新興のブルジョワジーはカトリック教会や英国国教会のような既存の教会が古くからの貴族階級と固く結ばれていたことからプロテスタンティズムと手を結ぶに至った。そして肝心なのは、資本主義の発達は必ずしも質素勤勉と結び付くのではなく、むしろ物価の動向が原因あるいは先行事象だったと見るべきのように思える点である。経済はピューリタニズムを以ってしては説明できない。経済の説明となるのはむしろ社会現象である。そして経済が力を得る階層ないしは集団を見極めるのは容易ではない。

1961年、先に触れたトレヴァー・ローパーは論文『17世紀の危機。宗教・宗教改革・社会変動』の中で同じような見解を述べた。すなわち、「ウェーバーの学説には問題点がなくはない。例えば、スコットランドはカルヴァン派だったにも拘わらず停滞したのに対してイングランドは発展した。同じような違いはフランドルのヤコブス・アルメニウス派のアムステルダムとカルヴァン派のヘルダーラントの間にも見られた。」それでもトレヴァー・ローパーは大筋においてウェーバーは正しかったと言う。理由は「大実業家はどこでもカルヴァン派と決まっていた」からだった。だが、この点も詳しく見ると、彼等カルヴァン派は移民、取り分けフランドル人で、フランドル人であるが故にカルヴァン派で、どの宗派に属するかは多分に副次的で偶然に因るように見える。換言すれば、近代資本主義は16世紀と共に誕生したのではなく、その生みの親達はどうやら16世紀の後半に立ち行かなくなった商業中心地で1500年から1550年にかけて現れたと考えられるのである。資本主義の技法はこれよりずっと早くに地中海諸国で生まれ、これを知る者達が16世紀の中頃に恐らくはカトリック教会の不寛容という宗教上の理由から他所へ移住したと考えられる。中世末期のイタリア諸都市に商業資本主義が芽生えた事実からして資本主義とカトリシズムは必ずしも両立し得ないわけではなく、資本主義をカルヴィニズムの所産とするのは難しいように思える。1974年、ピエール・ヴィラールは18世紀フランスのプロテスタント銀行家についてこの点を確認したうえで次のように言った。

「実際のところ、彼等を特徴付ける意味で重要なのは宗教ではなく、少数派ゆえにフランス国内において社会関係の一部から排除されているという特殊な状況である。彼等はその代わりにナントの勅令が廃止された時に国外に逃れた亡命者達と親戚関係や相互の信頼関係で結ばれている。彼等亡命者はアムステルダム、取り分けジュネーヴなどのヨーロッパ各地の経済の中心地では極めて活発である。」

モンテスキューは『ペルシア人への手紙』の八十五信でまさに同じことを言っている。

「国の中に幾つかの宗教が共存するのはよくないのかどうかは私には分からない。ただ黙認されている宗教の信者は多数派の宗教の信者よりも往々にして国のために役立っているように見受ける。名誉から遠ざけられている彼等が人目を惹く存在となるには富を誇るしかなく、そのために彼等は懸命に働き、あるいは世間の辛い仕事も引き受ける。」

17世紀の末になると、二流国に転落するのはカトリック諸国だけではなく、トルコ帝国も停滞に陥った感があった。20世紀初頭、フランスの歴史家エルネスト・ラヴィスは「いずれの大国もいつかは衰退する。歴史を導く力は永遠ではない。三千年前にアジアからそれを引き継いだヨーロッパとて永遠にこれを保つことはないだろう」と書いた。これは旧約聖書のダニエル書の予言の言い換えだが、ボシュエを含めこの予言に人は神の摂理を読み取ろうとしてきた。すなわち、まずアッシリア人の手にあった世界帝国はその後ペルシア人に移り、さらにマケドニア人を経て最後はローマ人の手に帰した。この相次ぐ帝国の移動は東から西へ動く太陽を思わせた。また地中海世界にあってはフェニキア人、エジプト人、ギリシア人、ローマ人、アラビア人が歴史にその足跡を残してきた。

歴史のこの歩みを一変させたのはアメリカの発見だった。経済の流れはヴェネツィアからリスボンへ移り、その後アンヴェールとアムステルダムへ移った。地中海は大西洋に取って代わられた。レパントの海戦（1571）を境にヨーロッパ諸国の政治はその舞台を変えた。イタリアは確かにヨーロッパ政治の中で重要な位置を占め続けたが、周囲の眼はナポリに代わってミラノへ向けられるようになった。ミラノはスペインとヨーロッパ北部を結ぶ要所となった。ヨーロッパ文明の中心も北上し、ここで18世紀に資本主義・科学・技術・寛容・進歩といった近代ヨーロッパの価値が生み出され、南ヨーロッパはこれらには無縁のように思われた。そして長い間、このことを以ってカトリシズムに対するプロテスタンティシズム、ラテン世界に対するアングロサクソン世界の優位の証しとされた。だが、事実は恐らくもっと複雑である。南から北への移動がなぜ起きたのかは我々には分からないが、その要因を宗教に求める謂れはない。

大方の偏見とは逆に、スペインは決して経済発展と無縁ではなかった。インディアス市場のお蔭でスペインの富はほぼ16世紀を通じて増加の一途を辿った。市場の需要は高かった。インディアスの征服者・入植者・官吏などは小麦・葡萄酒・オリーヴ油に加えて織物・武器・道具類・造船関連物資・贅沢品などを大量に、しかも高値で購入した。そしてスペインへ帰る船の積荷は支払いに使われた銀貨、つまりインディアスの財宝で占められた。その結果、物価と賃金が共に上昇、事業主も農園主も商人もその恩恵に浴した。カスティージャの多くの町にいまも残る記念碑・宮殿・個人の屋敷など、この時期に建てられた建造物はこうした経済の繁栄なくしては説明がつかない。米国の経済史家アール・ハミルトン（1899〜1989）をはじめ、歴史家は押し並べて16世紀のほとんどを通じて農業・生産業・商業の発展によるスペインの富裕化を認めている。

だが、16世紀の後半に入ると、風向きが変わった。国庫の債務の返済に窮したフェリーペ2世は即位するや一方的に債務を利率五パーセントの国債に変えてしまった（1557）。つまり、当時juroと呼ばれた国債である。確かにこれは国庫の破産ではなく、単にそれまで流動的だった債務を固定化したに過ぎなかった。しかし、これがやがてスペイン経済に抜き差しならぬ結果をもたらした。また少なくとも16世紀の初めから聖職者・都市の住民・富裕農民など経済力がある人達が常に資金不足に悩む国に有利な条件で貸し付けた金も同じ名前で呼ばれた。この他に住居の購入とか事業の拡張を目指す個人を対象とした担保付の投資が行なわれ、こちらはcensoと呼ばれた。担保付投資は貸し手と借り手の双方にとって都合がよかった。貸し手に入る利息は高く、時には十六パーセントに達する一方、借り手はこれによって事業拡張に必要な資金を手にすることができたからである。当時はこうした投資が生産に結び付いていた。ところが一片の王令がカスティージャ経済の命取りとなった。スペインに貸し付けていた資金が国債に形を変えた途端、ジェノヴァ人はこれを高値で金融市場で売り捌いた。そしてその結果はすぐに現れた。フランスの経済史学者ピエール・ヴィラールの言葉を借りて言えば、こうしてスペインはジェノヴァ人によって活力のある国から債権に頼るだけの国に一変させられた。

変化はこれだけではなかった。大体1575年から80年頃までは商人も金融関係者もその利益をスペインから国外へ持ち出すことができなかった。外国人へ貴金属や金銀貨を売ることも禁じられていた。商人は利益をスペイン国内で羊毛・葡萄酒・オリーヴ油などの手工業製品や農産品の購入に充てるよう定められていた。購入品の持ち出しは合法で、彼等はこれらをヨーロッパ諸国へ輸出して利益を上げていた。こうしたヨーロッパ市場の需要とインディアス市場のそれが相俟ってスペイン国内の産業と農業の発展を促した結果、スペインは16世紀の大部分を通じて繁栄に浴した。しかし、1575年頃、対外政策に要する資金を絶えずジェノヴァ人に頼っていたフェリーペ2世から彼等は利益を祖国へ移す許可を引き出した。この持ち出し許可によって金銀の持ち出しが許されたジェノヴァ人がスペインの農産品や工業製品の購入を控えた結果、需要が消え、倒産が相次いだ。国内産業が低迷するスペインはその経済上の欠陥を満たすために国外に頼らざるを得なくなった。確かにインディアス市場からの需要は相変わらず大きかったが、スペインの物価はヨーロッパの中で最も高く、給料も同じ水準にあった。

一方、ヨーロッパ諸国では物価と給料の間には開きがあった。ハミルトンによれば、これがスペインの特殊状況だった。つまり、ヨーロッパでは物価と給料の差が利益の蓄積を生み、これが新たな通商や産業に繋がり、その結果、資本が形成されて資本主義の発展を促したが、スペインではこれに類する流れは皆無だったと言う。これに対してピエール・ヴィラールはハミルトン説を性急に過ぎるとし、同じ考えはフランスの経済学者カンティヨンがすでに18世紀に「スペインの遅れは給料の上昇がその原因だった」と述べているとした。このように17世紀スペインの衰退の原因は経済にあり、いまなおしばしば聞こえてくるスペイン社会の通念ないしはカトリシズムへの執着によるのでもなければ、スペインが近代に乗り遅れたのも宗教革命を排したからでもなかった。

18世紀に入ると、誹謗中傷の狙いはスペインそのものがどうこうと言うのではなく、スペインがラテン世界とカトリック世界の代表であるという点に移った。この視点に立つと、スペインだけが唯一の標的ではなく、言語と文化の領域で過去における役割と現在も続く影響からしてイスパノアメリカもまた標的となった。スペイン語圏を研究する者でアラン・ペイルフィットの著書『フランス病 Mal français』（1976）を読んで驚かない者はいない。彼はこの病は17世紀に遡り、「硬直した社会構造と人々の思考というフランスの基層はいまも変わっていない。いがみ合う階級に分断された社会、時折の暴動以外には何事にも事勿れ主義の国民、成長を忘れた経済、マルサス主義に特徴付けられる人口と社会という基調は過去三世紀間ほとんど無傷のままである」と断じる。そして第二章では、息も絶え絶えの国庫、肥大した国家機能、浪費に走る王室、無能と化したエリート層・貴族の驕り・経済の無知・年金制度・場当たり的な国債の発行などを挙げて「偉大な世紀」（Grand Siècle）と呼ばれるルイ14世の治世を「衰退の眩いばかりの始まり」と呼び、さらに「フランスは煩わしい革新を嫌い、外来の事物を警戒し、自国の文化と生活様式の優位をひたすら信じている」と言う。これではまるでスペインの衰退を論じた数ある作品を読んでいるようである。簡単に言うと、先にアングロサクソンの研究者達がウェーバーの学説の本質的なところを取り出してスペインを語ったのと同じことをペイルフィットはフランスについてしているのである。つまり、経済の立ち遅れと近代世界への完全な参入が妨げられた責任はカトリシズムにあると言うのである。因みに、ペイルフィットは「フランス病」ではなく「ラテン病」とすべきだった。この点を見抜いたスペイン語版の訳者は書名を『ラテン病 El mal latino』（1980）と変えた。

黒い伝説の生みの親はスペインの支配に反旗を翻したフランドル人だった。その本質部分はオラニェ公の『弁明の書』によって決まり、やがてスペインへの非難中傷の体裁が整い、誇張されていった。他方、15世紀の終り頃から、スペイン人にはセム的な要素があり、そのキリスト教徒としての信仰は不確かであるといった悪意の噂が真偽を問われないままにヨーロッパ中に流れていた。黒い伝説の唯一他に類を見ない点はフェリーペ2世を重婚と息子のカルロス王子を殺したとする個人攻撃だった。この種の攻撃は正統な主君に武器を手に蜂起した者がなんとしてでも自らの行為を正当化したいという欲求の所産である。黒い伝説はハプスブルク朝の覇権主義に対抗する格好な手段となってフランドル以外にも広まった。脅威を感じた者は悉くフランドル人と連帯してハプスブルク朝の覇権主義の力を削ごうとした。この意味で、敵の信頼の失墜を狙った黒い伝説は多くの点で20世紀の米国とソ連が互いにイデオロギーを振りかざして繰り返した時の応酬の先駆例と見ることができる。事実、具体的な国益とイデオロギーとは切っても切れない関係にある。イングランドのエリザベス女王とスペインのフェリーペ2世との対立は誰の目にも宗教上の対立と映るが、両者の間には新世界との交易を巡る対立があったことを忘れてはならない。同じことはフランドルの場合でも言える。フランドルは確かに独立と信教の自由を目指した。だが、同時にこれまた新世界への進出を掛けていたのである。16世紀の後半に入ると事態が全面戦争の様相を呈した理由の一端はまさにこの点にあった。

フェリーペ2世への個人攻撃の大方は根拠のない中傷だったが、不寛容と狂信への攻撃は的を射ていた。ただそこには悪意が絡んでいた。スペインの敵もまた不寛容と狂信では同じだったからである。いずれにおいても宗教と政治を隠れ蓑に犯罪行為が正当化された。またインディアスの征服と統治の有り様も確かに非難に値した。しかし、ここではひとつスペインを称讃して然るべき事実がある。すなわち、ある民族が16世紀には宣教、そして19世紀には文明化という真しやかな口実の下に他民族を支配するという発想に反対したのはスペインの学者が最初であり、また20世紀まではこれが唯一の例だった。そして黒い伝説の大方は事実に反し、あるいは悪意から誇張されたものであると知ったところで、どうということはなかった。事実、スペインという覇権国家からの脅威に晒されたヨーロッパはこれに立ち向かう手立てとして、目を眩まされるままに黒い伝説を我が物として受け容れた。

すでに述べたように、米国の歴史家モルトビーはスペインを標的にした黒い伝説を今日の反米主義に喩えている。フランスの哲学者ジャン・フランソワ・ルヴェル（1924〜2006）は『妄想としての反米。その機能・原因・結果』（2002）の中で現代世界に見られる米国への憎悪の理由を分析しているが、それはそのままスペインを狙った黒い伝説についても言えるかも知れない。ルヴェルによれば、反米の言説は間違っており、さらには愚かしいと退けるための反証は存分にあり容易だが、抵抗は執拗で手強い。反米主義の不可思議な点は情報があるのに知りたくないという点にある。米国についての精確な情報は大方知ることができる状態にあるにも拘らず、米国はあらゆる悪の根源であると信じたいという不条理な思いによって折角の情報も機械的に遠ざけられる。スペインを標的とした黒い伝説にもこれと同じような特徴がある。

第4章

スペイン人とその歴史

『アメリカの発見』クリストバル・コロンが先住民族の領土に十字架を打ち立てている。1590年印刷

コムネーロスの乱から啓蒙期まで

スペイン史はスペイン国内でこれまでにも多くの議論を呼んできた。スペイン人は政府の政策にも国外からの攻撃にも決して手をこまねいてはいなかった。そして彼等の反応は時代と共に変化した。ここでは1805年から25年にかけての危機を境にその前後を二つの時代に分けて検討してみたい。この危機の間にナポレオンとの戦争に疲弊したスペインはその植民地を失い、二流国に転落してヨーロッパの中での実質的な影響力を失った。このようなことは18世紀にはなかった。1805年以前のスペインは幾多の敵国に立ち向かいつつも、自らの状況を明確に見極めて改革案を作成する余裕を持ち合わせていた。だが、1815年以降は広範囲に及ぶ衰退に見舞われ、国論は状況把握でも改善に向けた手段でも二分した。

1519年、スペイン王カルロス1世が神聖ローマ帝国の皇帝となった時、家臣の多くはハプスブルク朝の覇権主義の道具になることでスペインが得るものはなにもないと考えた。況してや神聖ローマ帝国皇帝カール5世となったいま、カルロス1世はスペインの国益よりもハプスブルク朝のそれを優先するだろうと危惧された。しかし、こうした危惧から発したコムニダーデスの乱が1521年にビジャラールで鎮圧されると、反対勢力は沈黙し、以後スペインは本来自分とは無関係の政策に仕えざるを得なくなった。スペインのエリート層は戸惑いつつも自国の言語と文化がヨーロッパに、さらには世界に広まっていくのを誇らしく思った。国外からの攻撃には彼等エリートは多くの場合、一様に冷静に応えた。彼等はしばしば攻撃を栄光の代価と受け止めた。他方、スペインに勝ちようがない敵勢はスペインの名に泥を塗り、嗤いの種にしようとし、時にはスペインの功績を見て見ぬ振りをした。マルコス・デ・イサーバというナバーラ出身の兵士が書いた回想録『病めるスペイン軍』（1594）に次のような文言がある。

「我等の王の威勢と誉あるスペインの名を悦ぶ者はごく稀で、我等の栄光と勝利は彼等には死のように重く伸し掛かる。かつてスペイン人はどこでも愛された。だが、九十年前からこの方、彼等が目にする栄光ゆえに我々は嫌われ憎まれ、これから羨望という虫が絶え間なく生まれてきた。トルコ人、イスラム教徒、アラビア人、ユダヤ教徒、フランス人、イタリア人、ドイツ人、ボヘミア人、イングランド人、スコットランド人などは等しくスペイン人に敵意と憎悪を抱いている。」

国外からの攻撃に対して反論に立ち上がったスペイン人の中の代表的な人物のひとりはと言えば、どうしてもすでに幾度かその名に触れたケベードとなる。1916年に、1609年9月20日付でフェリーペ3世（在位1598〜1621）へ献上となっている彼の『スペイン防衛論』が世に出た。同書の中でケベードはスペインがローマ時代の天才に匹敵する優秀な人物を輩出したことを認めようとしない外国人に対して、歴史家ではヘロニモ・デ・スリータはティトゥス・リヴィウスに匹敵し、ペーロ・メヒーアはスエトニウスと較べて遜色なく、ファン・デ・マリアーナはヨーロッパには比肩する者はいないとした。またインディアスの征服と植民について年代記を書いたフランシスコ・ロペス・デ・ゴマラ、ペドロ・シエサ・デ・レオン、ゴンサーロ・フェルナンデス・デ・オビエド、アルバル・ヌーニェス・カベーサ・デ・バーカなどは忘れてはならず、ルイス・デ・グラナダの文章はデモステネス、アエスキネス、イソクラテス、キケロのそれに肩を並べ、ルイス・デ・レオンは一流の思想家であり名文家だったとした。さらに『ラ・セレスティーナ』と『ラサリージョ・デ・トルメスの生涯』は優れた人物から絶賛されて然るべき文学作品であり、ファン・デ・メーナ、ホルヘ・マンリーケ、ガルシラーソ・デ・ラ・ベーガは世界で最も優秀な詩人に数えられるに相応しいとされた。

こうしてケベードはスペインを文化国家に仕上げた。彼は明言していないが、これはかつてネブリーハが「陛下、後の世のために書き残された往時の幾多の書を目の前にしてつらつら考える時、私はひとつの確実な結論に至るのであります」としてイサベル女王に捧げた『カスティージャ文法』の序文の中で述べたあの「言語はいつの時代でも帝国に付き従う」と同じ主旨の主張だった。因みに、ネブリーハのこの言葉は周知のようにイタリアの人文学者ロレンツォ・ヴァッラの『ラテン語の優雅さについて』の序文にある次の一節に倣ったものである。「法の母、文芸の擁護者であるローマの政治支配はローマ文明を携えて広まった。ラテン語は文芸・法・学問と共に広まり、ローマの在る所ではどこであれラテン語が話された。」

スペイン政治への攻撃は1618年から48年にかけて激しさを増し、1635年、遂にフランスはスペインに宣戦を布告した。リシュリューの指示でルイ13世が宣戦を正当化する理由を述べる声明文を発表すると、これに対して多くのスペイン人が反論、中でもケベードとサアベドラ・ファハルドの二人が際立った。そして最も激しかったのは間違いなくケベードだった。彼は『フランスの篤信王ルイ13世陛下への書簡』では抑えた語調でルイ13世に再考を願ったうえで、それでもスペインを攻めることがフランスにとっての平和であるならば、スペインが武器を以ってこれに応えても文句は言えないとした。またリシュリューの影響力はヨーロッパの平和にとっても、フランスとスペインの親善にとっても有害であるとした。『アルマンド・リシュリュー枢機卿猊下の頭部の診査と解剖』と題した小冊子の内容は特に激烈だった。この中でケベードの想定する架空の医師団が世界中に蔓延する奇病の病原を探ると、これがリシュリューの頭部にあることがすぐに突き止められた。そこでその頭骸骨を解剖してみると、中味が幾つかの色に染まっていた。その内の黒は理由もなくリシュリューに殺された多くの貴族の悲嘆、黄色は同じくリシュリューによって財産を没収されて国外に追放されたフランスの名士達の絶望、青はフランスはおろかヨーロッパ中の善良なカトリック信者の恐怖だった。さらにリシュリューは「フランスではこの上ない暴君、イタリアでは醜聞の的、ドイツでは宗教分裂の種、オランダでは不和の毒麦、フランスと諸外国を焼き払う大火、そしてキリスト教世界を略奪と破滅と崩壊に晒す疫病神」とされ、「この生まれを間違えた半人半獣の残虐行為は枚挙にいとまない」とあらゆる点から見て危険極まりない人物とされた。

一方のサアベドラ・ファハルドはウェストファリア条約の事前交渉に参加する以前、特にローマとナポリで幾つかの外交任務を務めた高官だった。スペインの政策を擁護する本を何冊か著し、その最初は署名のない『スペインに対するルイ13世の宣戦布告への回答』（1635）で、カトリックの国に対して正義に反する戦争をフランスが仕掛けたことに当惑した臣下がフランス王に送った意見書という体裁を取っている。次はこれもまた署名のない『スペインの溜息』（1643）という小品で、フランス国民が国王に平和を求める内容である。この後、サアベドラ・ファハルドは同じテーマで、より入念な内容の三度目の本『ヨーロッパの狂気』を書いた。執筆年が不明で、1748年に初めて世に出たこの作品は、メルクリウス神とサモサタのルキアノスとの対話形式で書かれ、内容はカルロス1世の治世の初めにエラスムスとその弟子でスペイン人のアルフォンソ・デ・バルデースが当時の政治情勢について書いた文章を思わせる。サアベドラ・ファハルドはスペインに敵対する者達の偽善とヨーロッパ諸国の政治責任者達の野心を非難して、彼等はハプスブルク朝の権勢を恐れる振りをしているが、その権勢はいまやかつてのものでなく、いま最も警戒すべきはフランスであると説く。そして特にフランドル人に向けてフランスを信用するのは誤りで「ヨーロッパの安泰とスペインの優位を望まないフランスからの支援を信用してはならない。支援の狙いはフランドルの安泰ではなく、フランドルにカスティージャとの戦いを続けさせるためである」と警告する。

ケベードとサアベドラ・ファハルドの脳裡にはプロテスタンティズムの伸張という脅威に晒されているヨーロッパの精神的な統一、言い換えれば、キリスト教世界という文明をスペインは護るという使命感があった。とは言え、スペイン人のすべてが必ずしも同じ考えであったわけではなく、一部にはこの二人に劣らぬ人物を含めてこうした政策の根本に疑問を抱いている者がいた。彼等はそうした自分達の思いを公には口に出さずにいたが、フェリーペ2世の治世が終りに近づいた頃、特に無敵艦隊が失敗に終わった後に議会の議員の幾人かが質問の形で表明した。1588年、マドリード選出の二人の議員の内の一人が遂に国王の権威も意に介さずに次のような質問を口にした。

「カトリックの信仰とこれを護ることはキリスト教世界全体の任務であるにも拘わらず、このために必要な戦争とこれに要する負担はすべてカスティージャが引き受け、他は国も諸公もただ傍観しているだけである。このままではスペインがいまより貧しくなり、逆にフランスやフランドルやイングランドはもしかすると豊かになるのではないでしょうか。」

次いで1593年にはブルゴス選出の議員へロニモ・デ・サラマンカがスペインは現在の国境とナポリとインディアスを守ることでよしとし、いまや覇権政策を捨てて和平を結ぶようフェリーペ2世に要請した。同じ場でのマドリード選出のフランシスコ・デ・モンソンの発言はもっと明快だった。

「陛下、なにとぞお手を挙げてフランドルとフランスから我が軍をお引き揚げください。そうすれば聖なる信仰に従おうとしない彼等謀反の徒は厳しい罰を受けるでありましょう。身を滅ぼすのが彼等の望みであるなら、そうすればよいのです。……陛下は我国と海岸部と港をお守り下さい。また船舶を強化し、その数を増やし、必要なものをすべて揃えてジブラルタル海峡の航行を守り、またインディアスからの船舶が無事にスペインに帰港して彼の地の富が届くよう、その安全をお図り下さい。」

スペインの衰退

しかし、議員達のこうした声は無駄だった。筆頭大臣のオリバーレス公[1]は負担がどうであれ、なんとしてでもスペインをヨーロッパにおける筆頭国の地位に留め置こうとした。しかし、そのための経済負担は増す一方で、オリバーレスの政策に人々は不安を覚えた。状況がそれまでとは違ってきた感が広まった。こうした心理の変化は1598年から1602年にかけて生まれた。この間にフェリーペ2世が死に、ペストが襲来し、インフレの最初の兆候が現れた。ペストは15世紀の初め以来途切れることのなかった人口の増加にストップを掛けた。日常の現実と政府が決意した大望との間にはあまりにも大きな開きがあった。インディアスからの富の到来にも拘わらず、スペインが停滞に陥っていくさまは人々を驚かせた。インディアスから運ばれてくる富はセビージャで船から降ろされるや、そのまま国外に運び去られていった。どうしてこういうことになるのか、そのメカニズムは誰にも分らなかった。フェリーペ3世への献上本として1600年にバジャドリードで刊行された『スペインの再建と弁済に必要かつ有益な覚書』の中で逸早く「衰退」(declinación)という単語と概念が姿を現した。これの著者マルティン・ゴンサレス・デ・セジョリーゴはスペインの将来について思索を巡らせた最初のひとりだった。国の命運と言えば、ローマ帝国を例にすべての帝国は生まれ、繁栄して、滅びるとするのが通念だった中、ゴンサレス・デ・セジョリーゴは少し違っていた。1598年から1602年にかけて五十万[2]もの死者を出したペストが猛威を振るう中で執筆した彼は当時人々が理想的な生活としていた金利暮らしを銀と通貨が生む負の所産として非難、ギリシアの没落は通貨と商業の導入によって始まり、ローマもまた同じだったと指摘した。

いまや病に取り憑かれた感のあるスペインの枕元には大勢の善意の医師が集まった。「対応策立案者」(arbitrista)と呼ばれる彼等はさまざまな計画を提案した。周囲は彼等を狂人・人生の落伍者・現実離れした夢想家として嗤いの種にしたが、実際は道化者でも妄想家でもなく、中には今日ならばスペインが抱えていた問題を明快に分析する経済学者と見なせる人物がいた。彼等は農業・生産業・商業の状況を記述し、空理空論の名では済まされない解決策を提案した。彼等は先ず客観的な観察から出発した。国家予算に伸し掛かる国の債務、無数の寄食生活者を生み出す個人の負債、手工業と製造業を倒産に追い込む外国産業との競争、税金と借金で疲弊した農民の離農、農畜産業の衰退、仕事がないために都市部に押し寄せる流民などが彼等の観察の対象となった。

17世紀スペインの後退をもたらしたのは人口の減少と景気の後退とインフレ、そしてロクロワの合戦での敗北(1643)とウェストファリア条約(1648)という外交上の敗北のように見えるかも知れないが、たとえそうだとしてもこれを以って果たしてスペインが没落したと言えるのだろうか。これまで長い間、歴史家はスペインは没落したとしてきたが、この点は今日では新たに議論の対象となっている。正直なところ、スペインは没落したのではなく、16世紀の発展を経ていまや正常な状態に回帰したのである。

大体1580年頃までスペインはインディアスからの膨大な量の金銀の到来のお蔭で空前の景気に恵まれた。17世紀での後退は一時的なもので、それもスペイン全土に及ばなかった。こうしたことからピエール・ヴィラールによれば、没落と呼ばれている1640年から80年まではいわば無風の時期だった。この間にカスティージャが人口・製造業・大規模な国際交易といった優位の基本条件を失う一方、バスコ、カタルーニャ、カディスの一帯はいまだその力を発揮する段階に達していなかった。従って、スペインの没落ではなく、カスティージャの没落と言うべきだろうと彼は言う。

17世紀の末には出生率が再び死亡率を上廻り、インフレは収束し、生産活動は上昇に転じた。ただこの回復傾向は一律ではなく、地方によって開きがあった。いまや人々を引き寄せるのは半島中央部のメセータ地帯ではなく、周辺部だった。カスティージャ、レオン、エストレマドゥーラでは人口が減少し、逆にガリシア、アストゥリアス、バスコ、カタルーニャ、バレンシア、アンダルシーアでは増加した。そして経済でも同じ傾向が見られた。織物の売れ行きが依然として好調だったセゴビアを恐らく例外として、カスティージャの都市はいずれも16世紀末の停滞から立ち上がれず、いまや巨大な村でしかなかった。

それに17世紀に困難に見舞われたのはスペインに限らず、不況はヨーロッパ全土に及んだ。伝染病・飢饉・通貨の改鋳・国庫の赤字を埋める窮余策など、政治課題はどこでも共通していた。イギリスの名誉革命（1688〜89）やフランスのフロンドの乱（1648〜53）などを想い出すまでもない。スペインの状況もヨーロッパ全土を覆っていた変動の一端だった。ただスペインの場合は16世紀が稀に見る繁栄の時代だっただけに、その失墜が人目を惹くのは確かである。この辺りに関してはトレヴァー・ローパーの『プロテスタント革命から啓蒙時代まで』（1972）の中の「17世紀の危機」、ピエール・ヴィラールの『歴史における金と通貨』（1974）、フェリーペ・ルイス・マルティンの『フェリーペ4世期のスペイン財政』（1990）、ジェフリー・パーカーの『フェリーペ4世期のスペインの危機』（2006）などを参照されたい。

確かにスペインはもはや覇権国家ではなかったが、これは二流国に落ちたという意味ではない。18世紀のスペインはイギリスとフランスに次ぐ位置にあり、無視できる存在ではなかった。しかし、スペイン王位継承戦争を終わらせたユトレヒト条約（1713）でスペインはフランドル、ナポリ、ミラノ、サルデーニャなど、イベリア半島外の領土を失った。それでも当時最も豊かだったインディアスはスペインの統治下に残った。経済の視点から見れば、1680年に始まった回復は続き、凶作や生活条件の悪化や飢饉はあったものの、ペストによる被害はなくなり、人口は1700年から1800年の間に七百万から千百万に伸びた。メキシコの銀鉱の生産も安定し、もたらされる銀によってスペインは新たな形の覇権を手にした。

すでに触れたように、スペインの通貨は今日の米ドルに匹敵する地位を世界経済の中で占めた。物価は給料を上廻る形で順調に上昇、これによって生産者の利益も上がっていった。しかし、この経済の発展には地域差があり、人口と生産活動は確実に中央部から周辺部へと移動したとピエール・ヴィラールは言う。この変化こそは「黄金の世紀」のスペインと現代スペインとの相違を理解するうえでのカギとなるものである。

18世紀の開明派

多分に筆者の主観的な印象だが、外国人の考えに敏感だった18世紀のスペイン人にとって衰退は気にかかることだった。例えば、『法の精神』の要点を1722年から28年にかけて書き改めた『スペインの富についての考察』の中でモンテスキューは次のように言う。

「ヨーロッパが新世界との交易でこれほどの利益を上げたことから見て、スペインが得た利益はさらに大きかったと考えるのが当然だろう。スペインは新世界でそれまでの量とは比べものにならないほどの金銀を手にした。だが、恐らく考えてもみなかっただろうが、貧困が至る所でスペインを挫折させた。……スペインの止まるところを知らない衰退はあの時以来である。あの金銀には毒が潜み、この毒は金銀の中身を抜き取り、日々その力を増していく。金銀は偽りの、あるいは外見だけの富である。この外見の命は極めて長く、その性格からして損なわれることはほとんどない。そして量が増えれば、それだけ価値は下がる。メキシコとペルーを征服したスペイン人は本当の富を捨てて自ら堕落する外見の富を手にした。」

すなわち、モンテスキューから見れば、スペインが衰退したのは、真の財産は人間の労働と勤勉に根差すものであるにも拘わらず、偽りの外見でしかないインディアスの金銀をあらゆる富とあらゆる権勢の源であると受け止めたからだった。多くのスペイン人、分けても18世紀啓蒙期の開明派は自国がヨーロッパと較べて長年にわたって遅れをとってきたことを自覚し、速やかにこの格差を埋めるべきと考えた。だが、そうは考えつつも彼等はつい最近までのスペインの功績と栄光に目を瞑るところまではいかなかった。彼等は刷新と伝統重視は両立すると考え、ベネディクト会士ベニート・ヘロニモ・フェイホー（1676〜1764）の考えを良しとした。

迷信と偏見の撲滅の一方で近代科学の最新の成果をスペインに紹介してカトリシズムとの両立に生涯を掛けたフェイホーは、科学の分野でのスペインの遅れの原因を自らに問い、その答えとして、例えば新しいものと外来のもの、とりわけ近代哲学に対する偏見を指摘し、これをデカルト哲学、もっと正確に言えばデカルト哲学の下手な模倣だとするのは誤りだと強調した。フェイホーは必ずしも無条件でデカルトを信奉したわけではないが、その価値を認めるに吝かではなく次のように評価した。「幾つかの点でデカルトの言葉は間違っているかも知れないが、彼から正しい思考の方法を学んだ哲学者は数知れない。これこそが名著の価値である。全体の真実は細部の過ちに優る。細部にこだわって全体を忘れては判断を誤る。デカルトは機械論の生みの親でもなければ、唯一の代表者でもない。」フェイホーの言葉はさらに続く。

「しかし、デカルトは知識人に機械論を教えた人物である。彼の哲学は賛否を問わず、誰しも参照しなければならないものである。そして彼が述べる機械論は科学の視点から実りあるものだった。そこで要求されるのは、あらゆる理論の拘束を排し、知覚できる結果からその原因を究明する実験物理学に目を瞑らないことである。」

簡単に言えば、フェイホーは方法と理論を分離したのである。哲学理論としての機械論には議論の余地があった。だが、方法論としては科学的思考そのもので、アリストテレス哲学を凌駕した。そしてスコラ学者はスコラ哲学と手を切ることなくこの思考方法を活用できた。

開明派はこうした思考に救いを見出した。これによって彼等にはカトリック教会を裏切ることなく近代科学に付いていく道が開け、王冠と祭壇への非難は鳴りを潜めた。それでも19世紀から20世紀にかけてスペインの世論の一部は開明派をスペインの魂と伝統とは嚙み合わない概念や思考を外国、取り分けフランスから取り込んだ裏切者という理由で攻撃したが、これには客観的な根拠はなかった。それどころか開明派は祖国の過去に深く共鳴し、その歴史と文学と芸術の遺産を評価した。著名な作家の作品が再版され、往時の人文主義に代表される風潮の再来の感が漂い、「黄金の世紀」

という概念を生み出す力となった。すると再びフェイホーが登場し、徒に伝統の概念に依存することの間違いを指摘した。そして「新しさを嫌う者はアリストテレスの名を掲げてデカルトを批判して伝統に執着するが、かつてアリストテレスが原子論者の伝統と訣別した事実を忘れている。そしてあらゆる革新を排除するという原則の行き着く先は停滞である」と言った。フェイホーの著作はスペインでもインディアスでも広く読まれた。カルロス3世に仕え、自らも開明派を率いる一人だったカンポマーネスはフェイホーの作品を1765年に四巻にまとめて刊行した。

スペインの開明派は中庸を守ろうとした。モンテスキューの『ペルシア人への手紙』（1721）をモデルに書かれた作家ホセ・カダルソ（1741〜82）の『モロッコ人への手紙』（1789）の中で、著者はフランスを進歩の先頭を行く国と見る一方で、スペインでは事がうまく働かないことを承知していた。だが、それだからといって彼は外来のものに目を瞑ることもスペインの過去と現在を退けることもしなかった。こうした姿勢はいつものことながら左右双方の過激派から胡散臭い目で見られた。カンポマーネスとフアン・センペーレ・イ・グアリーノスは「黄金の世紀」の先に触れた対応策立案者の著作を再版した。二人にはそこに述べられた当時の国内情勢の診断とこれへの対応策が自分達の目の前のことのように思われた。18世紀スペインの開明派は自国の近代化を望みつつも伝統を愛し続け、国外からの不当な、あるいは悪意の批判に黙っていなかった。例えば、パンクク社の『体系的百科事典』に掲載されたマソン・ド・モルヴィリエの記事には強く反撥したし、そもそもこの種の論調には少なからぬスペイン人が反撥した。彼等はスペインを二流国とは認めず、ヨーロッパ文明への往時の貢献を誇りに思っていた。いまでこそ確かにヨーロッパに遅れを取っているが、遅れは克服できる、つまり、自分達が望む革新は国の伝統と両立するというのがその信念だった。

しかしながら、1789年から1825年にかけてのフランス革命の嵐は深刻な変化をスペインにもたらした。その第一段階[3]（1808〜68）では旧体制の擁護派とこれの反対派が対立した。単なる守旧派とカルリスタの名で知られる超王党派から成る擁護派は従来の王制の復活を目指し、反対派は自由主義の原則に基づく新たな体制の樹立を狙った。双方の対立はやがて1868年の革命に発展し、イサベル2世（在位1833〜68）は国外亡命を余儀なくされた。この後には議会君主制[4]（1870〜73）、統一共和制と連邦共和制[5]（1873〜74）、そして最後は軍事クーデターを経てブルボン復古王政（1874〜1923）と、体制が目まぐるしく変わった。だが、この復古王政は20世紀スペインの分裂の直接原因となる新たな対立を生んだ。その結果が、ミゲール・プリモ・デ・リベーラ（1870〜1930）将軍の独裁（1923〜30）、第二次共和制（1931〜39）、内戦（1936〜39）、そしてフランコ体制（1939〜75）である。

自由主義と保守主義

ユトレヒト条約（1713）後のスペインは、まだイギリスとフランスに続くヨーロッパ第三の国だったが、一世紀後のウィーン会議（1814〜15）の後は二流国に堕した。ナポレオンの敗北に一役買ったにも拘わらず、スペインは戦後の新たな体制から除外された。その一方で敗戦国フランスはスペインとは逆に新体制の一員に名を連ねた。スペインはインディアスでの再興を目指してローマ教皇庁の支持を期待したが、イギリスの反対で目的を果たせなかった。ペルーのアジャクーチョでの合戦（1825）でスペインが敗れると、インディアスの大部分がスペインの支配から離れた[6]。

これによってスペインは16世紀以来その対外政策の財源となってきた金銀を失った。加えて、ナポレオンを相手とした自らの独立戦争（1808～13）が大きな災難となって降りかかった。

1808年の時点でのスペインにはいろいろ欠けているものがあったが、それでもまだ希望があった。だが、1814年のスペインは一変廃墟と化していた。通商と生産業は中断し、立ち直るには長い時間を要した。そして間もなく前後三回にわたるカルリスタ戦争が国内の荒廃に追い打ちを掛けた。18世紀は周囲の情勢はまだスペインにとって明るかったが、1814年では万事が国の再建に逆行した。物価は下がり気味で、やがて経済活動は低迷し、失業と停滞がスペインを覆った。国家財政は惨状を極めた。インディアスからの銀を失った政府はイギリスとフランスから最悪の条件の下で借款を余儀なくされた。これらの理由から世界におけるスペインの評価は最低の地位にまで堕ちた。多くの外国人の目に映るスペインは野蛮と残虐の国だった。対ナポレオン独立戦争の発端となった1808年5月2日の民衆蜂起と続くバイレンでの戦い（7月19～22日）で奮戦した兵士、60日間に及んだサラゴーサの防衛戦（7～8月）を戦い抜いた市民、ナポレオン軍を敗走させたゲリラ戦士[7]などの活躍はヨーロッパ中で一度は賞讃されたものの、1815年が過ぎると戦闘の激しさと修道士達の狂信ぶりだけが人々の注意を惹いた。

『スペイン史事蹟 Episodios nacionales』（1873～75）を書き始めた頃のベニート・ペレス・ガルドース（1843～1920）が目にしたスペインは政治も社会も停滞の真っ只中にあった。19世紀スペインの特徴であるこの状態の発端はカルロス4世（在位1788～1808）の治世の終わり頃の一連の出来事にあった。ゴヤの『カルロス4世の家族』に描かれたあの退廃と堕落にまみれたスペインにも崩壊の後に再建の動きは続いた。ナポレオン軍の侵略に対してスペイン人は一致団結して戦い、そこから新しい形の祖国愛が姿を現した。だが、同時に国論が分裂した。ナポレオンの兄ジョゼフ・ボナパルト[8]（在位1808〜13）による王位継承はごく少数を除いて大部分のスペイン人から拒否され、彼は「闖入王」（rey intruso）の名で歴史に残った。フランス軍への激烈な抵抗の中でスペイン人は意思の統一を欠いた。ある者は従来の絶対王政をそのままにフェルナンド7世（在位1808／1814〜33）の帰還を主張し、またある者はこの機会に絶対主義に時代に沿った制約を設けてスペインの近代化を目指した。両者の対立は対ナポレオン戦争の終結後も続いた。

近代化を目指す陣営は次のように主張した。「ある時点でスペイン史は道を踏み誤った、それはコムネーロスの乱の首謀者がビジャラールで断頭台に消えた1521年4月23日である。以後、外来の王朝によって専制主義がスペインに持ち込まれた。」詩人マヌエル・ホセ・キンターナが『フアン・デ・パディージャへの頌歌』（1797）で「私は抑圧と闘う力の立派な範をこの国に与えた」と詠えば、劇作家フランシスコ・マルティネス・デ・ラ・ローサはこれを引き継いで独立戦争の最中に『パディージャの寡婦《かふ》』を書き、この中で夫の死後にトレードで抗戦を指揮したマリーア・パチェーコを描いた。この作品はフランス軍に包囲されたカディスで1812年6月に初めて上演され、その二年後にマルティネス・デ・ラ・ローサが『独立戦争素描』という序文を付けて出版した。これらの作品に込められた主張は、スペインの政治的な自由はハプスブルク朝の最初の王カルロス1世によって息の根を止められたとするものである。

国の没落という課題と密接に結びつくこの考えは時を経ずして自由主義の大前提となった。これをなによりも明らかに物語るのが1850年にマドリードで出版された歴史家アントニオ・フェレール・デル・リーオの『スペインの没落。第一部。カスティージャにおけるコムネーロスの蜂起

1520〜1521』という書名である。著者は本の冒頭から「コムネーロスの敗北からスペイン政治の逸脱は始まる」と書いて書名の妥当性を述べた。そして1808年の世代、すなわち自由主義の第一世代にとっては、スペインは後にイギリスやフランスのそれに匹敵する制度の成立に至る道から逸脱してしまったものの、1520年まではカスティージャもアラゴンも政治の自由や議会制に関してイギリスやフランスを羨む理由はまったくなかったとした。同じ頃、法学者フランシスコ・マルティネス・マリーナの『議会論』（1813）も「中世の議会は国王の権力に平衡する役割を果たしていた」と同じ見解を示した。因みに、著者はこの作品を「良好な関係にあった」あのジョゼフ・ボナパルトに献上する積りだった。また19世紀末、ポーランドのスペイン研究者で自由主義に陶酔していたピスコルスキーは著書『中世から近代への過渡期のカスティージャ議会1188〜1520』（スペイン語版1930）の中で、コムネーロスの敗退でカスティージャの議会政治は死んだとして、中世の議会に関する研究を1520年で打ち切ってしまった。こうした民主的な伝統は、ディエゴ・クレメンシンが伝記『カトリック女王イサベルへの讃辞』（1821）の中で指摘しているように、カトリック両王期を含めて歴代の国王によって尊重されてきた。だが、カルロス1世はやがて没落をもたらす専制主義をスペインに導入し、フェリーペ2世はこれを引き継いだ。父カルロス1世は1521年にビジャラールでカスティージャの自由の息の根を止め、息子のフェリーペ2世は1591年にアラゴンの大法官ファン・デ・ラヌーサの処刑を以って同国の自由を潰したとされた。

近代的な意味で初めての議会と言えるカディス議会（1810）で自由主義者はそれまでの自国の歴史の二世紀間を否定した。これは特定のイデオロギーを背景に起きたスペイン史上初めての出来事だった。いまや自由主義者は18世紀の啓蒙期以来ヨーロッパがスペインに向けてきた最も厳しい批判を受け容れたかに見えた。彼等はこのヨーロッパへの譲歩を次のように説明して自説の正当性を訴えた。「16世紀初めに国民の意に逆らって外来の王朝は我国のそれまでの長い伝統を断ち切った。その結果、我国はその後の歩むべき道を逸脱した。自分達はいまこれを正して議会政治の導入を目指す。これは絶対主義者が言っているようなフランスの百科事典派や革命の模倣ではなく、1521年に無残にも断ち切られた自国の伝統を引き継ごうとしているだけに過ぎない。」このように自由主義者は祖国の自由と独立を守るためにビジャラールで処刑されたコムネーロスの指導者パディージャ、ブラーボ、マルドナードなどを偉大な先駆者として自分達の主張の原点に据えた。

しかし、保守派はこうした視点を退けた。中でも神父ハイメ・バルメス（1810〜48）と思想家ファン・フランシスコ・ドノーソ・コルテース（1809〜53）の二人はプロテスタンティズムの排除およびスペインとヨーロッパにおけるカトリシズム防衛というスペインの伝統に集中して自らの考えに一貫性を持たせようと努めた。対する自由主義者はこれをスペインの本質に反すると見做して非難した。バルメスは雑誌『スペイン思想』と著書『プロテスタンティズムとカトリシズムの比較』（1842）の中で君主制を讃美して自由主義の穏健派とカルリスタの歩み寄りを図った。一方のドノーソ・コルテースも『カトリシズムと自由主義と社会主義についての試論』（1851）の中で同じ考えを述べ、自由主義に附随する理性主義と社会の在り方を退けてカトリシズムを文明の完成された根底とした。彼の思想の根本的なテーマのひとつは宗教と慣習や社会の成り立ちとの間の密接な関係だった。とりわけ彼にとっては宗教があらゆる文明の基礎を成す主要な要素だった。この点で彼はかなり反教権的だった自由主義者とやがて衝突した。

1850年に第一巻が出たモデスト・ラフエンテの『スペイン全史』は自由主義者と保守派双方の視点の接近を目指した。スペイン人に広く国民意識を持たせることを目指したラフエンテは、スペインが独立とカトリック信仰という二つを基軸の上に成立してきたことを人々に教えたいと考えた。そしてそのために彼はイベリア半島の住民がローマ人・イスラム教徒・フランス軍といった外部からの侵入者に常に抵抗したことと並んで国の自由とカトリックによる統一への民衆の強い思いを強調した。だが、この一方で彼は絶対主義・不寛容・狂信を退けた。このために彼にとっては、国土と信仰の統一を達成してトレード宗教会議によって穏健な君主制を実現した西ゴート王国、レコンキスタ、カトリック両王、コムネーロスの乱、信仰の統一に尽くしたフェリーペ2世、対抗宗教革命、18世紀の啓蒙主義、対ナポレオン独立戦争などはいずれも称讃に値した一方、国土と信仰の統一を脅かしたイスラム教徒、ユダヤ教徒、プロテスタント、あるいは国の自由を危うくしたカルロス1世やフェルナンド7世などには厳しい目を向けた。

不寛容やプロテスタンティズムとの闘いといった黒い伝説の内容の一部を取り上げたために、自由主義者も保守派もともすれば伝説そのものを肯定あるいは否定する印象を与えるが、これはまったく別のことだった。他のヨーロッパ諸国と同様に19世紀のスペインは己の過去を振り返り、未来はどうあるべきかという課題に取り組んだ。その結果、生まれたイデオロギーや政治論争は同じ頃の他の国々のそれに似通っており、これらに国外からの影響があったとする解説者や歴史家は間違っている。対立の原因は国外にあるのではなく、フランス人やその他の国民と同じくスペイン人の場合も自分自身の分裂にあった。しかも分裂の理由はどこでもしばしば同じだった。黒い伝説がこの頃の対立と無関係だったことはやがて1868年から74年にかけての深刻な危機によって確認できる。

1868年9月から74年12月の間にスペインの政治体制は暫定政権(9)（1868〜70）、立憲君主制(10)（1870〜73）、第一次共和制(11)（1873〜74）と目まぐるしく変化した。加えてカルリスタが新たに蜂起し、キューバでは最初の反乱が勃発した。こうした政治危機の中で1808年に始まったスペインの没落の責任をハプスブルク朝に問う論争が新たにカトリック教会を巻き込んだイデオロギー対立として再燃した。さらに1870年頃には特にフランスを筆頭にスペインを含む南ヨーロッパのラテン諸国の間には自らを二流国と低く見て、他のもっと活力のある国に押さえ込まれる運命にあるのではないかという不安が生まれた。そしてこのような宿命にはどのように立ち向かうべきなのかが課題となった。

学術論争

1808年の自由主義者はスペイン社会におけるカトリック教会の役割に歯止めを掛けたいと考えた。こうした思いからある思想が生まれた。フリアン・サンス・デル・リーオ（1814〜69）によってスペインに紹介されたハイデルベルク大学の教授カール・クリスティアン・フリードリッヒ・クラウゼ（1781〜1832）のある著作に触発されたクラウゼ主義である。サンス・デル・リーオがクラウゼの著作に惹かれた理由は科学・倫理・政治がひとつの世界観と理性主義哲学にまとめられた点だった。確かにクラウゼ主義は一種の自然宗教のようなもので、教義や神秘といった人知を超越するようなこととは無縁で、16世紀の照明派やエラスムスの思想に容易に通じるところがあった。クラウゼ主義はスペインとは相容れないものだと主張する声に反して、クラウゼ主義は16

世紀のエラスムス主義や18世紀のヤンセン主義などウナムーノによって20世紀にまで受け継がれた伝統の中に収まるもので、強いて言えばプロテスタンティズムがスペインで帯びた独特な世俗宗教か一種のピューリタニズムのようなものだった。しかし、これらは後にメネンデス・ペラージョによってスペイン精神とは相容れない異端としてことごとく退けられた。サンス・デル・リーオはまたクラウゼ主義の中に大学は教会や国家から独立して知識の進歩に専念すべきであるという概念を発見し、これを『人間の生のための理想』（1860）の中で説いた。

同じ頃、かつての精神的運動への関心が改めて起きてきた兆しが窺えた。中でもアドルフォ・デ・カストロ（1823～1898）を筆頭とするスペインにおけるプロテスタンティズム研究が息を吹き返した。彼が著書『スペインのプロテスタントとフェリーペ2世による迫害史』（1851）の中で、フェリーペ2世と異端審問所によってスペインのプロテスタンティズムは伸張を阻まれたものの、ヨーロッパで最も重要な運動となったと主張すると、幾人かの知識人がこれに賛同した。このカストロ説を支持したペルーのクエーカー教徒ルイス・ウソース・イ・リーオ（1805～65）は同じくクエーカー教徒のストラスブール大学教授エドゥアール・ベーメールと協力して、16世紀の前半に異端審問所によって迫害されたスペイン人プロテスタントの著作を『昔日のスペイン人プロテスタント』（1847～65）として出版した。二十巻から成る同書は後にベーメールによって三巻本『Bibliotheca Wiffeniana』にまとめられ、刊行された（1883～1904）。

こうした動きはスペインにおけるプロテスタンティズムを同じ頃のヨーロッパにおけるルター主義、カルヴァン主義、ピューリタニズムなどに匹敵する運動として見直そうとする意図の現れだった。こうしてカストロは16世紀末以来ハプスブルク朝をスペインにおける思想の自由の弾圧者と非難してきたヨーロッパ人の声に加わった。そしてこれはまたすでに見たように、1808年のスペインの自由主義者の視点でもあった。ただ異なるのはクラウゼ主義者とカストロはカルロス1世よりもフェリーペ2世の方に非難の声を向けた点だった。すなわち、両者はオラニェ公に倣って「南の悪魔」を憎悪する声に近い立場にあった。またカストロはフェリーペ2世によって殺されたとされるカルロス王子の問題も取り上げ、王子をイサベル王妃を巡る父フェリーペ2世の恋敵ではなくプロテスタントと捉え、殺されたのはこの理由によるとした。

1860年代、クラウゼ主義の評判が高まると、これに不安を覚えた保守派はクラウゼ主義が若者を堕落させ、社会の混乱を招くとして非難した。またクラウゼ主義はカトリックの信仰にとっても危険であると見られた。1867年1月22日、政府はすべての大学教授にカトリック教会と王権に忠誠を誓うよう要求した。この時、サンス・デル・リーオとその友人達は良心と表現の自由の名の下に宣誓を拒否して大学を追われた。イサベル2世の退位による1868年9月の政変後の新政権はクラウゼ主義の主張の一部を取り込んで、イエズス会士の追放・修道会の解散・信教の自由の宣言・聖職者特権の廃止・民事婚の制定・墓地の世俗化などを矢継ぎ早に打ち出した。だが、1875年のブルボン王制の復活と共に論争が再燃、同年2月26日に勧業大臣マヌエル・オロビオは国内の大学長に宛てて回状を出し、その中で教員がカトリシズムと君主制に反するような思想を学生に話すことのないように見張るよう指示した。これに抗議して優秀な人材が教壇を追われ、あるいは処罰された同僚と連帯して大学を去った。その内のひとりヒネール・デ・ロス・リーオスは教授達に押し付けられようとしていた制約事項を記憶に留め、これらに縛られない自由を守り抜くために「自由教育学院」(Instituto Libre de Enseñanza)を設立した(1876年10月29日)。

こうした状況の中でスペインでは学問を巡る論争が持ち上がった。進歩的な考えを持つ詩人でジャーナリストのガスパール・ヌーニェス・デ・アルセ（1834〜1903）はアカデミアへの入会講演「ハプスブルク朝時代の後半にスペイン文学が俄かに衰退して完全な崩壊に至った原因」（1876年5月21日）でこのテーマを取り上げ、政治と宗教の両面での専制化がスペインの没落の原因だったとした。この講演は基本的には1808年以来の自由主義者が主張してきた課題を改めて取り上げたに過ぎなかったが、批判がハプスブルク朝後半の国王に集中してカルロス1世とフェリーペ2世が除外された点で、それまでの論調とは異なっていた。

またマドリード大学の文学教授で次第にクラウゼ主義から離れ、新カント哲学を経て最終的には実証主義者となったマヌエル・デ・ラ・レビージャは雑誌『Revista Contemporánea』にヌーニェス・デ・アルセの講演の要旨を載せ、そこで彼に同意しつつも「不寛容は専制主義にもまして我国の文化を破滅させた」の一言を付け加えるのが妥当と考えた（1876年5月30日）。これは言い換えれば、スペインの没落の主要な原因はカトリック教会と異端審問所にあったということだった。翌年、先のオロビオ大臣の回状で大学の教壇から追われてその後の自由教育学院の設立に加わったもうひとりの著名なクラウゼ主義者グメルシンド・デ・アスカラテ（1840〜1917）が再びこのテーマを取り上げ、「学問の自由が窒息せしめられた三世紀間」と題して語った。すなわち、ハプスブルク朝だけでなくブルボン朝も没落の原因だったとし、スペインがようやく立ち直ったのは1810年のカディス議会でだったと主張した。

自由主義からのこうした一連の攻撃に対して1876年に若干二十歳の天才青年メネンデス・ペラージョがカトリシズム防衛の声を上げた。間に数週間を挿んで雑誌『Revista Europea』に発表した二本の記事でクラウゼ主義と実証主義双方の名立たる人物を流麗な文章で批判した。最初の記事「息を吹き返したミスター・マソン」[12]（1876年7月30日号）はラ・レビージャへの反論であり、『Revista Contemporánea』誌への抗議だった。この中でメネンデス・ペラージョは同誌がスペインへの侮辱に特化しているとして次のように書いた。「ドイツ語を知らず、ハイデルベルクで学んだこともない私には……スペイン語でスペイン人を対象に編集されていると思われるこの雑誌の中味がことごとく外国生まれである理由が分からない。」これはクラウゼ主義者とその同調者がスペインの本質に無知なままに、すべて外国から示唆を仰いでいることへの批判だった。そしてさらに「自称自由主義者には不寛容がスペイン史を解くカギとなっている。ヌーニェス・デ・アルセの講演はスペイン文化への容赦ない攻撃であり、クラウゼ主義の洗礼を受けたレビージャの発言は異端審問所と聖職者への罵声である」と批判した。

もうひとつの記事「再び眠りについたミスター・マソン」（1876年9月24日号）ではメネンデス・ペラージョは自らの姿勢をはっきりと打ち出した。アスカラテが論議を「三百年もの間、スペインの学問は窒息状態にあった」の一句にまとめたのを受けて、これを意識して字句通りに解釈したうえで、メネンデス・ペラージョはクラウゼ主義者や実証主義者はカトリシズムを憎悪するあまり「黄金の世紀」の輝きに目を瞑り、ついには文学と芸術の数々の傑作に彩られたスペイン史の最も美しいページを否定しているとした。だが、批判される相手の方はこのようなことは言ってはおらず、ただ単にスペインの没落の原因を探り、没落の時期を17世紀としただけだった。この点はクラウゼ主義に特に同調していたわけではない政治家で歴史家のアントニオ・カノバス・デル・カスティージョ（1828～97）の同じ頃の著書『スペイン・ハプスブルク朝略史』（1869）も同じだった。

つまり、カトリシズムへの憎悪などはなかったのである。近代の科学革命は確かに17世紀に機械論から生まれた。そしてスペインがこの新しい知的冒険にはほとんど与らなかったことは事実である。この点についてクラウゼ主義者も実証主義者も専制政治とそれ以上に教会の不寛容に責任があるとした。ただし、その彼等も科学と文学を同一視はせず、遅れが明らかなのは科学においてであったとした。当時のスペインにはガリレオ、デカルト、ニュートンなどに肩を並べる人物はまず見当らず、神権政治と異端審問所に具現される不寛容が科学の発展を妨げたとされた。

これに対してメネンデス・ペラージョは次のように反論した。「尊敬すべきフィロゾフ達はスペインには学者はいたし、それも極めて立派な学者だったが、彼等はカトリックであり、その執筆活動は宗教と政治の統一の下でのことだったと非難する。だが、宗教上の不寛容はキリスト教の教義に抵触しない学問にはまったく影響しなかったし、有益な書物が禁じられることも学者が迫害されることもなかった。確かにあの時代のスペインは天才を生まなかったかも知れないが、黙々と働く優秀な人材を世に送った。」その後、1894年にメネンデス・ペラージョはこの問題をもっと冷静に取り上げ、不幸にしてスペインの没落はヨーロッパの科学の躍進と時を同じくしたと言い、さらにスペインは確かに科学革命には参与しなかったが、それは16世紀から17世紀にかけてのスペインは実用に捉われるあまり基礎研究を疎かにしたからだという注目に値する見解を述べた。

だが、メネンデス・ペラージョの先の二つの記事と同じ年にバルセローナで『ヒトの起原』の抄訳が、次いで翌1877年には『種の起原』が出版されてスペインでもダーウィンの学説が知られ始めた。『種の起原』は一般向けの廉価版が版を重ねた。またジョン・ウィリアム・ドレイパー（1811〜82）の『宗教と科学の衝突の歴史』（1874）のスペイン語訳（1876）が自由主義派の熱い歓迎を受け、同じく『ヨーロッパの知的進化の歴史』（1862）のスペイン語訳（1890〜1900）も多くの版を重ねて自由主義者から歓迎されたことはここで指摘するに値する。ドレイパーにとってスペインはアラビア文明とコロン以前のアメリカ先住民文明の破壊者だった。

これによってそれまでの議論に新たな勢いが加わった。進化論は近代ヨーロッパと進歩の哲学となり、反カトリック勢力は科学と宗教は両立しないという考えを広めようと努めた。例えば、ダーウィンを信奉する医学博士ペレグリン・カサノーバ（1849〜1919）は1909年2月にバレンシアで開かれたダーウィン生誕百周年行事での記念講演で、スペインが科学で遅れている要因がかつてプロテスタンティズムを拒否し、多くの学者が異端審問所によって命を奪われ、青少年の教育が修道会に委ねられてきたことにあるのはダーウィンの学説によって確認されたとした。

スペインでの科学を巡るこうした論争は黒い伝説の影響と解釈すべきだろうか。当時、自国の科学の遅れに着目し、その責任はカトリック教会にあるとしていたスペイン人は、かつて16世紀以降、敵側から科学分野でのスペインの遅れの原因は不寛容と蒙昧主義にあると言われてきたことを今度は自分達の主張に摩り替えただけなのだろうか。確かに双方の間には類似点はある。しかし、我々は外見に騙されてはならない。つまり、19世紀後半にスペインの知識人を分断した論争を黒い伝説に帰してはならない。理由は、この種の論争は当時のヨーロッパの大部分の国でも見られたからである。事実、啓蒙期以来、宗教は批判に晒されてきた。人間は自分が抱く問いへの答えを宗教ではなく理性に求めるようになった。知性と学問は人間を宗教から自由にするだけでなく、宗教に取って代わろうとした。信仰としての宗教が疑問視されるだけではなく、組織としての教会に攻撃の矛先が向けられ、社会に及ぼすその影響力を削ごうという試みがなされたのである。

学問または政治からのこうした攻撃に対してローマは頑なな姿勢で応酬した。教皇ピウス9世（在位1846〜78）が発した次の四つの文書にこれが読み取れる。

1. 理性は信仰問題の領域を侵して混乱を引き起こしてはならないとした回勅《かいちょく》 Gravissimas（1862）。
2. 良心の自由・信仰の自由・民主主義を断罪した回勅 Quanta cura（1864）。
3. 近代の誤りを列挙して、進歩・自由主義・近代文明を非難した謬説《びゅうせつ》表 Syllabus de erroribus（1869）。
4. 第一回ヴァティカン公会議での公会議における教皇の不謬性《ふびゅうせい》（infallibilitas）の宣言（1870）。

この頑なな姿勢はピウス10世（在位1903〜14）でも変わらず、回勅 Pascendi（1907）は、聖書の解釈と科学の研究が超自然的なものを万事抽象化しようとする傾向を近代の異端として断罪した。以来、カトリック信者の間では近代という用語は自由主義を筆頭に啓蒙思想とフランス革命から生まれた文明及びその原則を意味するようになった。

各国の教会の支持を背景とするローマ教皇のこうした頑迷な姿勢はスペインを含めヨーロッパ中でカトリシズムに対する反撥を引き起こした。文化闘争（Kulturkampf）（1872〜75）と呼ばれたドイツでの運動や19世紀末から20世紀初めにかけてのフランスにおける教育の世俗化と政教分離を巡る論争を想い起こすまでもない。無論、スペインとて例外ではありえず、黒い伝説の有無に関係なくこうした問題を巡って同じような形で、また同じような激しさで国論が割れた。事実、教会がそれまでの特権のどれかを奪われる度に保守派は激怒した。これは特にどちらに与していたわけでもないペレス・ガルドースがカトリシズムそのものではなく、言ってみれば聖職者党とでも呼べそうなネオカトリックを批判した時に蒙った激しい反撥からも明らかである。つまり、論争はイデオロギーではなく、政治の領域のものだった。

1901年1月30日、マドリードで彼の作品『エレクトラ』が初演された。狂信と蒙昧主義に迫害される若い女性が寛容と理性と進歩を演じる人物に擁護されるというこの作品は大騒ぎになった。ネオカトリックが『エレクトラ』はキリスト教を冒瀆する容認し難い作品と決めつければ、反対派はスペイン中で激しいデモを繰り広げて教会を攻撃した。こうして見ると週刊誌『El Motín』が盛んに煽り立てていたような民衆の反教会感情といったものはどう捉えたらいいのだろうか。当時、同誌はヴェールに包まれた修道院内部の暮らしと修道士や修道女による犯罪とその堕落振りを「修道院内の淫乱」とか「修道院内の色恋沙汰」と題して連載していた。バルセローナではアレハンドロ・レルー（1864〜1949）が、バレンシアではブラスコ・イバーニェスが盛んに聖職者と教会への反感を煽り立ててウナムーノの怒りを買った。またバレンシアでは共和派が百科全書派のいい加減な知識を掻き集めて編集した粗雑極まりない民衆向けの本で似非《えせ》科学を振り撒いて人心から死後の世界への思いを根絶しようと図った。粗野で品位を忘れたこの反教会主義は一部のエリートによる教会とカトリック信仰に対する批判の成れの果てだった。そしてまさにこれの力の見せ場となるのが第二共和制である。

スペインの衰退は本当か

前々からの危惧が米西戦争（1898）での惨めな敗北によって現実となるよりずっと前に、一部の知識人や文人は自国の将来について果たしてスペインもかつての多くの帝国と同じように没落する運命にあるのかという疑問を抱いた。

この疑問を抱いた最初のひとりはホアキン・コスタ（1848〜1911）だった。1867年のパリ万博を訪れた彼はスペインが学術・経済・社会・政治・外交のあらゆる面でヨーロッパに遅れを取っていると実感した。ナポレオン軍の侵略を退けた独立戦争以降のスペインは没落の一途を辿り、イサベル2世の退位という1868年の政変はなんらの変化ももたらさなかったのみならず、1875年のブルボン朝の復活によって変革の希望は失せ、すべてが以前に逆戻りしてしまったとの感を抱いたコスタにはスペインが呪いのようなものに取り憑かれているように思えた。一体なにが原因か。他の国にも困難な時があったが、いずれもそれを乗り切った。だが、スペインはそうはいかなかった。スペインにはなぜシュリ公、リシュリュー、マザラン、コルベール、クロムウェルのような人物が現れなかったのか。原因は16世紀の宗教政策にあったのだろうか。だが、不寛容はフランスとて同じだったではないか。コスタの疑問は続き、遂には「我国の劣勢や没落の原因は民族的なものにあると私には思える」と言って、スペイン人は先天的に無能なのだと考えた。

こう考えたのは彼だけではなかった。確かに遠い昔からイベリア半島の豊かさを詠った人物はいる。7世紀、セビージャの司教イシドルスはストラボやトログス・ポンペイウスといった古代の作家を論拠に『イスパニア讃歌 Laus hispaniae』を書き、この中でアフリカのように暑さに焼かれず、ガリアのように烈風に晒されないイベリアの温暖な気候を称え、肥沃な大地・多くの鉱山・質実で誇り高く戦場にあって勇敢な住民に恵まれている等々、広く知られた讃辞を連ねた。このイベリアへの讃辞は中世を通じて繰り返し言及され、1609年にはケベードがすでに触れた『スペイン防衛論』で改めて取り上げた。だが、実際はそうではなかった。19世紀末、スペインを見る目は一般にむしろ暗かった。1890年に『我国の欠陥とスペインの将来の変革』を著した鉱山技師ルーカス・マジャーダ（1841〜1921）は次のように言った。

「普段言われるのとは逆に天然資源に大して恵まれてもないスペインはその気候と地形からして貧乏国である。すでに過度に進んだ森林の伐採はいまなお止まらず、このために住民は食糧不足に悩まされ、国外移住に追い込まれている。ガリシア人、バスコ人、ナバーラ人、一部のカタルーニャ人はインディアスへ、他の地域の住民はフランスへ向かう。そしてアリカンテやムルシアの住民は厳しい気候と野蛮なアフリカ人を覚悟のうえでアルジェリアを目指す。彼等の餓えはこれらの障害をも凌ぐほどである。我々は物事を正面から見ようとせず、栄養失調と言うべきところを質素と言う。これほどの食糧不足を前にしても貧困を質素と呼び、空腹の原因は気候にあると言って良心を宥め、心の動揺を抑えている。多くの人が充分な食事を取っていないために飢えた顔をしているのを認めようとせず、食糧不足からくる貧血気味だと正直に言わずに、自分達は根っからの怠け者なのだと言う。」

そして最後にスペイン人は他の国民よりも劣っているのだろうかと自問し、多くの欠点があるスペイン人だが、とりわけもともと乏しい天然資源の活用を知らず、原料を輸出して製品を輸入していると指摘した。例えば、「スペイン人は最良の葡萄を手にしながら最低の葡萄酒を造り、最良のオリーヴに恵まれながら最低のオリーヴ油を造り、最良の羊毛が手許にありながらこの上なく粗末な毛織物を織っている。」

社会学・文化人類学・犯罪学などの専門家で同じ意味の指摘をする者は多い。彼等はスペインが見舞われた幾多の問題を「没落」（decadencia）ではなく「退廃」（degeneración）と呼んだ。当時、人気があったのはイタリアの犯罪人類学で、これと比較されるのがフランス発祥の犯罪社会学だった。双方の著作はスペインで読まれ解説された。イタリアのチェーザレ・ロンブローゾ（1835〜1909）に心酔したラファエル・サリージャス（1854〜1923）はスペインの刑事事件に関して一連の記事を発表し、また『スペインの犯罪者と言語』（1896）や『スペインの犯罪者と暗黒街』（1898）で同じ問題を論じた。サリージャスはロンブローゾの学説が重視する内的要因と個人的要因に犯罪が凶悪化する主な要因として栄養不足を加えた。これは前述のマジャーダの指摘と一致するものだった。また医学博士アンヘル・プリード（1850〜1932）はマドリード学芸協会（Ateneo de Madrid）で骨相学と刑法をテーマに連続講演を行ない、そこで犯罪と精神異常との関連を指摘した。このテーマに世論は強い関心を示し、新聞がさまざまな事件や飲酒による犯罪に連日紙面を割き、「98年の世代」の作家達もこの話題に惹き付けられた。ピオ・バローハは「模索、与太者、暁」の三部から成る『生きるための闘い』（1903〜04）に都会生活を、アソリンは『スペイン』（1909）と『カスティージャ』（1912）の二作に農村生活をそれぞれ淡々と描いた。バローハが思うにはスペインでは万事が駄目である。「葡萄酒の味は繊細さを欠き、肉は不味く、新聞は退屈で、文学はお粗末に尽きる。……至る所、どこの村でも人々が万事に心を向けながら生きることには心を向けない国は悲しい。」そしてアソリンは1905年、前述のマドリード学芸協会で催されたアンヘル・ガニベートの追悼記念の場で次のように叫んだ。「荒れ果てたこの国の農地、寂しくも惨めなこの国の村落、高利貸しと日々の暮らしに疲れたこの国の農民、搾取され略奪された町々、無能で汚職まみれの連中が造るこの国の政府、抜け目のない輩が占めるこの国の議会に思いを馳せよう。この測り知れない我々のスペインの惨状に思いを馳せよう。」

またアントニオ・マチャードは『カスティージャの農村』（1912）でかつて一度は威勢を誇った国の没落を「往時は世界を統べたカスティージャのこの惨めさ」と暗い語調で詠い、そこに住むのはイグナシオ・スロアガ（1870〜1945）が描いた黒いスペインを想い起こさせる正気を失った人間だった。そしていまやいかなる罪を犯すことも厭わない狂った彼等を突き動かすのは幾世紀にわたる文明によって疾《と》うに姿を消したと思われていたような嫉妬と妬みという原始の感情だった。この妬みをウナムーノは「スペイン人的な妬み」（envidia hispánica）と呼び、そうした彼等が住んでいるのはさながら月光の下を「彷徨い歩くカインの影が横切る地球の一角である」とした。

こうした当時のスペイン人の悲観主義は時として自虐的な域に達して劣等感をもたらした。精神病医フアン・ホセ・ロペス・イボールは著書『スペイン人とその劣等感』（4版、1958）の中で次のように言う。

「この劣等感は特に科学と技術面での適性に向けられ、スペイン人は外国の科学と技術に感嘆し、自分達は到底彼等にはかなわないが、ただし、例えば日常の暮らし方といった領域では外国人に勝ると考えた。」

そして一部のスペイン人は、事実か想像だけかは別として、極端なまでに誇張された没落の一字に痛ましいほどに取り憑かれ、没落の理由も知らずにこれを乗り切る希望を失い、自分達の能力を疑問視した。どの国の歴史にも輝かしい出来事もあれば、できれば忘れてしまいたい出来事もある。スペイン史とてこの点は変わらないのだが、スペイン人はこうした歴史というものをあるがままに受け止めなかった。そして異教徒の追放とか異端審問所、またインディアスの征服と支配に伴う残虐行為などからは目を逸らし、その一方で例えばイスラム教徒の支配を長閑《のどか》な時代として理想化してアル・アンダルスを一見、文化の香り高い自由で寛容な世界に見立てた。

スペインの再興

「98年の世代」が過去の中から取り上げて広めた考えやテーマがスペインだけのものだったと考えるのは誤りだろう。同じことはニュアンスの違いこそあれ、ポルトガルにもフランスにもあった。ポルトガルでは1870年代に若い作家達がリスボンのカジノで民主主義をテーマに開かれた講演会に結集、国の衰退の責任を絶対王制に問い質した。ポルトガルの科学と民主主義は保守派によって発展を阻まれてきたというのが彼等の主張だった。19世紀末のフランスもまた没落の亡霊に憑かれていた。普仏戦争でのセダン（1870）の敗北とパリ・コミューン（1871）の失敗は世界の終りの前兆と見られた。エルネスト・ルナンは『フランスの学術と道徳の刷新』（1871）で第二帝政の俗悪な物質主義を告発した。第三共和制下のパナマ運河会社を巡る疑獄事件（1892）やドレフユス大尉のスパイ容疑事件（1894）といった財界と政界のスキャンダルは人々を暗澹たる気分に陥れた。さらに時期を同じくして退廃を自称する文芸運動が生まれ、雑誌「Le décadent」が発行された。象徴派の詩人ヴェルレーヌやマラルメはこの運動を代表する存在だった。このように19世紀後半のフランスはスペインと同じく自国の未来に不安を覚えていた。しかし、フランスは間もなく立ち上がり、1880年以降は海外に植民地を得るほどに国力を回復した。そしてまずロシアと、次いでイギリスと同盟を結び、経済発展を保証するに足る安定した通貨を手にした。これに対してスペインは同じような努力をしたにも拘らず、事はフランスのようには運ばなかった。

この時期、スペインの有力者は先に触れたブルボン朝復興の立役者カノバス・デル・カスティージョだった。歴史家でもあった彼は自国の将来に思いを巡らせ、その著書『スペイン没落史。フェリーペ3世の即位からカルロス2世まで』（1854）は訂正と補足を経て『ハプスブルク朝略史』（1866）として再版された。彼の意図に沿って1875年に再興されたブルボン王制はスペインの状況を是正に導くものと考えられた。ところがこの新王制は長い間、新聞界との折り合いが悪かった。また当時の知識層も挙って痛烈な批判を浴びせた。彼等は「スペインはいまや軽薄・低俗・不道徳の国と化した。我国では万事がいかがわしく、偽物である。そして政治は民主的な政権交代という立派な名を与えられたものの、その実態は収賄と顔役が横行する選挙によって成り立っているに過ぎない。政治家は与党と野党を問わず誰も同じで、等しく凡庸である」と叫んだ。

だが、マヌエル・スアレス・コルティーナ編集の『自由主義と民主主義の狭間におけるブルボン朝の復興』（1998）、サルバドール・フォルネール・ムニョースをコーディネーターとする『ヨーロッパにおける民主主義と選挙と近代化――19〜20世紀』（2000）と『アルフォンソ12世』

（2007）など最近の研究は、1875年からの近代化に向けた努力と同じ頃のヨーロッパ諸国のそれとの類似性を指摘すると共に腐敗と政治ボスの横行はスペインに限られなかったとし、またカノバス・デル・カスティージョは一級の政治家だったとしている。因みに、フランスの優秀な経済学者ピエール・ルロワ・ボーリューは「政治とは国民の金で商売をする技である。……よって、公務にある政治家の九十九パーセントは誰であれ、その職務にまったく相応しくない」と言う。有識者達はこうした低落に立ち向かうための運動を起こし、これを「再興主義」（regeneracionismo）という神妙な名で呼んだ。ナポレオンに敗れた時、フィヒテがドイツ国民の再生を確信したように、コスタもまたスペイン人の奮起を期待し、自国の再生を信じた。こうした思いを抱いたのは彼だけではなかった。同じ頃、リカルド・マシーアス・ピカベーア（1847〜99）は『スペインの問題。その実態・原因・対処法』（1899）の中で同じような考えを述べ、適切な教育と改革で地理と気候から生じるスペインの負の条件は是正できると説いた。

「98年の世代」という便利な呼称に総括される作家達もスペインを近代的で活力に満ち、他から尊敬される国に甦らせたいという思いでは同じだった。列強諸国が世界を分割していた19世紀末、コスタはスペイン人の自尊心を深く傷つけたイギリス首相ソールズベリーの発言[13]を暗になぞるように、自らも世界の国々を支配する国と支配される国に二分した。この時、彼が言ったアフリカ化とヨーロッパ化とは次のことだった。アフリカのように外国、具体的にはイギリスに支配されたくないならば、スペインは一刻も早くヨーロッパと結ばれなければならない。確かにアフリカ化は発展から取り残され、貧困の内に他者によって支配されることに繋がるのに対して、ヨーロッパ化は近代化と進歩と積極外交の同義語だった。問題はスペインがフランス、ドイツ、イギリス、米国、そして日本が歩みつつあった道を選ぶかどうかだった。中でも日本は他国による支配を退け、西洋の例に倣っていまや世界の列強となり、日清（1894〜95）と日露（1904〜05）の両戦争を勝ち抜いて発展の一途を辿っていた。

とは言っても、知識人が挙ってヨーロッパ化を選んだわけではなかった。先の再興主義に代表される近代化の目標に敏感だった者の間に20世紀に入ると少なくとも二つの傾向が浮上してきた。それはオルテガ・イ・ガセートとウナムーノの対立として捉えることができる。オルテガ・イ・ガセートは政治改革を進める手段として1913年に自ら「政治教育連盟」（Liga de Educación Política）を結成し、翌年3月には「古い政治と新しい政治」と題する卓抜した講演を行なった。彼にとって近代化とはスペインがヨーロッパに続くことだった。彼はこれより先に「再興はヨーロッパ化とは切り離せない。……再興は願望で、ヨーロッパ化はこれを実現する道である。確かに初めから問題はスペインで、ヨーロッパがその解答であることは明らかだった」と、『いまに生きるコスタの遺産について』（1911）の中で書いていた。これに対して「98年の世代」よりも前の世代はこれを代表するウナムーノをはじめ、その態度はもっと慎重だった。彼等は目指す目標は同じでもこれを達成する方法はなにかを摸索した。そしてヨーロッパに倣えばスペインはそれまで築いてきた歴史の個性の放棄に繋がらないか、スペインの再興には農業教育・森林の再生・ダムの建設などから先ず手掛けるのが本筋ではないかと考えた。

19世紀末、スペインの知識人の一部は三十年足らずの間にそれまでの伝統文化を捨てることなくヨーロッパの技術を身に着けた日本に感嘆の目を向けた。ジュネーヴ大学で日本史を教えるピエール・スイリは雑誌『L'Histoire』の日本特集号（2008年7〜8月）で「日本はヨーロッパからその強さの基礎を学びながらも自らの魂を失わなかった」と書いた。また後に1906年にノーベル医学賞を受賞するサンティアゴ・ラモン・イ・カハール（1852〜1934）も日本への関心を隠さなかったひとりで、1897年12月5日のスペイン科学アカデミアの入会講演で次のように述べている。

「周知のように、黄色人種の国日本は突如中世の闇からヨーロッパの文化と文明の光へと突き進んだ。一見、奇蹟にも思えるこの見事な変容は分類学上の単なる特種例とも見えるかも知れないが、実のところはヨーロッパの科学が強力かつ広範にわたって接種された結果である。この偉業を成し遂げた人々はまず天皇とその側近達の優れた政治感覚であり、次いでこれに付き従う何千人もの辛抱強く寡黙で使命感に徹した青年達である。祖国愛に燃えた彼等は政府の命令によってヨーロッパを訪れ、研究所・集中講義・作業所・工場・造船所などでヨーロッパの知識と力の秘密を細心に調べ尽くした。」

日本は模倣するに値する例ではないのかというのがラモン・イ・カハールの問い掛けだった。日本の発展に目を見張った人物はイスパノアメリカにもいた。アルゼンチンの提督マヌエル・ドメク・ガルシーア（1859〜1951）とグアテマラの作家エンリーケ・ゴメス・カリージョ（1873〜1927）である。二人は1904年、日露戦争の報道員として日本へ渡り、日本のヨーロッパ化の成果を戦場で目の当たりにした。ゴメス・カリージョの「日本の魂」[14]を解説した一文を「日本の宗教問題」（1907）と題して新聞「La Nación」紙に寄せたウナムーノは「一般の日本人、素朴で従来のままの日本人、年老いて疑い深くなったヨーロッパの科学とナショナリズム偏重に毒されていない日本人は自分達のこれからの生活と個々の良心の行く末についてなにを考え、また感じているのか」と書いた。わずか数カ月で日本がロシアに圧勝するとアソリンとマエストゥは衝撃を受けたが、ウナムーノは違った。1897年に「私はスペインが日本のようになることからはなにも期待しない」と叫んだ彼はロシアの敗北を知ると、古い文明を引き継いでいるロシアの防衛が必要だとした。米国の歴史家エドワード・インマン・フォックス（1934～2008）は雑誌『Cuadernos para el Diálogo』に発表した「98年の世代の知的危機」（1976）の中で「過去を考えずに近代の技術と機械を駆使する日本を擁護するマエストゥに対して、ウナムーノは個人の意思表明という伝統を守るロシアを擁護しなければと考えた」と言った。そしてアソリンはと言えば、『時代と物事』（1971）の中で「近代の日本では人々は信念と希望で固く結ばれている。これはルネサンス期のスペインにもあったが、……現代のスペインにはない」と書いた。

近代日本の礼讃者のもうひとりに後に外人部隊を創設するホセ・ミジャン・アストライ（1879～1954）がいた。新渡戸稲造の『武士道』をフランス語訳からスペイン語に訳した彼は序文の中で同書に惹かれた理由とこれをスペイン兵の必携書にしたいと考えるまでの経緯を次のように語った。「本書は長い低迷の時代を経ていま力強く羽ばたこうとしている我国の青年にとって有意義かつ極めて有益な本である。優れて精神的な本書は目先の低俗な物質主義を退ける。私は1911年から翌年までトレード宮で歩兵部隊の士官候補生を教育する任にあった時、教育内容の多くを本書に仰いだ。また軍規・連帯感・友情・忍耐・勇猛を以って戦場に馳せる兵士の生死を賭けた信条の基礎を本書に求めた。スペイン兵は名誉・勇気・忠誠・寛大・献身といった武士道の本質を実践する侍である。」しかし、フロレンティーノ・ロダオの『フランコと大日本帝国』（2005）によれば、こうした日本礼讃はフランコ政権下のスペインでは退けられた。

ロシアの擁護と同じ流れの中で、広く引用され、また時として誤解されてきたウナムーノの言葉に「発明は彼等がすればよい」(¡Que inventen ellos!)がある。これが言わんとしたのは、もしもデカルトかサン・ファン・デ・ラ・クルース[15](1542〜91)か、あるいは技術の進歩か精神的な価値かを選ばなければならないのであれば、技術の面では秀でた特質を欠くスペインは他者に発明は任せるがよいということだった。つまり、進歩から外れるべきであるという意味ではなく、例えば、電灯は外国人の発明品だからといってスペイン人は蠟燭を灯りとしなければいけないということではなかった。ウナムーノの言わんとしたのは知的作業の分担ではなく、Kultur の名の下に当時プロイセンが進めつつあった技術文明への疑問を呈することだった。確かに技術は国家を強力にするかも知れないが、それは国民の自由には繫がらなかった。因みに、この「発明は彼等がすればよい」は次のような状況の中で発せられた偶発的な反撥だった。スペイン人の野蛮振りを非難するメーテルリンクやアナトール・フランスといった外国人作家に腹を立てたアソリンは新聞「Abc」に「嘘つき集」と題した記事を投稿した(1909年9月12日)。これをウナムーノが絶賛して同紙に「いや、大いに結構だ。いまや反撃の時である。我国には相手がヨーロッパ人だというだけで彼等の言葉に乗せられる愚か者が多い以上、少なからぬ分野で我々は彼等と変わらないのだとそろそろ言う必要がある。……彼等は我々には科学精神が欠けていると言うが、我々には別の精神がある。発明は彼等がすればよい。我々はすぐにそれを知っていろいろに応用するだろう。ある国がデカルトかサン・ファン・デ・ラ・クルースのどちらしか輩出できないとするなら、私は後者を取る」と書いたのである(1909年9月15日)。

このような経緯はさて置き、重要なのは一般のスペイン観だった。最終的にはオルテガ・イ・ガセートが提唱した解決が世論を制し、その結果、スペインは1986年1月に欧州共同体（EC）に加盟した。しかし、ここに至るまでスペイン人は自分達の歴史をどう見るかについてまとまった考えを持てないでいた。19世紀の終り頃、中味はどうであれ、誰もがヨーロッパに対する劣等感に取り憑かれていた。そこには大きく分けて重要度が異なる三つのグループがあった。最初のグループはスペイン人の特性は想像力・熱情・個人主義にあると考えた。彼等はスペインをはじめラテン系諸国は独自の文明を持ち、一見、科学と技術の進歩の才を欠くように見えても、これを以って文明国の列に相応しくない二流国であると見るべきではないとした。第二のグループはスペインが歴史のある時点でヨーロッパから離脱した理由を知ろうとし、異端審問所・不寛容・対抗宗教革命・ハプスブルク朝の絶対主義に非難の目を向けた。自由主義者・クラウゼ主義者とこれを継承した1931年の共和主義者である彼等は、教育の世俗化と国家の政教分離を推進してスペインをすでに世界に存在していた民主主義国家に変えるような政治体制を造ることでそれまでに失った時間を取り戻そうとした。そして最後のグループはこれら二つのグループと違って、スペインがヨーロッパから逸脱したのではなく、プロテスタント革命に与したヨーロッパが逆に道を誤ってキリスト教世界という精神的な統一を破壊して宗教の無関心に嵌り込んだとし、もしもカトリシズムを放棄すれば、スペインはスペインではなくなるとした。19世紀にネオカトリックと呼ばれた彼等の大部分は20世紀に入ると保守主義の右派に合流、やがてフランコ政権の下でナショナルカトリシズムとして大成した。以上が19世紀の末から現在まで自国の歴史と相対したスペイン人の態度である。

ラテンかスペインか

文明国の第一人者の地位をアングロサクソンから奪回しようという最初の動きが生まれたのはスペインではなく、すでに独立したかつての植民地とフランスだった。ラテンアメリカという呼称と概念は19世紀の中頃に生まれた。ウルグアイの教授アルトゥーロ・アルダオ（1912〜2003）の『ラテンアメリカの概念と呼称の起原』（1980）によれば、この呼称が初めて使われたのはどうやらコロンビア人作家ホセ・マリーア・トーレス・カイセード（1830〜89）が1856年9月26日にヴェネツィアで詠んだ長編詩『二つのアメリカ』でだった。従ってフランス生まれでもナポレオン3世のメキシコ出兵（1861〜67）の時でもないが、実際に広めたのはフランスだったらしい。事実、呼称ではないが概念の方はこれより一足先に「Journal des Débats」紙に掲載されたサン・シモン主義者のフランス人ミシェル・シュヴァリエ（1806〜79）の『アメリカ便り』（1836）に見て取れる。

彼は「ラテンとゲルマンというヨーロッパを形成する二つの源流がそのまま新世界で新たな芽を吹いた。南アメリカは南ヨーロッパに似てカトリックとラテンの世界であり、一方の北アメリカにはプロテスタントのアングロサクソンが住んでいる。この二つのアメリカは人種と宗教の面で対立し、ゲルマン人がローマ人よりも優れていたという考えがこの対立を煽っている」とし、ラテンとカトリックのイタリアとスペインと新興の共和国を結集してラテン民族が古代の威勢を取り戻すことがフランスにとって意味があると結論付けた。この後に彼は『古代メキシコと近代メキシコ』（1863）の中でフランスは新世界の姉妹国であるラテン諸国を援けてアングロサクソン、とりわけ米国の膨張を阻止すべきであるとした。こうして同書は先に触れたフランスのメキシコ出兵を正当化する論拠のひとつとなった。

米国への警戒心の根底には二つの主張が絡んでいた。メキシコから領土の半分を奪い、中米を事実上の保護領とし、仏領アンティージャ諸島を脅かす膨張主義への警戒と、物質主義への批判である。トーレス・カイセードはパリのある雑誌に「海外便り」(1853)と題した記事を投稿し、その中で「米国は進歩と文明の運び手を自称する一方で、精神的な価値や道徳の向上をないがしろにする」としてその物質主義を批判した。またボードレールはアングロサクソン、分けても米国を勝ち誇った近代としつつも、そこには多分に議論の余地があるとした。そして『エドガー・ポーに関する新たな覚書』(1857)の中で皮肉たっぷりにこう書いた。

「フランクリンの高貴な国、商店の店先に並ぶような道徳の生みの親、生まれて僅か一世紀の物質に溺れた英雄、……身体ばかり大きくなった子供である米国は生まれつき旧世界を羨む。この歴史の新参者は物質面での自らの異常で怪物のような成長を誇り、その産業が持つ無類の力を無邪気に信頼している。……そこでは時間と金は途方もない価値を持つ。物質的な活動は国を挙げての大騒ぎとなるが、人間の心が現世以外の物事に向けられるのはごく僅かでしかない。」

19世紀の末、こうしたアングロサクソン流にイスパノアメリカの多くの作家が反撥した。ウルグアイの作家エンリーケ・ロドー(1872〜1917)の作品『アリエル』(1900)はイスパノアメリカ中で大きな反響を呼んだ。同書は米国の物質主義・理知主義・拝金主義・帝国主義を「北の狂気」(nordomanía)と呼んで弾劾し、これの対極に再発見または創造による独自の価値観を共有するイスパノアメリカを置いた。ロドーより一足先にキューバ革命党の創立者ホセ・マルティー(1853〜1895)は1891年の1月にアングロアメリカのアンティテーゼとしてイスパノアメリカを描いた『我等のアメリカ』をメキシコで執筆した。この後、20世紀初頭、メキシコのホセ・バスコンセーロス(1882〜1959)やペルーのカルロス・マリアテギ(1894〜1930)、その他がイスパノアメリカにひとつの存在価値を見出そうとする動きを代表した。彼等はスペインと和解し、ポルトガル語を話すブラジルをも含むアメリカを目指した。そしてそこには米国の名はなかった。

当初、こうした運動の原点となったのは保守的、時には反動的な思想だった。フランスの作家フェリシテ・ラムネは「ラテンアメリカ」という概念を生み出した当該地の作家達の師となったひとりだった。彼にとって「ラテン」はアングロサクソンが代表する物質への盲信に立ち向かう精神性の原点のような存在だった。第二帝政の立役者で宣伝を担当したガブリエル・ユジェルマンがパリで創設刊行した雑誌『Revue Espagnole et Portugaise』(16)も同じ目標を追求して「アングロサクソンには宗教性が欠如している」としたが、この反動的な姿勢は明らかに右翼団体アクシオン・フランセーズのそれだった。詩人で評論家のシャルル・モラは『フランス人が愛し合うのを止めた時。ある再生の年代記――1845〜1905』(1916)の中で、フランス革命なるものはラテン精神の堕落の発端で、民主主義はプロテスタンティズムかユダヤ起源ないしはセム起源かゲルマン起源で、いずれにせよラテン起源でないことは議論の余地はないとした。またマリウス・アンドレの『アメリカにおけるスペイン帝国の終焉』(1922)に寄せた序文でモラは「ラテン民族とはルネサンスが勝利し、プロテスタンティズムが敗北を喫したところの住民である」と書き、そしてこれらの国民の間ではすべてカトリシズムが共通項となっているとした。

アングロサクソン対ラテン、プロテスタント対カトリックという対立観の一部は先に触れたスペインのネオカトリックに取り込まれたが、「98年の世代」の作家の中にも見られる。『スペインの理念』（1897）の中で作者ガニベートは先ずイベリア民族のアイデンティティ、次いでアングロサクソンとの対極点はなにかを問うた末に、克己沈着とカトリシズムがスペイン精神の構成要素であると考えた。この時、前述のモラ達がラテン人と言ったのに対して、ガニベートはスペイン人という呼称の方を選んだ。こうしてイスパニダード（hispanidad）、すなわち、スペイン人を起源とする国々に共通の文化あるいは精神的な価値の上に成り立つ共同体という概念が生まれ、1892年のアメリカ発見四百周年の記念行事を経てその骨格が形成されていった。そしてこれを機会に大西洋を挟んでスペインとかつての植民地との連帯感が生まれ、と同時にアングロアメリカとの差異が意識された。この後、1898年の米西戦争でスペインが敗れると新たな議論が起こったが、政治対立や経済紛争によってこの文化共同体意識が揺らいだ感はない。これが人種よりも文化に基づくイスパニダードの概念の起源であり、これ以上の説明は不要であろう。

その後1913年に、コロンがアンティージャ諸島へ着いた10月12日を記念して、この日を「民族の日」（Día de la Raza）と呼んではどうかという考えが浮上した。これに先ず賛同して受け入れたのはアルゼンチンで、時の大統領イポリト・イリゴージェン（在任1916〜22）はこれによってモンロー主義の米国に対するイスパノアメリカのアイデンティティを確認できるとした（1917）。アルゼンチンに次いでベネスエラ（1921）、チリ（1923）、メキシコ（1928）、その他の国の賛同が続いた。そしてスペインでは10月12日が民族の祭日という祝日となった（1918）。ところが、単数形の民族（raza）ではさまざまな人種の混血を特徴とするかつてのスペインとポルトガルの植民地の住民の実態が忘れられているという指摘がなされ、民族の日は「イスパニダードの祝日」（Fiesta de la Hispanidad）と改称された。そしてスペインは1958年にこの新しい呼称を採用した。

しかしながら、イスパニダードにはさまざまな内容を盛り込むことができ、時には矛盾が生じた。最初は保守勢力の解釈では特にカトリシズムに基盤を置く精神的な価値が強調され、イスパニダードはアングロサクソンの物質主義の対極に据えられた。プリモ・デ・リベーラ将軍の独裁政権はこの解釈を支持し、かつての植民地との積極外交と文化交流を推進した。そして1929年にセビージャ市で開かれたイベロアメリカ博覧会[17]は大いに盛り上がった。

以来、フランスの文化政策の臭いが強い「ラテンアメリカ」に代わって「イスパノアメリカ」または「イベロアメリカ」という呼称が聞かれ始めた。こうしたイスパニダードという概念の推進者はかつての「98年の世代」の古参のひとりラミーロ・デ・マエストゥ（1875〜1936）で、その著書『イスパニダードの防衛』（1934）の中でスペイン語諸国民は人類の豊かな精神的資源の代表であるとし、世界が平和と正義とキリスト教精神に基づく国際秩序に向けて前進する日の到来を目にする希望を語った。彼の脳裡にあったイスパニダードとは、ポルトガルを含めてイベリア半島全体とスペインとポルトガル両国の植民地だったすべての国の集合体だった。折から生れたファランヘ党の創設者達は速やかにこの考えを取り込み、内戦で勝利したフランコの新体制もそのイデオロギーに組み入れた。同じ意図からイスパニダード評議会が設置され（1940）、後にイスパニア文化研究所に改編された（1958）。そしてフランコの死後は先ずイベロアメリカ協力センター

（1977）、次いでイベロアメリカ協力研究所（1979）と、その名称を変えた[18]。

先進国への参入を目指す者と価値ある優れた文化遺産を見失うまいとする者とに分かれる中で、イスパニダードを進歩と伝統の中間をいくスペイン独自の新たな道と見る目があった。彼等は伝統には尊重と称讃に値するものがあるとする一方で、進歩には時として有害な結果をもたらしかねない曖昧さがあることを弁えていた。こうした視点を最初に表明した内のひとりは、恐らく本書の冒頭で触れた歴史家のアルタミーラだった。彼は文明の進歩におけるスペイン流を定義しようとして次のように書いた。それは「多くの場合、言葉では説明し難い、あるいは学問的な用語で表し切れない感情」であり、「我々が挙ってこれまでに胸中で育み発信してきた理想及び我々が歴史の中で成し遂げた偉大な出来事に根差す集団心理である」とした。アルタミーラも彼と思いを同じくした者も保守派とは違ってインディアスでのスペインの最大の功績はキリスト教を伝えたことではなく、技術・法・制度・文芸・やがて世界語となるスペイン語、すなわち、一口で言えば文明をもたらした点にあるとした。そしてスペインとイスパノアメリカ諸国は共有する過去の名の下に連帯し、自らの歴史遺産である豊かな文化を捨てずに進歩の道を歩むべきであるとした。

19世紀の末から20世紀の初めにかけてのスペインを代表する知的作家の一部はどちらかと言えば左翼的だったが、このような考えには共鳴を覚えた。アルタミーラ、ブラスコ・イバーニェス、オルテガ・イ・ガセート、メネンデス・ピダール、フリオ・レイ・パストール、サンチェス・アルボルノース、ホセ・マリーア・オツ・カプデーキなどはアルゼンチンへ赴き、ブエノスアイレスで講演をし、新聞に投稿した。そしてスペインとアルゼンチンその他の国々との協力の必要性を確信して帰国した。

彼等知識人の一部が表明していたのは目の前の未来への不安だった。ヨーロッパに対するスペインの立ち遅れは誰の目にも明らかで、近代化は待ったなしだった。だが、そのためには守って然るべき伝統と訣別しなければならないのか。問題はもはや保守派のようにカトリシズムに執着するのではなく、ウナムーノが提唱したカスティシスモ（casticismo）へ如何に向き合うかだった。この言葉が現れたのは1895年2月に雑誌『La España moderna』に載ったウナムーノの「カスティシスモについて En torno al casticismo」と題した五本の論文で、1902年には一冊の本として出版された。これをフランス語に訳したバタイヨンは問題のカスティシスモを『スペインの本質 essence de l'Espagne』（1923）と訳出した。因みに、バレーラはウナムーノよりも早く論文「18〜19世紀のスペイン文化における粋を巡って」（1888）の中でスペイン文化の独自性及び外来概念の受容と改変の方式を取り上げている。

カスティシスモとは確かにスペインの伝統ではあるものの、その伝統を保守派は16世紀に固定してしまっている観があった。これに対してウナムーノは伝統とは不動ではなく、変化するものであると反論した。彼にとって、伝統とは新たな状況に対処すべき行動についての解答を引き出す原理原則というよりは、対処方法を強制ではなく指示する気質のようなものだった。真の伝統とは出来上がったものではなく出来上がりつつあるもので、伝統と偶然の所産である伝統の足跡とを混同してはならず、特定の時間の偶然から生れた所産に忠実であろうとすれば、却って伝統に裏切られかねないとした。簡単に言えば、ウナムーノは化石化した伝統から生きた伝統への移行を提唱した。彼の言う「表層の歴史」（historia）と「深層の歴史」（intrahistoria）の意味はこれである。こうしてアルタミーラと同じくウナムーノにとっては、スペインが必要とする近代世界への適合では、自らの独自性も往時の世界史への貢献も切り捨てられるようなことがあってはならないというものだった。対するヨーロッパ化の支持者は時としてこのような犠牲は止むを得ないとしていたかに見える。

必ずしも保守主義の証しとは言い切れないこうした考えには資本主義の弊害に敏感な左派も賛成する余裕を残していた。例えば、1950年まで共産党に加担していたフランスのスペイン研究者ジャン・カスー（1897〜1986）はコレージュ・ド・フランス発行の雑誌『La Revue de Paris』（1925年6月1日）に掲載された講演の中で、スペインは技術・産業・経済至上主義を優先して量のために質を犠牲にし、人類が生み出すのは商品だけだとする人々に対抗する精神的な価値の避難所であるとし、次いでスペイン第二共和制が宣言された数日後には「深層のスペインへ捧ぐ」と題する一文を『Les Nouvelles Littéraires』（1931年5月2日号）誌に寄せた。この中でカスーはエル・エスコリアル、ピカソ、エル・グレコ、聖テレーサ、聖イグナシオなどの名を挙げて「精神の避難所refuge de l'esprit」となったスペインを賞讃、「アジア化し、北方化した我々の文明では所有（avoir）が存在（être）に取って代わった。群衆と機械と都市から成るこの文明に対して、スペインは南の原始の才・アフリカの風景・単身で毅然と死と向き合う人間として存在する」とした。これより先、カスーは『フェリーペ2世の生涯』（7版、1929）の中でルターに抵抗したスペインを祝福して次のように書いた。「後に道徳至上主義・偶像破壊・醜悪と不毛好みの永久代表と化す運命にあったプロテスタンティズムの誘惑を退けたスペインはバロック芸術と神秘主義詩歌を生み、人間の魂をかつてない高みに導いた。」

この視点から見ると、近代化には多くの国が直面し、また合理主義と技術への適応に多くの国が駆り立てられた中にあって当時のスペインは特殊なケースだったと言える。そして当時目標とされた世界が今日では危機に直面している。ヨーロッパとは資本主義・工業化・自由主義と定義されてきた長い間、スペインはそうしたヨーロッパに遅れを取っていると見られ、確かに遅れていた。しかし、いまや専ら利益と生産を追求する機械文明に潜む危機への不安に人々は捉えられ始めている。ウナムーノは18世紀以来の合理主義・機械主義・資本主義がヨーロッパ文明の特徴であると見たが、今日ではこの文明を以ってすべての問題に対応はできても、果たして解決はできるのかが疑問視され始めている。これら近代の特徴を育んでこなかったが故に、スペインにはあるいはヨーロッパになにかを教えられるところがあるのかも知れない。

ラテン民族の国であり、16世紀の宗教革命の中ではローマ・カトリックに留まったために、スペインは進歩と文明と民主主義の発祥地を自認してきた近代ヨーロッパに加わることができず、永遠に低開発の状態に留め置かれるのだろうか。見渡してみると、すべてがスペインに敵対した三百年間、アングロサクソンとプロテスタント、あるいはこれらの影響を受けた著述家達はこうした主張に信憑性を持たせようと努めた。また多くのスペイン人がこの流れに同調し、自分達はなにか呪いのようなものの犠牲者だと考えた。しかしながら、１９６０年以降、事態はこのスペイン像を切り崩す方向に向かった。スペインの奇蹟と呼ばれるものがスペインもまた経済の発展・社会の進歩・政治の自由主義を達成し得ることを世に示した。そして１９８６年の欧州共同体への参加がこの変化の最後を飾った。三百年間の国内の分裂と迷走の果てにスペインはそのハンディキャップを克服、いまや民主主義国家としてヨーロッパの列強に伍するまでになった。今日のスペインが抱えているさまざまな課題は先進国の多くが抱えているものと変わらない。課題の多い財政・失業・不法移民・治安・薬物、そして特殊問題として周辺部の地方ナショナリズムがこれに加わる。かつての長い低迷と同じく最近の多くの変化についても説得力のある説明はいまだ乏しく、ただ思考を巡らせるだけである。性急に宗教や人間の心理に歴史現象の原因を求めてはならない。

それでもほとんど同時に出版された二冊の研究書が答えのカギを与えてくれる。ひとつは米国サンディエゴ大学のデイヴィッド・R・リングローズ教授の『スペイン、ヨーロッパ、そしてスペインの奇蹟1700～1900』（1966）である。1700年から1900年までの政治と経済の分析結果に基づく著者は、この間のスペインの工業発展がこれまで過小評価されてきたのではないか、スペインの遅れにしても従来言われてきたほどではなかったのではないか、イベリア半島の特殊条件が多分に忘れられてきたのではないかなどの疑問を呈し、バスコとカタルーニャなど半島周辺部の経済社会エリートの責任に注目する。そして最後に今日ではスペインの失敗ではなく、成功の解明が待たれると結んでいるが、これもまた同じく困難な作業である。もう一冊はファン・パブロ・フーシとジョルディ・パラフォースの共著『1808～16年のスペイン。近代の挑戦』（1997）で、著者はヨーロッパから逸脱して近代世界に順応不能とされてきたこれまでの長い間の否定的なスペイン観を退けた。両名にとって、スペインは歴史が当然ながら失敗を含めて独自の歩みを辿ったが、基本的には周辺諸国の歴史と異ならない普通の国だった。イギリスのような工業大国と較べれば確かにスペインは異常な国となろうが、果たしてイギリスだけが先進国の唯一のモデルなのであろうかと問い掛ける。

自由主義左派と共和派

19世紀末スペインの政治と思想の流れの中で最も注意を惹くのは自由主義と保守主義の対立であ

る。ここでカギとなったのはクラウゼ主義の展開だった。知識人達は専らクラウゼ主義によるスペインとヨーロッパとの接近を主張したが、クラウゼ主義がそれまでとは違った点は単なる両者の接近の推進ではなく、ヨーロッパと合理主義的な世界観とを一体化し、これによってスペイン国内の合理主義の流れの強化を目指したことだった。こうした考えによって1876年に設立されたすでに触れた自由教育学院は粘り強い教育を通して内部からスペインを改革していこうという、それまでにない新鮮で豊かな実りを期待させる試みだった。1863年にマドリードへやってきたヒネール・デ・ロス・リーオスはサンス・デル・リーオの教育論に惹かれた。そこでは精神的な問題への配慮は排除されず、ただ宗教に関しては寛容が原点となっていた。ヒネール・デ・ロス・リーオスは無神論者でも反教権論者でもなかった。彼が最も重視したのは他者の信仰を尊重する一方で、国家による信仰の押し付けの排除にあった。

自由教育学院は教育内容と教授法の二点でたちまち評判になった。学生に知識を詰め込むよりも、思考の育成を目指した。これによってスペインにおける学術研究の近代化が達成された。中でも決定的となったのは1907年の学術振興評議会（Junta para Ampliación de Estudios）の設立だった。これは一切の教条主義と政府官僚からの干渉を排して学術研究のみを遂行する研究機関だった。評議会は研究者と教員を国外に派遣して研究を続けさせると同時に国外から専門家を招聘してその研究と方法を発表させた。さらにドイツの大学のゼミナールやフランスの高等研究実践学校（École Pratique des Hautes Études）に匹敵する国立科学研究所や歴史研究センターなどの研究機関の設立を通して研究の振興と財政支援への配慮がなされた。当初から評議会には1906年のノーベル医学賞を受賞したラモン・イ・カハール、コスタ、メネンデス・ペラージョ、アルタミーラ、エドゥアルド・デ・イノホーサ、メネンデス・ピダール、アメリコ・カストロなど錚々たる人物が顔を揃えた。そして1914年には雑誌『Revista de Filología Española』が創刊された。このような他に率先した活動の結果、20世紀のスペインは世界最高の知識人に比肩する学者陣を誇った。中でもアルタミーラ、メネンデス・ピダール、サンチェス・アルボルノース、アメリコ・カストロなどによる歴史学と言語学の業績が絶賛を浴びた。

自由教育学院から生まれたもうひとつに1910年10月1日に落成した学徒会館（Residencia de Estudiantes）がある。初代館長アルベルト・ヒメネス・フラウドはイギリスの大学のカレッジを参考にこの質素ながら趣きのある建物をスペインの学術と芸術の精鋭を養成する場とすべく、あらゆる分野の学生を受け入れて研究に必要なものを整えた。研究室と図書室は元より講演・リサイタル・演劇・展示会などの会場となる集会室が設けられた。幾人かの教員は会館に住み、学生の指導に当たった。また内外の著名人が数日滞在してそれぞれの仕事を発表する場ともなった。ウナムーノ、オルテガ・イ・ガセート、グレゴリオ・マラニョン、アントニオ・マチャード、アメリコ・カストロ、ラモン・イ・カハール、マヌエル・デ・ファリャなどをはじめ、ベルクソン、アインシュタイン、ラヴェル、ル・コルビュジエ、ヴァレリー、マクス・ヤーコブ、キュリー夫人などが賓客として滞在した。1930年の少し前にはガルシーア・ロルカが会館に住み、ここであの『ロマンセーロ・ヒターノ』を書き上げ、詩人ラファエル・アルベルティ、映画監督ルイス・ブニュエル、画家サルバドール・ダリーなどと親交を結んだ。このように学徒会館は1910年から36年までスペインの知識層にとって、文芸の創造と文化の普及の場として稀に見る実り豊かな存在だった。そしてクラウゼ主義は直接的ないし間接的に厳格・誠実・専門家意識・隣人への尊重・寛容など、当時のスペインを代表する知識人が惹かれた徳を身に付けた人材の育成に貢献した。

その後、こうしたある種ストイックな人物は第二共和制の生みの親の間にも見出せる。中には自由教育学院で育った者もいたが、多くは同学院の精神の体現者の高い理想と人格に感化された人達だった。19世紀自由主義の本質を引き継いだ1931年の共和派には、とりわけスペインの不運はハプスブルク朝の到来によって始まったとの確信が強かった。彼等によれば、以来、スペインが衰退の坂道を逆戻りできなかったのは、専制主義と不寛容の明らかな弊害に頑として目を瞑り続けた者達の所為だった。1931年、このように考える共和派のひとりはかつてコムネーロスの乱の指導者が自由のために命を捧げた1521年4月21日に無残にも断たれた歴史の流れがいまようやく蘇ったと書いた。共和国の誕生が宣言された翌日の新聞「El Sol」は当時の最も優れた知識人で社会党員のひとりルイス・アラキスタイン（1886〜1959）の『歴史の大循環。1521〜1931』を掲載したが、そこには次のような言葉があった。「1521年4月、スペインの王座に就いたハプスブルク朝の絶対主義は我国の諸都市の民主主義を破壊した。そして1931年4月、その諸都市は法の下に絶対王制を倒して共和制を再興した。歴史はいま大きく一巡して平和裡に完全な革命が成し遂げられた。「革命」（revolución）という言葉の原義は〝出発点へ戻る〟である。我々はあの1521年に、至高の人民主権に立ち戻ったのである。四世紀と十年という歳月は長かった。だが、歴史に類のないこのスペイン革命の偉大さを考えれば短かった。これは政治の偉業でもあると同時に芸術の傑作でもある。」そして1521年以来、文明世界の外にあったスペインは1931年4月14日にヨーロッパでの場を取り戻したと彼の言葉は次のように続いた。「多くの人が死んだと思ったスペインはじっと耐え忍んでいた。そしていま誇るべき歴史と民衆の力の立派な範を世に示した。

無能で腐れ切った国の過ちを黙って長く耐えたために世界から蔑まれてきたスペインは僅かな日数の間にこうして立ち直った。」

この6カ月後の1931年10月8日にはもうひとりの社会党員で法務大臣の任にあったフェルナンド・デ・ロス・リーオス（1879〜1949）が演説の中で同じ信念に立ってさらにこう言い添えた。「スペイン史の決定的なこの瞬間を遂に手にした我々はスペインにあっては異端の徒であり、その魂は遠く16世紀から負ってきた深手の傷跡で覆われている。我々はエラスムスの子であり、また周囲とは異なる心ゆえに刑場に消えた者達の子等である。」

この法務大臣の発言にはいまや復讐の時がきたという脅しが秘められていた。事実、カトリックと自由主義者は19世紀の初めから相容れない関係にあった。かつてクラウゼ主義者は教会が国と社会に及ぼす影響力、教育の独占、最も古い形のカトリシズムの在り方から外れるものを一切認めない寛容の欠如を批判したが、1931年の共和派はこれらをそのまま引き継いだ。そして社会の中で教会の存在が自分達には過剰と思える分野には終止符を打とうと考えた。そしてひとりの人物がこの考えを一気にまとめた。マヌエル・アサーニャ（1880〜1940）である。彼が強硬で攻撃的な世俗主義者であることは憲法の準備段階の議論の場ではっきりしていた。「スペイン国は国教を持たない」という草案の第三条には反対意見は聞かれなかったが、修道会に関連する二六条ではそうはいかなかった。議会で始まった審議の中でアサーニャはその後長く批判の的となる「スペインはもはやカトリック国ではない」（España ha dejado de ser católica）という一句を言い放った。この発言そのものは別に驚くべきものではなく、社会学的な事実を述べたに過ぎない。16世紀以来、スペインも変化して多くのスペイン人はもはやカトリックから離れていた。現状にそぐわなくなった文言を文書の中に放置しておくことはできなかった。1931年10月9日付けの新聞「Abc」紙はアサーニャの演説を次のように掲載した。だが、そこには微妙な違いがあった。

「世論が宗教問題と呼んでいるこの点だが、これは政治問題であってその前提を私なりに表せばスペインはもはやカトリック国ではないということである。従って、次の政治問題は我々のこの新たな歴史の段階に似合った国造りである。私にはこれを宗教問題と認識することはできない。私にとってはスペインがもはやカトリック国ではないと言うのと、逆に往時のスペインはそうであったと言うのとはまったく同じである。16世紀のスペインにはカトリックではない多くの重要な人物がいた。その内の幾人はスペイン文学の誇りである。それでもスペインはカトリック国だった。そして今日、たとえ何百万もの熱心なカトリックがいようとも、スペインはもはやカトリック国でない。」

こういうアサーニャの頭には政教分離と教育の世俗化を成し遂げたフランスの第三共和制があった。彼は共和国憲法は騒ぎを起こすだろうと懸念しつつも、スペインのカトリックもフランスのカトリックと同じように最終的には現状を受け容れるだろうと考えていた。しかし、スペイン教会の反撥は激しかった。公共の建物の中に掲げられた十字架像の撤去(19)・公立学校での男女共学・教会が介在しない民事婚・離婚といった世俗法案に強く反撥した。以後、カトリシズムの防衛は共和派に反対する右派勢力主張の一端を占め、宗教を巡る対立は1931年から36年までのスペインの政治全体を覆う暗雲の要因のひとつとなった。

ナショナルカトリシズム

スペイン内戦（1936～39）は多分に宗教戦争だった。共和派による聖職者の殺害や教会の破壊にもう一方は無神論者に対する十字軍の呼び掛けで応えた。これは決して奇異なことではなかった。クラウゼ主義と科学を巡っての論争以来、ネオカトリックと呼ばれた保守派の右翼はカトリシズムとスペインの一体性を主張し、その後も絶対にこれを変えなかった。いまやカトリックではないことはスペイン社会からの追放に等しかった。このネオカトリシズムのまたとない代弁者となったのが稀有の才能と驚異的な教養を兼ね備えたメネンデス・ペラージョだった。クラウゼ主義者と実証主義者との論争が最も白熱した頃に『スペインの学術』（1876）と『スペイン異端者史』（1880）の二著を発表した彼は当時の最も優秀な知識人のひとりという地位を手にした。その主張は単純明快で、カトリシズムはスペインの本質であり、カトリシズムからの離脱は反スペインであるというものだった。そしてスペインの異端者とはまず16世紀のエラスムス主義者・照明派・あらゆる種類のプロテスタントで、その次は18世紀にフランスの百科事典派に与した者とその精神を引き継いだ自由主義者だった。彼等はいずれもスペインの本質に反する思想を持ち込もうとする「フランスかぶれ」（afrancesado）、すなわち祖国の裏切り者と非難された。この姿勢はナポレオン軍の侵攻によってさらに硬化し、マドリードで民衆が蜂起した1808年5月2日以降、フランス起源の考えはすべて疑惑の目で見られた。保守派はこれらを初めから危険視し、議会政治・信教の自由・思想の自由など国外からもたらされるその他をスペインの伝統にそぐわないものとして退ける口実にした。メネンデス・ペラージョの若い頃の作品に見られるのはこうした姿勢だった。彼はフランスはカトリシズムとスペイン人の気質の切り崩しを図っていると非難し、フランス文化の影響でスペイン独自の価値観が乱されつつあるとした。ただ皮肉なことに、フランスの影響を難じる彼の主な情報源はルイ・ド・ボナールやジョゼフ・ド・メストルといったフランスのカトリック作家の作品だった。しかし、熟年期に入ると例えば『スペイン美学思想史』(1883〜89)に見るように、その考えは穏やかになった。ヴォルテール嫌いは変わらなかったが作家としては称讃したし、ラシーヌのような古典派や百科事典派の中では特にディドローに、もっと時代が下がって思想家のクーザン、プルードン、サント・ブーヴ、テーヌに敬意を払った。

スペインの定義と切り離せないメネンデス・ペラージョのこうしたカトリシズム称揚に励まされたネオカトリックは、いつもの自由主義者との対抗意識から歴史の中でこの考えにぴったり合うカトリック両王を担ぎ上げた。両王はユダヤ教徒の追放と異端審問所の設立によってスペインの宗教上の統一を確かなものとし、コロンを支援して新世界のキリスト教化への道を開いた。新旧両世界における両王の仕事を引き継いだハプスブルク朝のカルロス1世は外敵トルコと内なる敵プロテスタントを退けてキリスト教世界の防衛者となり、次いでフェリーペ2世は異端審問所と協力してスペインを宗教戦争の脅威から救うと共にレパントの海戦でトルコ艦隊を破るなどキリスト教ヨーロッパを守るための犠牲を厭わなかった。これが彼らの主張だった。

カトリック国スペインのこうした伝統を守り抜こうとする勢力はスペインが共産主義に屈する危機にあると見て軍事蜂起に打って出た(1936年7月18日)。時のサラマンカ司教エンリーケ・プラ・イ・デニエルは教書『二つの都』(1936年9月30日)を発表、この中で内戦によって二分化したスペインを憎悪と混乱と共産主義に支配された共和国側に従う地上の都と、神への愛と勇気と殉教精神を育む天上の都と呼んで対比した。そしてプラ・イ・デニエルが「国民のスペイン」（España nacional）と呼んだ天上の都は、地上の都に対峙する十字軍そのものだった。彼によれば、「神が不在のスペインはもはやスペインではない。蜂起は混乱を招くためではなく、秩序を回復するためである。見た目には確かに内戦の様相を呈するが、実態は十字軍である。」因みに、同教書の日付は1937年7月1日付けだが、公表されたのは8月に入ってからだった。そしてその後のスペイン司教団の共同教書からは十字軍の一語は削除された。恐らく先の教書が送られた諸外国の司教の感情にそぐわなかったためと思われる。

内戦終結後の1939年5月20日の訓示でフランコは勝利を収めた部隊に百科全書の忌まわしい精神の最後の痕跡まで排除するよう訴えた。そして同年6月20日にはマドリードの聖バルバラ教会でスペインの首座大司教イシードロ・ゴマーの手から厳かに勝利の剣を授けられると、直ちにこれをレパントの海戦での勝利を記念するキリスト像に捧げた。これはフェリーペ2世の政策を引き継ぐとの意思の表明だった。これより一年前、フランスのスペイン研究者モリースル・ジャンドルは著書『新スペイン史』（1938）の中で西ヨーロッパ・キリスト教文明へのスペインの貢献は、先ずイスラム教徒を退けてキリスト教世界を救ったこと、次いでプロテスタント革命からキリスト教世界を守ろうとしたこと、そして左派勢力による革命との闘いに挺身している現状の三点に絞られるとした。内戦終結後に成立した体制の公式イデオロギーの大筋は、まずカトリシズムと愛国心の一体化、次に世界に覇を唱えたカトリック両王・カルロス1世・フェリーペ2世のスペインの称揚、そして近代思想と自由民主主義に鷹揚に過ぎた感のあるブルボン朝の否定で、やがてナショナルカトリシズムと呼ばれるものである。カトリック両王イサベルとフェルナンドの名前のイニシアルから作られた軛[20]（yugo）と矢（flecha）のシンボルはファランヘ党に採用され、官庁を始め公的な建物に掲げられた。ただファランヘ党の創設者ホセ・アントニオ・プリモ・デ・リベーラ（1903〜36）はフランコ体制に必ずしも全面的に納得していなかった節がある。それは1934年6月24日の彼の次の発言から窺える。

「私は根からのカトリックである。しかし、寛容は現代では避けて通れない原則である。昔はあるいは必要だったかも知れない異端者の迫害などを今日、思い付く者はいる筈もない。我々が教皇庁と結ぶ政教条約では、我々大多数のカトリック精神の意義を完全に認めつつも自ずからそこには制約が付く。子供の教育は政府が行なうだろう。ただし、親が宗教教育を望むのであれば、これを教会に託すのはまったく自由である。」

しかし、彼の死後、政府側の国民運動との併合を余儀なくされたファランヘ党は国民運動基本法の次の文言を受け容れた。「唯一にして真なる使徒伝来のローマ・カトリック教会の教えに従い、神の掟を敬うことを最高の名誉とするスペインは、国民の心と不可分のこの信仰に則って法を定める。」

新体制は初めからメネンデス・ペラージョを自らの思想的な指導者と仰いだ。『メネンデス・ペラージョ全集』の刊行は内戦最中の1938年3月19日付の指令によって決められ、内戦後の1939年11月24日に創設された高等学術研究所（Consejo Superior de Investigaciones Científicas）が具体的な作業を受け持った。当初、刊行の責任者はペドロ・サインス・ロドリゲスだったが、彼が間もなくフランコ政権と袂を分って国外に亡命したために、後任の教育大臣ホセ・イバーニェス・マルティンによって同氏の前文が付いた第一巻が1940年に発行された。出版は1974年まで続き、全集は全部で六十七巻を算えた。

1982年、サインス・ロドリゲスは多くの人がメネンデス・ペラージョを碌に知らずに彼をフランコ体制の旗振りとして攻撃する結果を招いたことからメネンデス・ペラージョをフランコ体制の保証人にしたのは大きな間違いだったとした。確かに分派意識がさほど強くなかった1931年頃の共和派にはメネンデス・ペラージョという偉大な知識人への称讃に躊躇いはなく、1933年当時、駐ドイツ大使の任にあったアラキスタインはベルリン大学でメネンデス・ペラージョについて講演し、次いで雑誌『Boletín de la Sociedad de Menéndez y Pelayo』は同年の4・5・6月号にこれを掲載した。講演は明らかに敬意の表明であり、その要旨を雑誌『Cruz y Raya』（1933年7月15日号）で紹介したホセ・ベルガミン・グティエレス（1895〜1983）は次のように書いた。

「メネンデス・ペラージョは絶対に折り合い不可能な二つの陣営の中間に身を置いていた。一方が伝統に固執して新しいものをすべて退ければ、もう一方はいかに無意味であろうと新しいものを追求して伝統はすべて拒否するか攻撃して、双方の間は常に険悪だった。メネンデス・ペラージョはカトリックにとっては自由主義者に過ぎ、自由主義者から見ればカトリックに過ぎた。しかし、こうした双方の敵対関係は別として、スペイン文化の発掘と刷新における彼の功績は、これを認める者は必ずしも多くはないとはいえ、彼を凌ぐ影響を及ぼした学者はいまだ誰ひとりいない。メネンデス・ペラージョを誰よりも批判するのは、あるいは彼の恩恵を他よりも受けている分野の研究者ではないか。メネンデス・ペラージョなくしては、我々スペイン人はあらゆる時代の自国の文化についても、また他国の文化についても、知るところは遥かに貧しいものとなっていたであろう。幸い、今日では多くのスペイン人が自分達の文化の百科事典を体現したこの比類なき偉人の価値を評価も承認もしないのは恥としている。」

ナショナルカトリシズムはカトリック国スペインの再興に目標を定めた。「スペイン人であればカトリックである」(Se es católico por ser español) の復活である。これの達成に向けて、疑わしい要素を削除して教会の監督下に置かれた教育が重要な役割を託され、その使命は法によって定められた。『大学整備法』(1943) の前文は「我国の大学教育における教会の教育権を承認し、かつ本法は国立大学がなによりもカトリック大学であることを望む」とした。幾つかの政令 (1944) を経て必須科目とされた宗教には間もなく『初等教育指導令』(1945) が定められた。バルセローナで開催された聖体大会 (Congreso Eucarístico) (1952) はスペインがキリスト教の最も伝統的な側面を重視すると共に、スペインが達成した政治と宗教の平和を国の内外に顕示する一大行事となった。そして最後には教皇庁との間に結ばれた政教条約 (1953) によってナショナルカトリシズムの勝利は完成された。これに先立ちフランコはある演説で次のように力説した。

「我々にとって完成された国家とはカトリック国である。国民がキリスト教の教えを守る信者であるというだけでは我々には充分ではない。規律を守り、濫用を正す法律が必要である (1946)。」

前述の政教条約はこの意志の具体化だった。教会と国家は双方の成員がそれぞれの分野と責任において分かれこそすれ不可分に結ばれた。「スペインは使徒伝来のローマ・カトリックをスペイン国唯一の宗教とし、神の掟と教会法の定める権利と特権を享受する」国教制度が宣言された。1942年からはセビージャ、トレード、グラナダ、サンティアゴ・デ・コンポステーラ、ブルゴスの大司教五名に加えてレオンとバルセローナの司教二名が議会の正式メンバーとなった。さらにスペインは司教候補者の推薦権を手にした。ただし、承認権はローマが保持して国家からの独立を守った。聖職者には税法と司法の特権が与えられ、すべての教育機関で宗教が必須科目となり、祝日と祭日も教会が定めた。しかし、1953年になるとナショナルカトリシズムの行く手にはさほどの時間は残されていなかった。そして1960年以降、スペイン社会は大きな変化を迎えた。世俗化が進み、国家によるお仕着せの教会優先は次第に疎ましく感じられ始めた。加えて当のローマから大きな衝撃がもたらされた。教皇に選出されるやヨハンネス23世（在位1958〜63）は公会議の召集を表明した。そして開かれた第二ヴァティカン公会議（1962〜65）にはそれまで右派からの批判の的とされてきた者も含めてあらゆる傾向の神学者が集まった。1963年、新たに教皇に選ばれたパウルス6世（在位1963〜78）は目標のひとつとして教会と現代社会との間に掛け橋を設けたいとの思いから公会議の継続を決めた。そして議論を経て出された結論のひとつは、かつて保守派が制度化したスペインのナショナルカトリシズムがいまや時代にそぐわないというものだった。

フランコ将軍の死後（1975）、しばらくはそれまでの対立が克服された印象を与えた。ほとんどの政治団体から承認された1978年の新憲法の下、スペインは民主主義に則した議会制君主国となった。もはやいかなる宗教も国教とはならず、思想と信教の自由が保障された。だが、この平穏な状態は長くは続かなかった。十名ほどの司教が「キリスト教徒のための神なき憲法」として新憲法に異議を唱え、1982年の選挙でフェリーペ・ゴンサレスの社会党が政権に就くと、他の司教が仲間の異議に同調した。教会は離婚や同性愛者の結婚などを始めとする社会の世俗化を念頭に置いた法案、世俗主義国家の樹立を目指す法案、聖職者のそれまでの税制上の特権を再考する法案に強硬に反対した。こうしてかつての対立がほとんどそのままに再燃した。2004年に社会党が再び政権の座に就くと、新たな対立が加わった。マドリードの大司教アントニオ・マリーア・ロウコ・バレーラによれば、ホセ・ルイス・ロドリゲス・サパテーロ政権は「神の死を宣言する強い意向を抱いている」とされ、トレード大司教アントニオ・カニサーレス・ジョベーラも同じような懸念を次のように表明した。「彼等は我国ならではのキリスト教の根幹を根こそぎにしようとしている」、そして「有無を言わさぬ世俗主義がヨーロッパの誇る遺産と道徳的原理の息の根を止めようとしている。」こうした発言はまさしくファン・マヌエル・オルティー・イ・ラーラが1867年に青少年を堕落させ、キリスト教の根源を揺るがすとしてクラウゼ主義者を非難した時の再来だった。

他の分野でも歴史を巡るスペイン人の分裂が続いた。1992年、左派政権は五百年前のアメリカの発見とユダヤ教徒の追放の記念行事の開催に難色を示し、2004年に政権の座に戻った時もまたカトリック女王イサベルの没後五百年記念行事に同じく難色を示した。これとは逆に右派は1998年にカルロス1世とフェリーペ2世の没後記念行事を盛大に執り行なった。各党はこれに当惑を示し、少数派の大学人と世論との断絶もまた新たになった。多くの大学がこの種の記念行事に併せて学会や学術研究会を開催し、スペイン史の中で最も議論が集中する異端審問所、ユダヤ教徒・モリスコ・プロテスタントといった宗教上の少数派への迫害、アメリカの発見・征服・統治、覇権主義政策、フランドル戦争、レパントの海戦、無敵艦隊、カルロス王子といったテーマに関する知見を深めた。これらのテーマの大部分に関して歴史家は、スペイン人か否かを問わず、従来の解釈が悪意に基づき、しばしば正確さを欠いて修正を要するという点で大方意見が一致している。しかし、彼等は一部の新聞記者や映画関係者と幾人かの芸術家、そして一般大衆をいまだ納得させるには至らず、アメリカ先住民の大量虐殺を非難する声は今日も続く。また「南の悪魔」と呼ばれたフェリーペ2世の不寛容についても事態は変わらない。

こうした中で1991年4月13日付けの新聞「El País」紙に次のような記事が載った。「カディス県のプエルト・レアル市議会はスペイン人がアメリカで犯した罪悪を永遠に人々の記憶に残すために1492年に始まったヨーロッパ人のアメリカ侵略による犠牲者の記念碑の建立を決議、そしてエクアドル人彫刻家オスバルド・グアジャサミン氏が無償で記念碑の作成を引き受けた。」これについてメキシコの作家カルロス・フエンテスがフランスの雑誌『Magazine Littéraire』(1992年2月)に書いたところによれば、幸いにもイスパノアメリカの知識人の大多数がこのような言論の濫用に抗議したと言う。以下はフエンテスの言葉である。

「スペインとポルトガルとアメリカは五百年前に全世界に先んじて人種の異なる男女との出会い、多文化との遭遇という他者問題に直面した。これは今日なおニューヨーク、ロサンゼルス、ロンドン、ベルリン、パリ、ナポリで繰り返されている。我々は現代の移民にもバルトロメ・デ・ラス・カーサスやフランシスコ・デ・ビトリアのような人物が現れることを期待したい。」

この一方で、1998年7月1日、ロンドンでフェリーペ2世の完全復権という誰も予想しなかった行事が執り行なわれた。上院の副議長モンゴメリー卿の司式の下、政府閣僚、大臣経験者、ジョン・H・エリオットやヒュー・トマスを初めとするスペイン研究者が出席する中で、かつて1554年から58年までメアリー1世の夫としてイングランド王の地位にあったフェリーペ2世にイギリスの上流階級が厳粛な敬意を表明した。この時の出席者のひとりはフェリーペ2世を「歴史上、最もヨーロッパ的な人物のひとりだった」と述べた。だが、ちょうど同じ頃、スペインの左翼は歴史家フェリーペ・ルイス・マルティンの序文付きでスペイン語に訳されたイギリスの歴史家ジェフリー・パーカーの著書『フェリーペ2世』(1978)を頑として手にしようとしなかった。理由は同書が従来からの先入観の多くを退けたからだった。つまり、彼等は黒い伝説に描かれた狂信的で残酷な暴君フェリーペ2世の方をいまも望んでいるのである。

二つのスペイン?

こうした対立によってスペインは現在も妥協不可能な二つに割れているのか。この「二つのスペイン」(dos Españas)という表現は19世紀にマリアーノ・ホセ・デ・ラーラ(1809〜37)によって使われ、20世紀に入るとアントニオ・マチャードをはじめ、多くの文人を介して広まった。この考えを初めに概念化したのはポルトガル人のフィデリーノ・フィゲイレード(1889〜1967)だった。

「98年の世代」の作家の中でも特にウナムーノに近かった彼は著書『二つのスペイン』(1931)の中で次のように書いた。

「スペイン文化にあっては遠心的な力と中央集権的な力が常に睨み合っている。非正統に傾く前者に対して、後者はハプスブルク朝とカトリック教会側の対抗宗教革命固有のイデオロギーで言わばフィリピスモ[21](filipismo)と呼べるものである。この二つのスペインは絶対に和解し得ないと同時にちょうど二枚貝の貝殻のように己の存続に互いに相手を必要とする。早くに大西洋を指向してイベリア半島の大部分から分離したポルトガルはどちらのスペインとも結ばれることはない。」

フィゲイレードの発言には幾人かの歴史家が続いた。中でもかのメネンデス・ピダールは自らが主宰する『スペイン史』[22]の第一巻(1947)の序文「歴史の中のスペイン人 Los españoles en la historia」[23]でフィゲイレードの指摘の骨子を認めて次のように書いた。

「スペインの結合を弱めるのは集権主義と地方主義との争いだけではない。ここで忘れてはならないのは、我国では政治思想の違いが他所に類のない激しさで国民を分断し、国の精神的な一体感を破壊してきた事実である。」

このように言うこの歴史の大家に対してアントニオ・ドミンゲス・オルティース(1909〜

2003）は「二つのスペイン説」は説得力に欠けると見る。彼によれば、「カトリシズム、中央集権主義、権威主義、外来のものへの不信感などをひとつに束ねるのは行き過ぎである。そして人々の気質にしても、過去幾世紀にもわたって変わらなかったものはごく僅かでしかなく、逆にある時代にある気質が大勢を占めたかと思えば別の時代にはそうではなくなる。」こうした考えの説明としてドミンゲス・オルティースは著書『18世紀スペインの出来事と人物』（1910）の中の「二つのスペイン再考」でスペイン史の中で最も議論が集中する16世紀を例に取り上げて次のように言う。

「ここでは一般にカルロス1世よりもフェリーペ2世の方に厳しい目が注がれる。だが、フェリーペ2世はひたすら父親の例に倣うことが自分の名誉であると考えていたに過ぎない。対する一方のカルロス1世はと言えば、宗教問題に関しては息子よりもリベラルだったと考えられているが、実際は決してそうではなかったことが今日では立証されている。さらに16世紀を通して反体制派や反対者は確かに存在したが、これを以って二つのスペインの対峙とする表現は行き過ぎである。」

ドミンゲス・オルティースによれば、「不和と分裂の種は実際には考えられているよりも数多くあったにせよ、表向きは飽くまでカトリシズム・王制・騎士道精神でひとつとなったスペインだった。」そして「カルロス3世の時代、19世紀の一部、あるいは第二共和制では大勢を制したのは別の流れだった。それまでの流れは風向きが再び自分達に有利に変わるのを期待しつつ反対派に廻った」と見る。

そもそもなぜ二つのスペインは厳しく対立したのか。対立の本質的な原因は次のようなものだった。すなわち、一方に文明と民主主義の進展の前提となる理性に基づく世界観があり、もう一方には宗教、とりわけカトリシズムが以前と同じように社会の根底にあるべきとする伝統主義が構えていた。しかし、例えば社会の中で教会が占めるべき場を巡ってこのように分断された国は果たしてスペインだけだったのだろうか。否、この問題は他の国々でもほとんど同じような形で持ち上がった。20世紀初めの教権主義と世俗主義にまで遡らずとも、もっと後の時代にこうした激しい対決の例がある。

1984年、フランスの社会党員で教育相だったアラン・サヴァリは教育の公益に大きく資するような法案の成立に成功した。だが、カトリック陣営は同法が修道会系の学校にとって不利になると判断した。その結果、同年6月24日に参加者二百万人という大規模なデモが行なわれ、その先頭にはパリの大司教ジャン・マリー・リュスティジェをはじめ元大統領ジスカール・デスタン、パリ市長ジャック・シラク、ボルドー市長ジャック・シャバン・デルマスといった右派の有力者が顔を揃えた。そして法案はデモの規模に押されて撤回された。それから十年後、バラデュール内閣の教育相フランソワ・バイルーが第二帝政期に出されたファルー法の見直しという形で再び教育における世俗主義という課題に取り組んだ。すると今度は抗議の声を挙げたのは労働組合と左翼政党で、1994年1月16日にパリで参加者百万人のデモを繰り広げた。そして法案は成立公布されたものの、最も論争の焦点となった世俗主義に関連する条文は削除された。このような事例を見れば、19世紀のスペインの状況、そして現在のスペインの状況に特に変わったところはなにもないということが解る。ヨーロッパの他のカトリック国、そしてイスパノアメリカ諸国と同じように、スペインもまた言論の自由と国家の世俗化に向かう現代社会の発展から生じる種々の課題に直面しているのである。

歴史の解釈を巡って多様な見解が出るのはスペインに限らず、すべての国で歴史の解釈は論争を呼び、その激しさもスペインのそれに負けていない。フランスの場合を見れば、1789年以降のフランスほど分裂した国は他にあったろうか。フランスは幾度となく深刻な危機の縁に立たされた。対立はヴァンデーの殺戮、恐怖政治、1871年のパリ・コミューン、ヴィシー政権などに見るようにしばしば内戦に発展した。1789年以降、フランスの根底は分断されている。一方には穏健派の右派があり、他方には急進派の左派がある。そして双方ともさらにその内部が分かれる。右派は現状を受け容れる保守派と過去への回帰を目指す反動派に分かれ、左派もまた穏健路線の修正派と現状を否定する革命派に分かれる。そして右派は概してフランス革命の原則をこれまで受け容れたことはない。彼等は表向きは現状を甘受しても、状況が許す暁にはこれを葬り去る希望を捨てていない。

こうした右派にとっては1940年の軍事敗北[24]は喜ばしい驚き（heureuse surprise）で、早速共和制は廃止された。こうした論争が現在では終息したと考えるのは大きな間違いである。1989年の革命二百周年の折に展開された論争ほどこのことを裏付けるものはなかろう。数ある声明の学問的な部分の取りまとめに当たったのは最終的には左派の歴史家ミシェル・ヴォヴェルだったが、この作業はもう少しのところでフランス革命はある意味で忌まわしい全体主義の夢だったと確信しているある修正派に任されるところだった。事実、フランスでもスペインと同じように一旦決まった姿勢はその後も変わらないということはなく、時には著しい変化が見られる場合がある。例えば、フランスの左翼政権は1982年にジャコバン主義の基本原則のひとつである共和国は唯一にして不可分という一条を削除して、19世紀以来、極右の王党派が要求してきた地方分権を採用した。19世紀のスペインの自由主義者はカトリック女王イサベルを正当に評価したが、2004年の左翼はイサベル女王を拒絶した。理由は恐らくフランコがかつて同女王を自らの範と仰ぐと公言したからと思われる。19世紀初めから続く思想と政治の対立はヨーロッパ諸国にも容易に見られ、決してスペイン固有の現象ではない。従って、二つのスペインも二つのフランスも共にテーマとはなり得ない。そうした対立は国を好ましい方向に持っていこうとする際に起きて当然な見解の相違でしかない。

スペインの場合、ハプスブルク朝、フェリーペ2世、インディアスの植民地支配、厳しい異端審問所などについて、時折、往時のスペイン攻撃を想い起こさせるような歴史判断が散見されるが、これらは黒い伝説の余波でこそあれ、黒い伝説とは無関係である。そしてそうした否定的な判断の出所はスペインの外ではなく内にある。

フデリーアスはある著書の中で「我々は自国の歴史の特定の時代を先入観に捉われて常に低く見てきた。今日の黒い伝説を生み出した主たる責任は、認めるのも残念ではあるが、我々自身にある」と書いたが、自国の歴史を状況によっては批判的に観るのは別にスペイン人に限られたことではない。いまから三十年ほど前にフランスで起こったことは19世紀の末から20世紀の初めにかけてのスペインの状況に驚くほど似通っている。先に触れた1940年の軍事敗北はフランスを根底から揺るがした。そして四年後にドゴール将軍がパリをドイツ軍から解放し、これによってドイツ軍の占領という屈辱を払拭して世界におけるフランスの地位の回復を果たした。フランスは大戦の戦勝国側に列し、国連の安全保障理事会の常任理事国となった。

しかし、海外植民地の喪失と新しい世界情勢への適応の難しさを前にした政治家と学者の多くはかつての偉大なフランスを追求する政策の自由はいまや過去のものとなったことを知り、１７８９年以来のフランスの独自性を成してきたもののほとんどを放棄すべきであると考えた。スペインの場合と同じく、自虐感と自己嫌悪に捉われたフランス人はフランス革命最中のヴァンデーの殺戮、ナポレオン1世による黒人奴隷制の復活、20世紀の植民地戦争中の軍隊による拷問などに色塗られた過去に非難の声を浴びせた。思想家・随筆家・ジャーナリスト・大学教授達は植民地主義・人種差別・拷問のフランスを容赦しなかった。２００3年には『落日のフランス』と銘打った本が出され、またある人気作家は「黴の生えたフランス」を書いた。彼等の目には、フランスでは万事が間違っている。経済の凋落は政治と文化の凋落を道連れにし、至る所で遅れが溜まっている。逆に、国外、とりわけアングロサクソンの国々はフランスにとっての模範となる。双方の間にはフランス産と言えば粗悪品で、外国産と言えば上等品という単純な方程式が罷り通る。

「98年の世代」のスペインの作家もこれと同じことを言っていた。19世紀から20世紀に入ってもまだ極右はヴィシー政権の下で反フランスの概念を造り出して反植民地主義と反資本主義を掲げる左派を攻撃し、共和主義を時代遅れだと見做した。そして明言こそしないが、21世紀の今日なお旧体制復活の夢を捨てていない。それればかりか、公共サービスや治安といった社会主義の成果を古臭いと非難する。フランスの歴史家マックス・ガロは著書『フランス人であることの誇り』（２００６）で次のように言う。

「フランスの行く手を定め、世論を喚起する我国のエリートは自国の歴史の後継者たるを放棄する道を選択した。……彼等はフランスはこれまでの在り方を後悔し、その過去と訣別し、跪いて赦しを乞うべきであると信じて疑わない。」

ここにきて新しいのは以前ならば反動的と考えた筈のこうした姿勢の大部分に左派が同調していることである。彼等はフランスが市場経済に適応するには幾つかの調整が必要だと考えているが、この市場経済とはかつて資本主義と呼ばれたものに他ならない。

第5章

結び

『ウェストファリアの平和』ヘラルト・テル・ボルフ、ロンドン、ナショナル・ギャラリー

スペインはその歴史の中でたまたま占めた場と果たそうとした役割ゆえに激しくもしばしば不当な糾弾の標的とされた。スペインの発展はカトリック両王期（1474〜1516）に始まり、カルロス1世期（1516〜56）に確立し、フェリーペ2世期（1556〜98）に頂点を極めた後に下降線を辿り、ウェストファリア条約（1648）以降はヨーロッパの覇権国の地位から降りた。この間およそ百五十年にわたってスペイン王は神が自国をお選びになったと考えることができた。世界初の広大な植民地からの富を手にしたスペインは己の意思と野心の赴くままにヨーロッパ全土に介入した。この間に文人・芸術家・神学者がスペインの威信を高めると、スペインはあたかも世界に号令するかの印象を与えた。ヨーロッパ人はスペインを世界帝国と呼ぶ一方で、その殆どが神から偉大な運命を託されたと自認するスペインの尊大・欲望・横暴に反撥した。

このように見ると、カルロス1世の即位からウェストファリア条約までのスペインの歴史は二つの事象の格好な例と見ることができる。ひとつには、帝国主義なるものの拒否である。これは特にスペインだけに限られるテーマではない。今日の米国がこれの最もよい例である。米国は周囲からの感嘆と同時に嫌悪の的である。理由の成否とは別に、すべてを支配しようとしている印象を与えるからである。フェリーペ2世のスペインが他に与えたのが似たような印象だった。米国との比較はぴったりで、スペインはこれに異議を唱えるには及ばない。ただ17世紀から長い時間が経過したいま、「黒い伝説」を生んだ理由はすっかり錆び付いてしまった。「黒い伝説」に含まれた誇張・誤解・虚言は歴史家によって葬り去られた。攻撃の標的とされたのはスペイン人ではなく、スペインの覇権だった。ならば、スペインの覇権主義を惧れる理由がない今日、その栄光と功績を称えるのに躊躇いは無用である。

もうひとつは帝国の興亡というテーマである。スペインの前には同じ運命を辿ったローマがあり、スペインの後には同じ経験をしたオスマン帝国がある。アリストテレスは政治は自然と同じく空白を恐れる、つまり、ひとつの大国が退けば別の大国がその後を埋めると言ったが、ウェストファリア条約後のヨーロッパ史はまさしくその通りになった。同条約は南ヨーロッパの凋落と北ヨーロッパの興隆という入れ替えを意味した。アングロサクソンとプロテスタントが大半を占める北がラテンとカトリックの南への優位を確信するには他になにも要しなかった。さらに17世紀以降、文明はプロテスタント革命の申し子であり、カトリック諸国は後進国に堕したという考えが広まった。この考えは特にスペインを指したわけではないが、それでもイベリア半島からイスパノアメリカに広がる文化圏はその規模の大きさから批判の第一線に立たされた。しかし、時代は進み、いまではアングロサクソンが人種として優れているとか、ラテン諸国が不運に取り憑かれているとかを信じる人はいない。

それだけに、「黒い伝説」にもしっかりした位置付けが必要となる。いまなお痕跡が散見されるとはいえ、「黒い伝説」はすでに克服された過去の産物である。スペインとスペイン人についてはステレオタイプの偏見がいまだ多く見られるのは確かだが、他の国民について流布しているのと較べてその数が多いわけでも、内容が愚かしいわけでもない。それらは人間が互いに他者について抱く無知の証しに過ぎず、スペイン人がそれに慌てふためくには値しない。

しかし、当のスペイン人自身による非難、特に自国の歴史を受け容れようとしない者による非難は別である。中にはアメリカを発見して征服したスペイン、16世紀に大国となったスペイン、セルバンテス、ベラスケス、ゴヤを生みながらもデカルトやニュートンを生まなかったスペインを赦せない者がいる。このような姿勢は自虐症の為せるところだが、決して珍しいことではない。

基本参考文献

「黒い伝説」についてこれまでに書かれた本は多く、そのすべてを列挙するのは難しい。その中から著者の一存で問題の明快な分析と独創的な解釈から注目に値する数点を以下に挙げる。これらは本書の執筆に際して参考となった。

1. Arnoldsson, Sverker: *La Leyenda Negra, estudios sobre sus orígenes*, Göteborg, 1960
2. Carbia, Rómulo D.: *Historia de la leyenda negra hispanoamericana*, Madrid, Espasa-Calpe, 1944
3. Chaunu, Pierre, «La légende noire antihispanique», *Revue de psychologie des peuples*, XIX, 1964
4. Croce, Benedetto, *España en la vida italiana del Renacimiento*, Buenos Aires, Imán, 1945
5. Español Bouché, Luis: *Leyendas negras. Vida y obra de Julián Juderías (1877–1918): la leyenda negra antiamericana*, Salamanca, Junta de Castilla y León, 2007
6. García Cárcel, Ricardo: *La leyenda negra. Historia y opinión*, Madrid, Alianza, 1996
7. Jover, José María: *1635. Historia de una polémica y semblanza de una generación*, Madrid, CSIC, 1949

8. Julián, Juderías: *La leyenda negra. Estudios acerca del concepto de España en el extranjero*, Valladolid, Junta de Castilla y León, 2003
9. Maltby, William S.: *The Black Legend in England*, Durham, Duke University Press, 1971
10. Sánchez Mantero, Rafael: *La imagen de España en América, 1898–1931*, Sevilla, CSIC, 1994
11. Saz, Ismael（comp.）: *España: la mirada del otro*, Ayer, Madrid, Marcial Pons, 1998
12. Wayne Powell, Philip: *Tree of Hate. Propaganda and Prejudices affecting United States Relations with the Hispanic World*, New York–London, Basic Books, 1971

訳註

はじめに

(1) ルターの抗議を発端とする西ヨーロッパの騒然とした情勢は一般に宗教改革と呼ばれるが、その実態から革命と呼ぶに相応しいと考えられるので、本書ではこの名で呼ぶ。

(2) 本書ではアメリカはアジア・ヨーロッパ・アフリカなどに並ぶ地理上の呼称として用い、アメリカ合衆国は「米国」とする。

(3) 原著ではこの前にテンプル騎士団の名が挙げられている。

(4) スペインの画家ゴヤの作品『着衣のマハ』(La maja vestida)を参照。

(5) 日本では神聖ローマ帝国皇帝カール5世の名で知られ、スペインでもカルロス5世とも呼ばれるが、後にカルロス2世、3世、4世と続くので、混乱を避けるために本書では「カルロス1世」とする。

(6) 日本ではしばしば宗教裁判所と訳されるが、異端審問所が追及の対象としたのはキリスト教内部の異端であり、他の宗教ではなかったことから、適切な訳ではない。摘発されたのはユダヤ教からキリスト教への改宗を装ったユダヤ教徒(judaizante/criptojudío)で、異教徒(ユダヤ教徒とイスラム教徒)ではなかった。因みに、異端審問所はインディアスにも設けられたが、改宗の有無を問わず先住民は追及の対象から外された。

(7) グラナダの征服後もイスラム教徒には追放令は出されず、彼等の多くがスペインに留まり、ムデーハル（mudéjar）と呼ばれた。その後、彼等の一部はキリスト教に改宗したが、これの真偽のほどを疑う周囲は彼等をモリスコ（morisco）と呼んだ。その後、１６０９年にモリスコを対象に追放令が出され、およそ三十万人がスペインを離れた。因みに、ムデーハルは「残留を許された者」、モリスコは「イスラム教徒風の者」を意味する。

第1章　黒い伝説前史

（1）カトリック両王（los Reyes Católicos）の呼称はグラナダの征服の功績を称えて教皇アレクサンデル6世から授与され（１４９４）、これを受けて以後「カトリック王」（rey católico）は歴代スペイン王の代名詞となった。

（2）精確に言えば、結婚の時点では二人はまだ王位に就いていなかった。それぞれの即位はイサベルが１４７４年、フェルナンドが１４７９年だった。

（3）イサベルとフェルナンドの結婚はしばしば合体や統合と理解され、これによって近代スペインが誕生したとされるが、先行するアラゴン連合王国の呼称 Corona de Aragón に見るように、実態は王冠による連合だった。国境・税関・議会・法制はそれぞれ従来のまま持続し、両国の間で一本化されたのは対外政策に留まった。これらが一本化されて両国が名実共に一国となるのは、スペイン王位継承戦争（１７０１〜１４）に勝利してスペインの王座に就いたブルボン朝が進めた中央集権化（１７０７〜１６）によってバスコとナバーラを除く各地の中世以来の法規（fuero）が廃止され、国内がカスティーリャ法によって統一されてからだった。

（4）カタルーニャの起源はイスラム教徒のイベリア侵攻後、フランク王国の南辺の防衛地帯として設けられた「イスパニア辺境区」（marca hispánica）に遡る。フランク王国の崩壊後、10世紀には同辺境区は独立したが、その支配者達はフランク王権の臣下であったことから王ではなく、それまでの伯（conde）を自称した。そして数ある伯国の中で大きく発展したバルセローナによる統合が進んだ後も、これの支配者は伝統に沿って王ではなくバルセローナ伯（conde de Barcelona）を名乗った。現在でもバルセローナが伯都（ciudad condal）と呼ばれるのはこうした歴史の経緯による。

（5）カタルーニャからピレネーを越えて東は現在のモナコ公国辺りまでは、この地域のラテン語から派生した肯定の副詞オック（oc）に因んでオクシタニア（Occitania）と呼ばれた。現在のラングドックとプロヴァンスを合わせた地域に相当する。

（6）ギリシア語からの造語カタリ派、または南フランスの町アルビに由来するアルビ派の名で知られるこの中世ヨーロッパ最大の異端は、11世紀から13世紀にかけて南フランス一帯に広まった。キリストの復活・婚姻の秘蹟・教会制度などを否定するこの異端に対して、教皇インノケンティウス3世は十字軍を派遣してその撲滅を図った。武力による異端の制圧は長期に及び（1208〜26）とその後に異端審問所が設置された（1229）。

（7）アラビア語で、意味は「国境の防衛を任務とする精鋭部隊」。

（8）ジョルディ（Jordi）は Georgius のカタルーニャ語形。ゲオルギウスは4世期初頭のローマ兵で殉教者。龍退治など多くの伝説に包まれているが、その多くは史実性を欠く。

（9）カトリック王フェルナンドはアラゴン王としては2世だが、しばしばカスティージャ王フェルナンド5世とも呼ばれる。

（10）イングランドのヘンリー8世（在位1509〜47）が参加、またオスマン・トルコは参加しなかったが、同盟に時を合わせてハンガリアを攻撃した。

（11）日本ではイタリア語形ボルジア（Borgia）で知られるが、本書では出身地がバレンシアなのでスペイン語形ボルハ（Borja）で統一する。なお、一般には専ら悪評だけで知られるボルハ家だが、同家はカトリック両王から爵位を授与されてガンディーア公爵を称する貴族で、第四代ガンディーア公フランシスコ・デ・ボルハ（1510〜72）は妻に先立たれた後、イエズス会に入会、やがて第三代総長に選出され（1565）、一六七二年に教皇クレメンス10世（在位1670〜76）によって聖人に列せられた。

（12）スペインでは「サンティアゴ・マタモーロス」（Santiago matamoros）と呼ばれる。中世イベリアの国土回復戦争の過程で生まれた伝承によれば、戦場でキリスト教徒軍が窮地に陥ると白馬に跨がった聖ヤコブ（スペイン語名サンティアゴ）が天から降って彼等を救ったとされた。マタモーロスの意味は「イスラム教徒殺し」。ヨーロッパで最も古いとされる周知のサンティアゴ巡礼路沿いの古い教会には、しばしばその像や絵が飾られている。またチリの首都サンティアゴを始め、イスパノアメリカに多く見られるサンティアゴの地名は国土回復戦争期の鬨の声 ¡Santiago y cierra, España! をアメリカの征服者達が引き継いでいた名残と見られる。Hernán Cortés: *Cartas y documentos*, Porrúa, México, 1963, p. 136–137

（13）国外退去か改宗かの選択を迫った追放令（1492年3月31日）を前に、残留の条件だった改宗を選んで多くのユダヤ教徒がキリスト教に改宗した。だが、コンベルソ（converso）と呼ばれた彼等の一部は秘密裡にユダヤ教に戻ったために、深刻な政治・社会問題が生まれた。これはキリスト教への裏切りとみなされ、改宗の真偽を裁く異端審問所設立の直接理由となった。

（14）学問の刷新を目指すアルカラ大学の創設（1499〜1508）に際し、エラスムスはトレード大司教フランシスコ・ヒメネス・デ・シスネーロス（1436〜1517）からの招聘を受けたが、これに応じなかった。理由は「異教徒で溢れたスペインは気乗りがしない」（Non placet Hispania）だった。Marcel Bataillon: *Erasmo y España*, Fondo de Cultura Económica, México 1966, p. 77

（15）セバスティアン・ミュンスターの言及内容は不明だが、同姓のヒエロニムス・ミュンスター（?〜

（1508）なる人物が1494年から翌年にかけて5カ月間スペインに滞在して旅行記を著し、その中でイスラム教徒やモスクの多さや改宗後も密かにユダヤ教を守り続けるマラーノ（marrano）の存在に触れている。José García Mercadel : *Viajes de extranjeros por España y Portugal*, 6 vols, Junta de Castilla y León, 1999, vol. I, p. 305–390　因みに、マラーノの原義は「豚」で、転じてユダヤ教徒、特に改宗者への蔑称となった。

（16）唯一の神が父と子と聖霊の三つのペルソナにおいて存在するとする三位一体の玄義によって、キリスト教は同じ一神教のユダヤ教とイスラム教から区別される。

（17）ラテン語・ギリシア語・ヘブライ語に通じ、パリで医学を学んで学位を取得した。この一方でメランヒトンの著作を読んでカトリック信仰を捨てたうえに『三位一体の誤りについて De Trinitate erroribus』（1531）を著してカトリックとプロテスタント双方から非難を浴びた。次いでパリで出会ったカルヴァンと激論を交わしてその怒りを買い、後日ジュネーヴを訪れた時にカルヴァンに捕えられて処刑された。なお、前述の著作は三位一体を否定した近代最初の神学書と言われる。

（18）帝国内の宗教対立の解消を目指して開かれたアウクスブルクの議会（1555）で採択された周知の「領地の宗教は領主の宗教とする」（Cuius regio, eius religio）の原則はカトリック教会がルター派を承認したものと解釈され、これを許したカルロス1世は教会を売ったと見なされた。

（19）インディアスの征服者。ラテン語に精通し、文才にも恵まれた。サラマンカ大学で法律を学び、一時グラナダで弁護士を開業した。その後、インディアスに渡り（1536）、カリブ海に注ぐマグダレーナ河を今日のペルーを目指して遡り、辿り着いた高原で現在のコロンビアの首都ボゴタを創設した（1538）。

（20）1568年にボゴタで執筆された原稿は出版のためにスペインへ送られたが、1927年まで行方不明となった。発見後、コロンビアのカーロ・イ・クエルボ研究所（Instituto Caro y Cuervo）が1952年に初版を刊行、1991年に再版された。因みに、書名 *El Antijovio* にある jovio は Paolo Giovio のフランス語形 Paul Jove に由来する。

第2章　スペインとハプスブルク朝

（1）第1章の註9を参照。

（2）ハプスブルク家については「戦争は他の者がすればよい。幸せなアウストリアよ、お前は結婚せよ」（Alii bella gerant; tu felix Austria nube）という家訓とも思える文句が知られる。なお、アウストリア（オーストリア）はハプスブルク家の別称。

（3）イサベル1世の例に見るように、カスティージャでは女性は王位継承権を持っていたが、夫がある場合は夫が優先された。

（4）「狂女フアナ」（Juana la Loca）の名で知られる彼女は女王としての実権は行使しなかったが、女王の地位は死ぬまで失わなかった。

（5）カスティージャとアラゴンの結び付きが合体ではなく連合だったことから、アラゴン王フェルナンドにはカスティージャの王位継承権はなかった。第1章の註3を参照。

（6）現在のベルギーのガンで生まれたために、即位までは Carlos de Gante と呼ばれた。

（7）カルロス1世の即位の時点ではまだメキシコもペルーも征服以前だった。

（8）ここでは便宜上カルロス5世とする。「はじめに」の註5を参照。

（9）Ramón Menéndez Pidal: *Idea imperial de Carlos V*, Espasa-Calpe, 1963, p. 9–35 を参照。

（10）スペインはコロンが到着地を「インディア」（India）と呼んだことを引き継ぎ、アメリカの領地を当初から「インディアス」(Indias) を公式呼称とした。因みに、当時のインディアはインダス河以東の土地の総称だった。

(11) 帝位はカルロス1世の弟フェルナンドが継ぎ、神聖ローマ帝国皇帝フェルディナント1世(在位1555~64)となった。これにより、以後、ハプスブルク朝はマドリードとウィーンに分かれた。

(12) 後出の註17を参照。

(13) 原文では1496年とあるが、1494年の誤りである。

(14) 反乱は「カスティージャの都市の乱」(Guerra de las Comunidades de Castilla) と呼ばれ、トレード、アビラ、セゴビアなどカスティージャの主要都市が反乱に加わった。コムネーロは反乱の参加者の呼称。前註4のファナを王位後継者としてカルロス1世に対峙した。反乱の指導者ファン・デ・パディージャやファン・ブラーボの銅像は反乱に加わった町の広場で今日も目に止まる。詳細は José Antonio Maravall: *Las Comunidades de Castilla. Una primera revolución moderna*, Revista de Occidente, 1963

(15) 何代にもわたる近親結婚の弊害を一身に負って生まれた。

(16) 合戦があった8月10日は鉄格子の上で焼き殺されたローマ時代のイベリア出身の殉教者ラウレンティウスの祝日だった。フェリーペ2世即位後の初のこの勝利を記念してマドリード郊外のエル・エスコリアルにカルロス1世の遺言に従ってフェリーペ2世がハプスブルク朝以降の王廟として建てたサン・ロレンソ修道院は上空から見ると焼き網の形に設計されていることが分かる。なお、Lorenzo は Laurentius のスペイン語形。

(17) 国王の分身を意味する副王 (virrey) はアラゴンの地中海進出に伴って15世紀末にシチリアなどに派遣されたのが始まりで、後にインディアスにも1535年以降、ヌエバ・エスパーニャを皮切りに逐次派遣された。

(18) 彼の在位中に暦がそれまでのユリウス歴から現行のグレゴリウス暦に変えられた（1582）。科学的な根拠と正確さに基づいたこの改暦には、ともすれば非科学的との批判を受けがちなカトリック教会の対応策という一面があった。カトリック諸国は速かに新しい暦法に移行したが、対立するプロテスタント諸国は18世紀中葉まで以前からのユリウス暦を使った。

(19) 起源がローマ時代に遡るアフリカの北岸の町セウタは1415年のポルトガルによる征服以来、ポルトガル領だったが、1640年のポルトガルの独立回復の際に住民の意志によってスペイン領として留まり、1668年の両国間の条約でスペインへの帰属が最終的に決定、現在に至る。

(20) レコンキスタが続くイベリアへ活路を求めてやってきたブルゴーニュの貴族エンリーケ（1066〜1112）はレオン・カスティージャ王アルフォンソ6世（在位1065〜1109）にその力量を認められてポルト地域の統治を任されてポルトガル伯となり（1093）、同王の庶子テレーサと結婚（1095）、同王の死後はレオン国内の混乱に乗じて独立への道を摸索した。彼の息子アフォンソ・エンリーケス（1109〜85）は成人するとイスラム教徒やレオン軍と戦って勝利を収め、ポルトガル王を名乗り（1143）、宗主国レオンと教皇庁の双方から独立を認められた（1143／1179）。

(21) スペイン語名はvalido。広い意味では古くからあった王の側近を指すが、特にフェリーペ3世以降、事実上、王に代わって政治を行なった側近がこの名で呼ばれる。寵臣台頭の背後には国王とさまざまな評議会（consejo）による国政組織の衰退があった。寵臣は制度に基づく官職ではなく、専ら王の個人的な信頼だけに支えられた。本文にあるオリバーレスの他にはフェリーペ3世時代のレルマ公爵（1553〜1628）とカルロス2世時代のフェルナンド・バレンスエラ（1636〜89）の名が知られる。

(22) ローマ末期にガリアに侵入したゲルマン人の一部族サリ族に由来するゲルマン法のひとつ。スペイン・ブルボン朝初代のフェリーペ5世（在位1700〜46）によってスペインに導入された（1713年5

月10日）。

（23）トリエント公会議の結果を踏まえたカトリック教会の Contrarreforma/Counter Reformation はしばしば反宗教改革と呼ばれるが、対抗宗教革命の方が妥当な訳語と思われる。「はじめに」の註1を参照。

（24）日本語では特に区別がないが、スペイン語では pirata は通常の海賊を指し、権力者の公認を得て敵国や敵船を攻撃する海賊は corsario と呼んで区別される。周知のドレイクやホーキンズは後者である。

（25）フェリーペ2世は「慎重王」（rey prudente）と呼ばれる。

（26）本文47頁のアンジュー公と同一人物。

（27）スペイン・ハプスブルク朝は1700年に断絶、ウィーン・ハプスブルク朝も1740年に男系が絶えて以後はハプスブルク・ロートリンゲン朝となった。

（28）この呼称の起源を巡っては初代フランク王クロヴィス（在位481～511）の受洗（496？）などの諸説があるが、正確なところは不明。因みに、スペイン語では rey cristianísimo と訳出される。

（29）原文の年号1564年が正しいならば、原文のパウルス4世（在位1555～59）はピウス4世（在位1559～65）の誤りである。反スペイン感情で知られるナポリの貴族カラーファ家出身のパウルス4世はこのような問題の解決には不適切と考えられた筈で、他方、トリエント公会議を最終的に閉会したピウス4世はミラノの平民階級の出身で反スペイン感情とは無縁な人物だった。

（30）英語では status quo と言うが、statu quo が正しい。

（31）失敗の原因は海事に疎い総司令官・双方の整備と戦法の違い・暴風などにあった。

（32）イングランド船やオランダ船による襲撃に備えて1543年にインディアス航路の船には戦艦による護衛付きの船団（flota）を組んで航行すべき旨が定められ、これによって航海の安全は守られた。因みに、スペインからの積荷は織物、紙、鉄などの工業製品と葡萄酒、オリーヴ油、小麦など地中海文化圏からの入植者の日常生活に不可欠な農産物だった。
(33) 12世紀後半にイスラム教徒の dinar を模して鋳造された。因みに、maravedí の呼称は11世紀後半から12世紀中葉までアル・アンダルスを支配したアルモラビデ (almorávide) 朝の名に由来する。
(34) ヘラクレスの柱 (columnas de Hércules) は古代ギリシアの英雄ヘラクレスがその十番目の偉業で世界の西の果てに辿り着いたことを記念して、ジブラルタル海峡を挿む形でイベリアとアフリカの両岸に柱を立てたとする伝説に由来する。
(35) ヘラクレスの柱は「これより先に陸地はない」(Non terrae plus ultra) を暗示し、中世ではこれを越える航海は不可とされてきた。このタブーがアメリカの出現で破られたことから、カルロス1世はさらなる陸地発見の希望を託して自らの銘を「もっと先へ」(Plus ultra) としたとされる。因みに、ヘラクレスの柱とこれに巻き付けられた帯、及びこれに記された Plus ultra の二語はいずれも現在のスペインの紋章に受け継がれている。
(36) 近代ヨーロッパ語の最初の文法書。これに William Bullokar の *Bref Grammar for English* (1586) が続いた。
(37) ピエール・コルネイユの実弟。
(38) 中世イベリア文学の一部で、伝説・史実・恋愛などを詩の形式で物語風に謳ったロマンセ (romance) を集めたもの。

第3章　黒い伝説

(1) この公会議で教皇の並立とヤン・フスやジョン・ウィクリフの異端問題が解決され、また信者の聖体拝領はパンだけとする現在に続く形が定められた。従って、本文で後述されるパンと葡萄酒という二つによる聖体拝領はこの決定に違反する行為だった。

(2) マタイによる福音書の26章26〜28節に描かれた周知の最後の晩餐及びヨハネによる福音書の6章54〜56に基づくミサ中の行為。因みに、本来はパンと葡萄酒の二つによる聖体拝領がパンだけで可とされたのは、いずれかひとつだけの聖体拝領は不完全とする異端を退けるためと、葡萄酒は拝領の際にこぼれる惧れがあったためだった。パンだけで充分としたコンスタンツ公会議の決定はヨハネによる福音書の6章58節に基づく。

(3) 和議の原則とは周知の「領地の宗教は領主の宗教とする」(cuius regio, eius religio)。

(4) トリエント公会議は宗教革命による混乱・政争・戦争・疫病に翻弄される中で開会から閉会まで二度の中断を挟んで長期に及んだ。この公会議でカトリック教会は「聖書のみ」をはじめとするプロテスタントの主張を退けて、従来の伝統の再確認と内部改革を以ってプロテスタントと対決する姿勢を鮮明にした。その決定事項は第二ヴァティカン公会議(1962〜65)までカトリック教会の基本となった。

(5) 逸脱した神秘主義の一種で善行を無意味とするなど、プロテスタンティズムとの類似点があった。また誕生期のプロテスタンティズムとする見方もある。Iluminado/iluminista とも言う。Marcel Bataillon: *Erasmo y España*, Fondo de Cultura Económica, México, 1966, p. 804

(6) トレードの北西、カセレス県の山岳部にある村。

(7) 異端審問所による刑の判決宣告と俗権による刑の執行を町の広場で併せ行なう公開行事で、現在のマドリードの中央広場もその会場となった。1558年の公開法廷はセビージャで9月と12月の二度、翌59年のはバジャドリードで5月と10月で同じく二度行なわれた。

(8) Ramón Menéndez Pidal: *Los españoles en la historia*, Espasa-Calpe, Madrid, 3ª ed., 1991, p. 217

(9) 一般にフランス語 gueux (乞食、ならず者) で知られるが、呼称の由来は不明。オラニェ公の指導の下でスペイン船への攻撃を含め、フランドル戦争で活躍した。

(10) 十分の一税（diezmo）の起源は不明だが、第四回ラテラノ公会議（1215）で定められたともされる。収穫や収入の十パーセントを元来は神に、中世では教会に、さらには領主に収める税。宗教革命後は次第に廃止に向かい、19世紀には姿を消した。

(11) この敗北によってシュマルカルデン同盟は崩壊した。因みに、この戦いの先頭に立ったカルロス1世を描いたティツィアーノの『カルロス1世の騎馬像』がプラド博物館にある。

(12) 新約聖書、マタイによる福音書、2章16～17節。

(13) シマンカスは一時、王都でもあったバジャドリードの南に位置する。その中世以来の城内にあるカルロス1世の時代に設けられた文書館にはカスティージャ王国関連の資料が保管されている。

(14) スペイン王立アカデミアの辞書にも収録されているが、スペイン語では通常はmatanzaと言う。

(15) 原著もスペイン語訳もJacques TortorelをJean Tortorel、Jean PerrissinをJacques Perrissinと誤記している。

(16) 原名は後出の註19参照。また原名の邦訳は本文89頁にある。

(17) ブルゴーニュ公フィリップ3世によって1429年に創設された騎士団で、カトリック教会の防衛を義務とした。カルロス1世によってスペインに導入された。

(18) 1521年にカルロス1世とフランソワ1世との間に始まったイタリアを巡る長期戦は1559年に調印されたこの和平によって後者の敗北で決着した。和平の保証としてフェリーペ2世はアンリ2世の王女イサベルを三度目の王妃に迎えた。

(19) 原名は *Apologie ou Défense du très illustre Prince Guillaume* [...] *contre le ban et édict publié par le roy d'Espagne*。

(20) アルプハーラスはグラナダ市の南にある山岳地帯。グラナダ征服時にイスラム教徒との間に結ばれた穏健な内容の協約を無視してシスネーロス枢機卿が性急に改宗を進めようとしたことから反乱が起こった。

(21) バルセローナ伯国の名称の由来については第1章の註4を参照。なお、訳文は原文通りにバルセローナ伯国としたが、アラゴンとカタルーニャは1137年に連合しているのでアラゴン連合王国とするのが妥当である。

(22) ビアナ皇太子は1425年に設けられたアラゴン連合王国の皇太子の呼称。因みに、今日、スペイン皇太子はアストゥリアス皇太子(príncipe de Asturias)と呼ばれるが、これはイングランドによるウェールズの征服後に制定されたPrince of Wales(1301)に倣って、カスティージャ皇太子、後のエンリーケ3世(在位1390~1406)とランカスター公の娘カタリーナの結婚(1388)を機に創設された。アストゥリアスはスペイン北西部の地名で、国土回復戦争発祥の地とされる。

(23) 旧約聖書、創世記の22章9~12節。

(24) 静脈から血液を流出させる瀉血と呼ばれる治療法。

(25) ヴェルディのオペラ『ドン・カルロ』は2006年9月、東京の新国立劇場で上演された。

(26) 下水処理設備がなかった当時、汚水は夜間に窓から街路に捨てられた。

(27) カルロス1世に嫁ぐポルトガル王女イサベルに随行してスペインへ来た貴族ルイ・テレス・デ・メネセスの孫。フェリーペ2世が生まれるとその小姓となり、以後、生涯を通しての側近となった。フェリーペ2世は彼にエボリ公(príncipe de Éboli)の称号を与え、さらに次註の大公(Grande)の位に取り立てた。なお、エボリは当時スペインの支配下にあったナポリ王国内の地名。

(28) スペイン貴族の最高位の呼称。中世からあったが、カルロス1世によって1520年に正式に定められ、すでに爵位を持つ者に授与された。因みに、Grandeはgrandeeの形で英語に借用されている。

(29) カルロス1世とフランドルの女性との間に生まれた庶子。レパントの海戦(1571)でキリスト教諸国の連合艦隊を指揮してトルコ艦隊を撃破した。なお、人名に続く「de Austria」はハプスブルク家の人間であることを示す。
（30）貴族である彼は本来ならば斬首刑となるべきだったが、罪状が大逆罪だったために貴族の身分を剝奪されて平民として処刑されたものと思われる。
（31）カトリック両王の要請を受けたローマ教皇シクストゥス4世の認可（1478年11月1日）を得て創設された。
（32）「はじめに」の註7と第1章の註13を参照。追放令はユダヤ教徒に三カ月以内に国外退去かキリスト教への改宗かの選択を迫った。
（33）「はじめに」の註7を参照。
（34）死亡や逃亡によって受刑者がいなかった時に行なわれた。
（35）下級貴族の出身でドミニコ会士。多くの要職を有能にこなし、フェリーペ2世の信頼を得てスペイン教会の最高位であるトレード大司教に任命された。だが、ある著作の内容を巡って異端審問所の疑惑を招くとカランサはローマに直訴した。ローマから出頭を求められた彼はここの法廷で裁かれ、軽い悔悛刑を受けた。この後はスペインに戻らず、ローマで死んだ。
（36）聖職者ながら俗権の教会介入を支持する熱狂的な王党派で、異端審問所には批判的だったにも拘わらず一時その総書記に任命された。これによって異端審問所の歴史資料に触れた彼はナポレオンの失脚後フランスへ亡命、本文で取り上げられている4巻本をフランス語で著した。
（37）原著に1500年とあり、スペイン語訳もこれに準じているが、本文の先行記述から1540年の誤りと考えられる。
（38）染田秀藤訳『インディアスの破壊についての簡潔な報告』岩波書店、1976、改定版、2013
（39）このフランス語訳は銀細工師テオドール・ド・ブリの版画、アラン・ミルーの序文、ジャン・ポール・デュヴィオルによる版画の解説が付いて復刻されている（1995）。

（40）インディアス統治の初期の制度。一定の土地とこれを耕作する先住民を私人に信託して征服地の確保と開発を目指した。信託を受けた者は先住民から租税を徴収する権利と彼等を保護してキリスト教に改宗させる義務を負った。

（41）西澤龍生・竹田篤司訳、論創社、1995。原名は257ページにある。

（42）鈴木主税訳、集英社、1998

（43）鈴木主税訳『分断されるアメリカ――ナショナル・アイデンティティの危機』集英社、2004

（44）WASPと略称される。

第4章　スペイン人とその歴史

（1）本名はガスパール・デ・グスマン（1587〜1645）。フェリーペ4世の寵臣として1621年から43年まで政治の第一人者の地位にあった。

（2）西訳では十五万とある。

（3）女子の王位継承を禁止するサリ法は18世紀にブルボン朝によってフランスからスペインに導入された。男子に恵まれなかったフェルナンド7世（在位1808／1814〜33）の遺言によって同法が廃止されて王女イサベルが即位、イサベル2世となると、先王の弟カルロス・マリーア・イシードロ（1788〜1855）がこれに反対して自らの王位継承を主張、カルロス5世を自称した。こうして前後三回にわたるカルリスタ戦争（1833〜40／1846〜49／1872〜76）が勃発した。表面上は王位を巡るこの争いの背後にはイサベル2世を支持する自由派と強硬な絶対主義者だった王弟の保守派の対立があって事態の収拾を困難にした。第2章の註22を参照。

（4）イタリアのヴィットリオ・エンマヌエレ2世の息子アマデオ1世の治世。イサベル2世の退位後、政権を担当した進歩派の軍人グループによって擁立されて王位に就いたが、支持母体の分裂、ブルボン派や共和派の反撥、カルリスタの抵抗などによって治世が安定を欠いた末に退位してイタリアに戻った。

（5）第一次共和制と通称される。

（6）キューバ、プエルトリコ、フィリピンがスペインの支配下に残ったが、これらも米西戦争（1898）での敗北で失われた。

（7）近代初のゲリラ戦と言われるこの時のスペインには正規軍はなく、反ナポレオンの一点だけがスペイン人を結束させた。

（8）ナポレオンの兄。カルロス4世とフェルナンド7世を退位させたナポレオンの命令でスペインの王位を継いだが、スペインの世論の支持は得られず、また終始ナポレオンの意向に振り廻された。1813年5月にマドリードを去った。

（9）イサベル2世の退位からアマデオ1世の即位までの期間。

（10）前註4に同じ。

（11）前註5参照。

（12）原著にMassonとあるので既出のマソン・ド・モルヴィリエを指すと思われる。

（13）本文164頁参照。

（14）ゴメス・カリージョの作品では日本滞在記『El Japón heroico y galante』（1912）が『誇り高く優雅な国。日本』と題して訳出されている。児嶋桂子訳、人文書院（2001）

（15）俗名はファン・デ・ジェペス・アルバレス。日本ではSan Juan de la Cruzを直訳して「十字架の聖ヨハネ」とも呼ばれる神秘思想家。有名なアビラの聖テレーサと共にカルメル修道会の改革を進めた。

（16）1857年に『Revue des Races Latines』と改称。

（17）この時の博覧会会場は現在、セビージャ市のスペイン広場となっている。

（18）イベロアメリカ協力研究所はこの後「スペイン国際協力機構」（Agencia Española de Cooperación Internacional）（1988）、さらに「スペイン国際協力開発機構」（Agencia Española de Cooperación Internacional para el Desarrollo）（2007）と改編された。

（19）フランコ時代、マドリード大学の教室の黒板の上部には十字架像があった。

（20）かつては語頭のIはYで綴られた。従って、Isabel は Ysabel と書かれた。

（21）フェリーペ2世を指す。

（22）全42巻、64冊から成るスペイン総史。

（23）下記の廉価版がある。Colección Austral, Espasa-Calpe, A182, 1982

（24）この年の6月14日、ドイツ軍がパリを占領、フランス政府はボルドーへ避難した。

訳者あとがき

本書はJoseph Pérez（１９３１〜）著*La leyenda negra.* 3ª ed. Gadir, Madrid, 2010の全訳である。訳出に際しては原著*La légende noire de l'Espagne.* Fayard, 2009を常時参照した。なお、底本の後半には原著にはない幾つかの追記があるが、著者の指示に従って本文に組み入れた。

姓から明らかなように著者はスペイン人を両親とするフランスのスペイン語圏研究者である。論文『カスティージャのコムニダーデスの乱』（*La révolution des 'Comunidades' de Castille*）（１９７０）でボルドーⅢ大学から学位を取得した。その後、同校でスペイン語圏の歴史を講じ、現在は名誉教授の地位にある。この間にマドリードの大学都市内にフランス文部省が１９２０年に設立したスペイン語圏学術研究機関「ベラスケスの家」（*Casa de Velázquez*）の館長を務め（１９８９〜９６）、また母校に「イベリア諸国の家」（*Maison des pays ibériques*）を開設して研究の推進と後進の養成を目指した。著書は前記の学位論文を筆頭に16〜17世紀のスペイン語圏の諸相をテーマに多数を数え、その多くがスペイン語に訳出されている。こうした功績を認められてこれまでにバジャドリード大学とアルカラ大学から名誉博士号を贈られ、さらに社会科学部門でスペイン皇太子賞を授与された。

「黒い伝説」は新旧両世界に跨る覇権を手にした最初の世界国家16～17世紀スペインに対する周辺諸国の感嘆と羨望と同時に警戒心と嫉妬から生まれた。一国の優位に対する他国からの反撥や批判はいつの時代でも避けられないが、スペインに続いたイギリスの世界支配、そして本書で幾度か比較言及される現在の覇権国である米国については果たして「黒い伝説」に類するものが見られるだろうか。確かに単発的な非難や攻撃はあるが、それらは時間が経てば収まりやがては消えていく。そこには「黒い伝説」に見られるような幾世紀をも跨ぐ執拗さは見られない。執拗、これが「黒い伝説」の他に類例を見ない際立つ特徴のひとつである。

「黒い伝説」はこれを生む背景となった16～17世紀スペインの覇権が失せてすでに久しい現在もその余波は生き続けている。本書の第1章に引用されているスペインの作家ファン・バレーラの言葉が書かれて一世紀以上経た今日なお肯く向きはないだろうか。「ヨーロッパはピレネーで終わる」あるいは「ピレネーから南はアフリカである」といった類の文言が半ば常識として受け入れられ、機会があれば口から発せられないだろうか。スペインが全権加盟国の資格で欧州共同体（ＥＣ）に加盟してすでに数十年が経ち、またユーロ圏の一員となったいまもこの思い込みは変わらないように見受けられないだろうか。「黒い伝説」とは縁のない日本人の意識までも巻き込むこの広範な影響もまた「黒い伝説」の一端に思える。

「黒い伝説」はスペイン帝国の版図だった新世界にも向けられる。テオティワカンやマチュピチュなどに代表されるアメリカの古代文明の遺跡は日本でもすでに広く知られるが、これと並んで必ず話題とされるのが、スペイン人によるアメリカの土着文明の破壊とその先住民の大量虐殺、そして三世紀間もの植民地支配である。前述の古代遺跡とアメリカの「発見」の間には幾世紀もの開きがあってスペイン人による「破壊」は到底あり得ず、「虐殺」も今日では専門家の研究によって修正あるいは退けられ、植民地支配も後のイギリスやフランスのそれとは同列に語れないことが解ってきた。だが、こうしたプラス面は容易に一般には知られず、負のトピックスだけが語り継がれる。ましてや「発見」から百年以上も後のメイフラワー号の一件（1620）より一世紀も前にリマとメキシコ市に大学が創立され、サント・ドミンゴでは当時の技術の先端を行く印刷機が稼働し、大量虐殺された筈の先住民の保護を主な目標とする六千三百七十七もの法令が『インディアス法典 Leyes de Indias』（1680）として編纂公布されたことなどはいずれも想像だにされない。そしてなによりもメキシコ以南では土着文明が多様な色合いで引き継がれ、今日、ヨーロッパ文明との融合を経て独自の建築・美術・文学・音楽などを具えた文化圏を成す明白な事実さえいまなお見直しの機会とならない。こうした情報の欠落と歪な知見の背後にも「黒い伝説」が影を落としていると言えないだろうか。

本書はフランス語とスペイン語に精通する著者ならではの数多くの文献と研究を渉猟して得られた広範な知見に基づく的確な歴史解釈から生まれた最新作である。『スペインの黒い伝説』という原著のタイトルからはスペイン史の専門書という印象を免れないが、第1章は中世末期の地中海史、第2章と第3章はスペインの覇権の下に展開した16～17世紀のヨーロッパ近代史と見ることができる。そして波乱に富む19世紀スペインに関する第4章では、ともすればスペイン特有と見做されるがちな事象がフランス史との比較によって相対化されて語られる。随所に見られるフランス史との比較は他の類書からは得難い新鮮かつ貴重な教訓である。これによってとかく特別視されがちなスペイン史は一般のヨーロッパ史に組み入れられ、本書を狭義のスペイン史の枠を超えるものにしている。

原著には三百三十もの長短さまざまな内容の註があるが、この中で日本の読者には直接関わりがないと思われる少数を除いて、大多数は本文に組み入れて通読する方が読み易く、読者の理解を援けるとの判断から訳者は著者の同意を得たうえで作業を進めた。従って、本書には原註はなく、訳註のみとなった。この選択が誤っていなかったことを願う。

【著者略歴】
ジョゼフ・ペレス　Joseph Pérez
1931年生まれ。スペイン系フランス人。フランス・ボルドー大学名誉教授。歴史学者。スペイン史に関する著書多数。2014年、社会科学に貢献したとしてスペイン政府から表彰。レジオンドヌール受勲者。

【訳者略歴】
小林一宏　（こばやし・かずひろ）
1937年生まれ。上智大学名誉教授。1962年上智大学文学部史学科卒。スペイン政府給費留学生としてスペイン・マドリード大学へ留学。その後メキシコ El Colegio de Mexico にて Ph.D を取得。上智大学外国語学部イスパニア語学科教授、イベロアメリカ研究所長、日本イスパニア学会理事長などを歴任。主な訳書にホセ・オルテガ・イ・ガセット『世界史の一解釈』（白水社1970）、ベルナール・ディーアス・デル・カスティージョ『メキシコ征服記』（岩波書店1986-87）他。

ハプスブルク・スペイン　黒《くろ》い伝説《でんせつ》――帝国《ていこく》はなぜ憎《にく》まれるか

2017年1月25日　初版第1刷発行

著　者　ジョゼフ・ペレス
訳　者　小林一宏
発行者　山野浩一
発行所　株式会社　筑摩書房
東京都台東区蔵前2-5-3　郵便番号111-8755
振替　00160-8-4123
装幀者　間村俊一
印　刷　明和印刷株式会社
製　本　株式会社積信堂

ご注文、お問い合わせも下記へお願いいたします。
筑摩書房サービスセンター
さいたま市北区櫛引町2-604　〒331-8507
電話　048-651-0053

ISBN978-4-480-86133-7 C0022

◉筑摩書房の本◉

〈筑摩選書〉
100のモノが語る世界の歴史1
文明の誕生
ニール・マクレガー
東郷えりか訳

物には固有の来歴がある。その痕跡を子細に見れば、歴史の知られざる一面が現れる。大英博物館の所蔵する世界の至宝から精選された百点でたどる人類のあゆみ。

〈筑摩選書〉
100のモノが語る世界の歴史2
帝国の興亡
ニール・マクレガー
東郷えりか訳

紀元前後、人類は帝国の時代を迎える。多くの文明が姿を消し、遺された物だけが声なき者らの声を伝える。大英博物館とBBCによる世界史プロジェクト第2巻。

〈筑摩選書〉
100のモノが語る世界の歴史3
近代への道
ニール・マクレガー
東郷えりか訳

すべての大陸が出会い、著しい発展と数々の悲劇の末にわれわれ人類がたどりついた「近代」とは何だったのか。大英博物館とBBCによる世界史プロジェクト完結。

〈ちくま学芸文庫〉
近代ヨーロッパ史
世界を変えた19世紀
福井憲彦

ヨーロッパの近代は、その後の世界を決定づけた。現代をさまざまな面で規定しているヨーロッパ近代の歴史と意味を、平明かつ総合的に考える。

◉筑摩書房の本◉

〈ちくま新書〉
カストロとフランコ
冷戦期外交の舞台裏
細田晴子

キューバ社会主義革命の英雄と、スペイン反革命の指導者。二人の「独裁者」の密かなつながりとは何か。未開拓の外交史料を駆使して冷戦下の国際政治の真相に迫る。

〈ちくま新書〉
世界史をつくった海賊
竹田いさみ

スパイス、コーヒー、茶、砂糖、奴隷……歴史の陰には、常に奴らがいた。開拓の英雄であり、略奪者で厄介者でもあった〝国家の暴力装置〟から、世界史を捉えなおす！

〈ちくま学芸文庫〉
プラド美術館の三時間
エウヘーニオ・ドールス
神吉敬三訳

20世紀スペインの碩学が特に愛したプラド美術館を借りて披瀝した絵画論。「展覧会を訪れる人々への忠告」併収の美の案内書。
解説　大高保二郎

グレコ――トレドの秘密
モーリス・バレス
吉川一義訳

スペイン精神を描いた画家エル・グレコについての美術論の白眉であり、歴史が生きている街トレドの案内書かつ文化論でもある名著。写真49枚、図版46点、地図付。